Σ BEST
シグマベスト

JN004868

最高水準
問題集

中学歴史

［新訂版］

文英堂

本書のねらい

▶みなさんは，“定期テストでよい成績をとりたい”とか，“希望する高校に合格したい”と考えて毎日勉強していることでしょう。そのためには，**どんな問題でも解ける最高レベルの実力**を身につける必要があります。では，どうしたらそのような実力がつくのでしょうか。それには，よい問題に数多くあたって，自分の力で解くことが大切です。

▶この問題集は，最高レベルの実力をつけたいという中学生のみなさんの願いに応えられるように，次の３つのことをねらいにしてつくりました。

1	教科書の内容を確実に理解しているかどうかを確かめられるようにする。
2	おさえておかなければならない内容をきめ細かく分析し，問題を１問１問練りあげる。
3	最高レベルの良問を数多く収録し，より広い見方や深い考え方の訓練ができるようにする。

▶この問題集を大いに活用して，どんな問題にぶつかっても対応できる最高レベルの実力を身につけてください。

本書の特色と使用法

① 「標準問題」→「最高水準問題」で構成し，段階的に無理なく問題を解いていくことができる。

▶本書は，「標準」と「最高水準」の２段階の問題を解いていくことで，各章の学習内容を確実に理解し，無理なく最高レベルの実力を身につけることができるようにしてあります。
▶また，「時代順の問題」→「分野別の問題」の編成で，高校入試対策用の実践的な問題演習ができます。
▶本書全体での「標準問題」と「最高水準問題」それぞれの問題数は次のとおりです。

標 準 問 題 ……124題　　最 高 水 準 問 題 ……104題

豊富な問題を解いて，最高レベルの実力を身につけましょう。
▶さらに，学習内容の理解度をはかるために，より広いまとまりごとに「**実力テスト**」を設けてあります。ここで学習の成果と自分の実力を診断しましょう。

---

② 「標準問題」で，各章の学習内容を確実におさえているかが確認できる。

▶「標準問題」は，各章の学習内容のポイントを1つ1つおさえられるようにしてある問題です。1問1問確実に解いていきましょう。各問題には［タイトル］がつけてあり，どんな内容をおさえるための問題かが一目でわかるようにしてあります。

▶どんな難問を解く力も，基礎学力を着実に積み重ねていくことによって身についてくるものです。まず，「標準問題」を順を追って解いていき，基礎を固めましょう。

▶その章の学習内容に直接かかわる問題に 重要 のマークをつけています。じっくり取り組んで，解答の導き方を確実に理解しましょう。

③ 「最高水準問題」は各章の最高レベルの問題で，最高レベルの実力が身につく。

▶「最高水準問題」は，各章の最高レベルの問題です。総合的で，幅広い見方や，より深い考え方が身につくように，難問・奇問ではなく，各章で勉強する基礎的な事項を応用・発展させた質の高い問題を集めました。

▶特に難しい問題には，難 マークをつけて，解答でくわしく解説しました。

④ 「標準問題」にある〈ガイド〉や，「最高水準問題」にある〈解答の方針〉で，基礎知識を押さえたり適切な解き方を確認したりすることができる。

▶「標準問題」には，ガイド をつけ，学習内容の要点や理解のしかたを示しました。

▶「最高水準問題」の下の段には，解答の方針 をつけて，問題を解く糸口を示しました。ここで，解法の正しい道筋を確認してください。

⑤ くわしい〈解説〉つきの別冊解答。どんな難しい問題でも解き方が必ずわかる。

▶別冊の「解答と解説」には，各問題のくわしい解説があります。答えだけでなく，解説 もじっくり読みましょう。

▶解説 には ⑦ 得点アップ を設け，知っているとためになる知識や高校入試で問われるような情報などを満載しました。

もくじ

時代順の問題

ここでは，学校の授業や教科書の学習に
合わせて問題練習ができるよう，時代順
に問題を編集しています。
各時代の動きや特徴を，しっかりととら
えるようにしましょう。

1 文明のおこりと日本の成り立ち

重要 **001** [年代の数え方]

次の問いに答えなさい。

(1) 100 年を 50cm として，壁にはる年表をつくろうと考えたとき，1 世紀から 21 世紀までの長さはおよそ何mになるか，次のア〜エの中から 1 つ選び，記号で答えよ。　[　　　　　]

　ア　5 m　　イ　10 m　　ウ　20 m　　エ　50 m

(2) 次の事項を年代順に正しく並べ替えたとき，2 番目と 4 番目にあたるものを選び，記号で答えよ。　　　　　　　　　　　　　　2 番目[　　　　　]　4 番目[　　　　　]

　ア　B.C.79 年　　　　　　イ　紀元前 1 世紀の最も古い年　　ウ　A.D.395 年

　エ　4 世紀の最初の年　　オ　B.C.221 年

> ガイド (1)西暦年を 100 年ごとに区切った単位を，世紀という。21 世紀は 2001 年から。

重要 **002** [人類の誕生と進化]

次の文章を読んで，あとの問いに答えなさい。

　地球上に人類があらわれたのは，今から 400 万年以上も前のことで，はじめは類人猿(るいじんえん)に近いからだつきをしていた。しかし，人類は 2 本の足で立ち上がり，直立歩行をすることを覚えたので①[　　　　　]。

　最も古い人類は②[　　　　　]で，アフリカで化石が発見されたアウストラロピテクスなどがいる。それから人類はしだいに進化していき，数万年前になると，今の人類と直接のつながりをもつ新人があらわれた。新人では，フランス南部で発見された③[　　　　　]が有名である。この間，人類は石を打ちかいてつくった④[　　　　　]石器を使い，狩(か)りや採集の生活をいとなんでいた。この頃の時代を⑤[　　　　　]とよんでいる。

　今から約 1 万年前，氷河期が終わって気候が暖かくなり，陸地をおおっていた氷がとけて海面が上昇した。人類は石を砂や砥石(といし)でといで鋭くした⑥[　　　　　]石器を使うようになった。また，西アジアでは農耕や牧畜も始まり，安定的な生産のもと，人類の生活が安定するようになった。この頃の時代を⑤と対比させて，⑦[　　　　　]とよんでいる。

(1) 上の文章の空欄①に入れるのに適切でないものを，次のア〜ウの中から 1 つ選び，記号で答えよ。　　　　　　　　　　　　　　　　　　　　　　　　　　　　　[　　　　　]

　ア　速く走れるようになり，獲物(えもの)をとるのに便利になった。

　イ　頭脳が発達し，知恵(ちえ)がつくようになった。

　ウ　自由に手を使うことができ，道具を作ることができるようになった。

(2) 上の文章の空欄②〜⑦にあてはまることばを書け。

003 [古代文明]

次の問いに答えなさい。

図中の記号A〜Dと古代文明の名称の組み合わせとして正しいものを次のア〜エの中から１つ選び，記号で答えよ。 [　　　　]

図

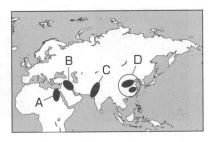

ア　A−メソポタミア　　B−エジプト　　　C−インダス　　D−中国

イ　A−インダス　　　　B−エジプト　　　C−中国　　　　D−メソポタミア

ウ　A−エジプト　　　　B−メソポタミア　C−インダス　　D−中国

エ　A−エジプト　　　　B−メソポタミア　C−中国　　　　D−インダス

004 [旧石器時代]

次のA，Bの文章を読んで，あとの問いに答えなさい。

A　群馬県には，およそ１万年前より古い時代にできた関東ローム層という赤土の中から右の写真のような石器が発見されたことで有名な遺跡がある。

(1)　写真の石を打ち欠いて作った道具を何というか。[　　　　　　　　]

(2)　写真の石器が使用されていた頃の様子として，最も適当なものを次のア〜エの中から１つ選び，記号で答えよ。 [　　　　　]

ア　洞穴や岩かげなどに住み，狩りや採集を行っていた。

イ　邪馬台国などの国があらわれ，身分秩序がつくられていた。

ウ　鉄製の武器や農具などの新しい技術が大陸から伝えられた。

エ　中央集権的な国家の建設をめざして律令や歴史書が編纂された。

B　氷河時代の日本列島は，大陸と陸続きであったので，大陸と同じようにナウマンゾウなどの大陸動物が住んでいた。

(3)　下線部について，日本列島はおよそ１万年前，氷河期が終わると，ほぼ現在と同じ姿になった。日本列島が大陸から切り離され島となった理由を，およそ１万年前の気候の変化に着目して答えよ。

[　　　　　　　　　　　　　　　　　　　　　　　　　　　　　　　　　　　　　　]

005 [縄文時代]

次の問いに答えなさい。

(1) 縄文時代の遺物にあたるものを，次のア〜エの中から１つ選び，記号で答えよ。

[　　　　　　]

ア 　　イ 　　ウ 　　エ

(2) (1)で選んだ縄文時代の遺物の名称を漢字２字で答えよ。　　[　　　　　　]

重要 006 [縄文時代と弥生時代]

次の図は，中学生の直樹さんが夏休みの自由研究で，日本の「人々の食と生活」を調べ，いくつかの時代についてまとめたカードの一部です。これらを見て，あとの問いに答えなさい。

○	時代	人々の食と生活
	縄文	(a)土器が作られ，新たな方法で調理が行われるようになった。

○	時代	人々の食と生活
	弥生	(b)大陸から伝わった稲作が広まっていった。

(1) 下線部(a)に関して，写真Aのような土器を使って行われるようになった調理の方法のうちで，主なものを書け。　　[　　　　　　] A

(2) 下線部(b)に関して，①〜③に答えよ。

① 収穫した稲をたくわえた，写真Ｂのようなつくりの倉庫を何というか。　　[　　　　　　]

② ①の倉庫には，穀物をたくわえるためにどんなくふうが見られるか，写真Ｂを参考にして書け。 B

[　　　　　　　　　　　　　]

③ 次の文は，稲作が広まった影響について述べたものである。文中の　　　に最もよくあてはまる言葉を書け。

[　　　　　　]

水田や用水などをめぐる争いが起こり，やがて有力なむらは周囲のむらをしたがえて　　　とよばれる政治的まとまりが各地にできた。

007 〉[弥生時代の遺跡と出土品]

次の問いに答えなさい。

(1) 弥生時代に使われていた稲をつみ取る道具を何というか、答えよ。[　　　　　　]

(2) 弥生時代の遺跡ではないものを次のア～エの中から1つ選び、記号で答えよ。

[　　　　　　]

ア 三内丸山遺跡　イ 吉野ヶ里遺跡　ウ 登呂遺跡　エ 纒向遺跡

(3) 弥生時代の遺跡は各地で見つかっており、遺跡からは銅鐸の他、銅剣や銅鉾(銅矛)などの青銅器が発見されている。これらの青銅器は武器以外に共通して何に使われていたのか、書け。[　　　　　　]

(4) 右下の写真は島根県内の遺跡で青銅器が出土したときのものである。この遺跡の名称と青銅器の名称の組み合わせとして正しいものを、左下の表のア～エの中から1つ選び、記号で答えよ。[　　　　　　]

	遺跡の名称	青銅器の名称
ア	加茂岩倉遺跡	銅鐸
イ	三内丸山遺跡	銅鐸
ウ	荒神谷遺跡	銅剣
エ	吉野ヶ里遺跡	銅剣

ガイド (2)三内丸山遺跡は青森県、吉野ヶ里遺跡は佐賀県、登呂遺跡は静岡県、纒向遺跡は奈良県にあり、そのうちの1つは縄文時代のものである。
(4)銅鐸はつりがねの形をした青銅器、銅剣は青銅でつくった剣のことである。

重要 008 〉[奴国と金印]

右の写真は志賀島で発見された金印です。この金印について、あとの問いに答えなさい。

(1) この金印を奴国に授けたといわれる当時の中国は、何とよばれているか。次のア～エの中から1つ選び、記号で答えよ。

[　　　　　　]

ア 漢　イ 秦　ウ 隋　エ 唐

(2) 右の略地図のうち、この金印が出土した志賀島がある県を、鉛筆でぬりつぶせ。

(3) この金印に刻まれていた文字を、漢字5字で記せ。

[　　　　　　]

ガイド (1)奴国の王が中国に使いを送ったのは、1世紀の半ばごろのこと。
(2)金印が見つかった志賀島は、博多湾にある島の名前である。

最高水準問題 ──────────────────────解答 別冊 p.3

009 次の文章を読んで，あとの問いに答えなさい。　　　　　　　　　　　　（長崎・青雲高）

　400万年ほど前に現れた人類は@長い時間をかけて進化をとげながら世界各地へと移動した。大陸と陸続きであった日本列島にも⑥人類や動物が移り住んだ。前3000年頃，アジアやアフリカの大河のほとりでは農耕や牧畜が発達し，ⓒ文明がおこった。当時の日本はすでに大陸から切り離されており，独自の土器文化を発展させ，縄文時代とよばれる時代が続いていた。

(1)　下線部@について述べた文として誤っているものを，次のア〜エの中から1つ選び，記号で答えよ。　　　　　　　　　　　　　　　　　　　　　　　　[　　　]

　ア　最も古い人類である猿人は，アフリカ南部で出現した。

　イ　50万年ほど前に出現した北京原人は，洞穴に住み火を使用した。

　ウ　10万年ほど前に現在の人類の直接の祖先である新人が出現した。

　エ　旧石器時代の人類は，表面を加工して鋭い刃をもつ磨製石器を使用していた。

(2)　下線部⑥に関して，日本の旧石器時代の存在を証明した岩宿遺跡は何県にあるか。　　　　　　　　　　　　　　　　　　　　　　　　　　　　　　[　　　]

(3)　下線部ⓒに関して述べた文として正しいものを，次のア〜エの中から1つ選び，記号で答えよ。　　　　　　　　　　　　　　　　　　　　　　　[　　　]

　ア　黄河流域におこった殷では，甲骨文字や鉄製の武器を使用していた。

　イ　パキスタン国内を流れるインダス川の下流にバビロンの都市遺跡がある。

　ウ　メソポタミア文明では楔形文字を使用し，文字は粘土板に刻んでいた。

　エ　ナイル川下流に栄えたエジプト文明では象形文字を使用し，ユダヤ教が成立した。

010 次の文章は有名な国宝について説明したものです。よく読んで，あとの問いに答えなさい。　　　　　　　　　　　　　　　　　　　　　　　　　　　　（大阪・関西大倉高）

　十日町市の信濃川右岸段丘上のゆるやかな傾斜面に位置する笹山遺跡は，野球場の建設事業にともない発見されました。1980年〜1986年にかけて発掘調査が行われ，約3万平方メートルに及ぶ，多数の住居跡をもつ①（　　　）時代中期の大集落であることが判明しました。そこから，製作時期が②4500年前と考えられる火焔形の（　　　）土器が出土しています。笹山遺跡出土の深鉢型土器57点（うち火焔形土器は20点）は1999年国宝に指定され，最大の火焔形の土器は「（　　　）雪炎」という愛称がつけられています。

(1)　文中の（　　　）に共通してあてはまることばを答えよ。　　　[　　　]

(2)　下線部①の説明として誤っているものを，次のア〜エの中から1つ選び，記号で答えよ。　　　　　　　　　　　　　　　　　　　　　　　　　[　　　]

　ア　貝塚からは貝がらだけでなく，器物や人骨も発見されている。

　イ　2つ穴の石包丁によって，稲穂がつみとられていた。

　ウ　数本の柱で支えられた竪穴住居には，排水溝もめぐらされていた。

　エ　低温で焼かれた土器には，文様のないものも見られた。

(3) 下線部②に関連して，青森市郊外にある大集落遺跡で，最盛期には 500 人近い住民がいたと考えられている遺跡はどこか。次のア～エの中から 1 つ選び，記号で答えよ。　　　　　　　[　　　　　]

　ア　岩宿遺跡　　イ　三内丸山遺跡　　ウ　野尻湖遺跡　　エ　吉野ヶ里遺跡

011　右の図はある時代の日本の集落跡の発掘調査図です。これを見て，あとの問いに答えなさい。　（広島大附高）

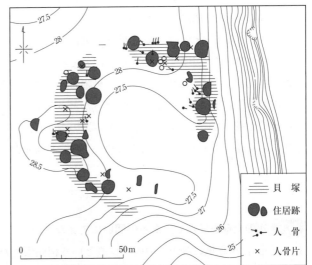

(1)　発掘された遺跡と同じ時代に属するものを，次のア～エの中から 1 つ選び，記号で答えよ。　　　[　　　　　]

ア　　　　イ　　　　ウ　　　　エ

(2)　この発掘調査図から考えられることを述べた，次のア～エのうち，誤っているものを 1 つ選び，記号で答えよ。　　　　　　　[　　　　　]

　ア　集落の西の低地には水田があり，そこで稲作をしていたと考えられる。

　イ　集落の真ん中に広がる空間は，人々がいろいろな作業を行う広場であると考えられる。

　ウ　貝塚から人骨が発掘されることから，それが墓として使われたと考えられる。

　エ　この集落の住居跡は，竪穴で掘り下げられており，人々は木の柱や草でつくられた屋根をつけて住んでいたと考えられる。

難 (3)　発掘された遺跡と同じ時代，アジアやアフリカの大河のほとりで文明がおこった。それらの文明に共通して現れたことがらで，文明の成立をよく示しているものは何か，15 ～ 25 字で述べよ。

[　　　　　　　　　　　　　　　　　　　　　　　　　　]

解答の方針

009　(3)イ．パキスタンは 1947 年にインドから分離独立した国である。エ．物の形をかたどった絵文字のことを象形文字という。

012 ▶右の写真にある船に関わる文章を読んで，あとの問いに答えなさい。

（東京・明星高）

　右の舟は，太い丸木の中を火でこがし，石斧などで削ってつくった丸木舟である。この舟は，日常の移動や漁労に用いられたが，八丈島にまでこの時代の遺跡がみられることから，当時の人々は外洋航海術を持ち，遠方の集団との貝や石器材料などの交易も行っていたと考えられる。

(1)　文中の下線部について，この時代の遺跡から出土する代表的な石器の材料を，次のア〜エの中から1つ選び，記号で答えよ。　　　　　[　　　　　]

　　ア　玄武岩　　イ　ひすい　　ウ　黒曜石　　エ　石灰岩

難(2)　この時代，水田による稲作が伝わったとされるが，水田跡が発見された遺跡として誤っているものを，次のア〜エの中から1つ選び，記号で答えよ。　[　　　　　]

　　ア　荒神谷遺跡　　イ　百間川遺跡　　ウ　板付遺跡　　エ　登呂遺跡

013 ▶次の文章を読んで，あとの問いに答えなさい。

Ⅰ　紀元前1500年ごろから中国には殷という国が栄えた。殷の王は占いによって政治の方針を決定したと伝えられている。これに対して紀元前3世紀に建てられた漢は，儒教の教えにもとづいた国づくりを進めた。これらの中国の古代文明は日本をはじめとして東アジア一帯に大きな影響を与えた。

(1)　下線部について，殷で使用されていた文字を何というか答えよ。　[　　　　　]

(2)　「殷」が滅亡してから，「漢」が成立するまでの間の中国について述べた文章として正しいものを次のア〜オの中から2つ選び，記号で答えよ。（鹿児島・ラ・サール高）[　　　] [　　　]

　　ア　鉄製の農機具が使われるようになり，耕地が拡大した。

　　イ　上下水道や公衆トイレが整備された計画都市が，川のほとりに建設された。

　　ウ　中国の王朝の軍が，中央アジアでイスラム勢力と戦った。

　　エ　「王」に代わって「皇帝」という称号が使われるようになった。

　　オ　成人男子市民による民主政治が実現した。

Ⅱ　司馬遷は中国の前漢の時代，紀元前1世紀に活躍した人である。父のあとを継いで文書・記録をつかさどる仕事についた。あるとき皇帝の怒りにふれ，重い刑に処せられたが，そのときの屈辱を忘れず，伝説上の諸王の時代から彼の生きた時代までの歴史を，10年以上の歳月をかけて書きあげた。こうして司馬遷が残した『（　①　）』は後世の歴史書の模範となり，3世紀後半には西晋の歴史家陳寿がこれにならって②『三国志』をまとめあげた。

(3)　文中の（　①　）にあてはまる書物の名を答えよ。

　　　　　　　　　　　　　　　[　　　　　　　]

(4)　下線部②について，『三国志』に描かれた時代の中国は魏・呉・蜀の3国に分かれ，互いに争っていた。右の地図中のア〜ウから蜀の位置を1つ選び，記号で答えよ。　（京都・洛南高）

　　　　　　　　　　　　　　　[　　　　　　　]

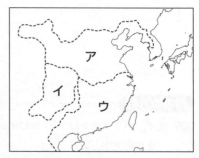

014 日本と中国の関係について述べた次の文章を読んで，あとの問いに答えなさい。

（佐賀・弘学館高改）

　中国の歴史書に「倭」と表記されていた弥生時代の日本は，紀元前1世紀ごろには100あまりの小国に分かれていた。その後，有力な国は他の国をしたがえてしだいに大きくなり，国どうしの連合関係も成立した。3世紀には，（　　　　）という大きな国が30ほどの国をしたがえて中国の皇帝に使者を送り，貢ぎ物をささげて，金印や鏡などを授けられた。

(1)　下線部について，遺跡の調査をもとに考えられる弥生時代の日本の様子を述べた次の文 a～d について，正しいものの組み合わせを，下のア～エの中から1つ選び，記号で答えよ。

[　　　　]

　a　稲作が発達し，牛や馬に犂を引かせる耕作や，石包丁を用いた稲刈りが行われていた。
　b　西日本だけではなく，関東や東北地方までの広い地域で，すでに稲作が行われていた。
　c　人々の間に貧富や身分の差はまだなく，指導者のための特別な墓がつくられることもなかった。
　d　戦争がくり返され，防御のための深い濠や高い物見やぐらをそなえた村もつくられた。

　　ア　aとc　　イ　aとd　　ウ　bとc　　エ　bとd

(2)　文章中の（　　　）にあてはまることばを答えよ。[　　　　]

015 次の文章を読んで，あとの問いに答えなさい。 （奈良・東大寺学園高）

　日本の船の歴史は，いかだや丸木舟から始まったと考えられている。なかでも丸木舟は全国の遺跡で数多く出土しており，特に縄文時代のものは，これまでの発掘調査によれば，千葉県の九十九里浜沿岸で最も多く出土している。

下線部について述べた文として誤っているものを次のア～オから選び，その記号を書け。

[　　　　]

ア　旧石器時代の遺跡の中には，打製石器とともにナウマンゾウの化石骨が出土するところもある。
イ　縄文時代の遺跡の中には，人骨や磨製石器だけでなく，ヒョウタンやウリなどの栽培作物の種子が出土するところもある。
ウ　縄文時代の遺跡の中には，太い柱を建てるための巨大な穴が複数みられるところもある。
エ　弥生時代の遺跡の中には，水稲耕作に不便な高地に形成された集落跡がみられるところもある。
オ　弥生時代の遺跡の中には，戦争に用いられた銅鐸や農作業に用いられた鉄器が出土するところもある。

解答の方針

012　(1)和田峠（長野県）や姫島（大分県）など，産地が限られていた材料が用いられた。(2)荒神谷遺跡は島根県，百間川遺跡は岡山県，板付遺跡は福岡県，**登呂遺跡**は静岡県。
013　(4)魏は日本と交流のあった国。
014　(1)縄文時代の社会から変化したことに注意して考える。犂とは柄が曲がっていて刃の広いすきのこと。

標準問題 ── 解答　別冊 p.4

016 ▷[ワカタケル大王]

次の文章は，熊本県に住むAさんと埼玉県に住むBさんの会話です。これを読んで，あとの問いに答えなさい。

> Aさん：Bさんのいる埼玉県を代表する遺跡は何でしょうか。
> Bさん：そうですね。私は「ワカタケル大王」の文字が刻まれた鉄剣が出土した稲荷山古墳が有名だと思います。「ワカタケル大王」とは，大和政権の雄略天皇だといわれ，中国の皇帝の権威を借りて，朝鮮半島南部の支配を有利に進めようとしました。
> Aさん：「ワカタケル大王」といえば，私の熊本県でも江田船山古墳からその文字が刻まれた鉄刀が出土しています。同じ人物の名前が刻まれた遺物が，遠く離れた熊本県と埼玉県で出土するとは，いったいどういうことなんでしょうか。

問　Aさんの話の中にある下線部からどのようなことが考えられるか。資料1と資料2を参考にして，簡潔に書け。ただし，何世紀ごろのことかわかるように書くこと。

資料1　稲荷山古墳と江田船山古墳

資料2　478年のワカタケル大王の手紙文

> 私の国は，中国からは遠い辺ぴな所に国をたてていますが，昔から私の祖先は，国土を平定するために，みずから甲冑を身につけて武装し，山川をかけめぐり，休む暇もありませんでした。
>
> （『宋書』倭国伝　口語訳）

ガイド　ワカタケル大王の名前が刻まれている鉄剣や鉄刀が出土したということは，その地域にワカタケル大王の影響力が及んでいたことを示している。

017 ▷[大和政権と古墳]

次の文章を読んで，あとの問いに答えなさい。

　3世紀後半になると，大和地方を中心とする地域に大きな古墳がつくられるようになった。その後，大和政権（ヤマト王権）の支配の広がりにともなって，大きな古墳が各地でつくられるようになった。

(1) A，Bのうち，古墳の周りに並べられていたものは ① で， ② とよばれる。 ① にあてはまるものを，A，Bから1つ選び，記号で答えよ。また， ② にあてはまる語を書け。　　　　　　　　　　①[　　　　]　②[　　　　　　　]

A

B

(2) 現在の □□□□ にあった大和地方に豪族たちが連合した大和政権が生まれた。 □□□□ にあてはまる府県名を書け。また， □□□□ の位置を，右の地図のア〜ウの中から1つ選び，記号で答えよ。

府県名[　　　　　　　]

位置[　　　　　　　]

ガイド　(1) AとBのどちらか一方は縄文時代のもので，呪術に用いられたと考えられている。

(2) **大和政権**は大王を中心とする豪族の連合政権であり，葛城氏や平群氏などの大和の豪族が高い地位を得ていた。

重要 018 [古墳の形状]

右は，長野県にある「森将軍塚」という史跡の写真であり，次の □□□□ 中の文はKさんがこれについて説明したレポートの一部です。

> これは，4世紀中ごろにこの地域を支配した有力者の墓で，発掘調査にもとづき，そのかたちが正確に復元してありました。表面には石が敷かれ，上部には素焼きの焼き物が並んでいました。

このような，地域の豪族など，有力者の墓とみられるもののうち，写真のように円形と四角形を組み合わせたものを，そのかたちから □□□□ 墳という。 □□□□ にあてはまることばを漢字4字で書け。

[　　　　　　　　　　]

ガイド　**古墳**は様々な形をしているが，上の写真の「森将軍塚」のような形状が多い。この形状の古墳で最大のものは，大阪府堺市にある，仁徳天皇陵と伝えられる大仙古墳である。

019 〉[古墳の築造の背景]

次の問いに答えなさい。

古墳がつくられていることからわかることを，次のア〜エの中から１つ選び，記号で答えよ。

[   ]

ア　集落があり，支配する者が存在していた。

イ　戸籍がつくられ，支配のしくみが整っていた。

ウ　市が開かれ，銅銭が使われていた。

エ　巨大寺院があり，仏教が発達していた。

> ガイド　古墳は人工的につくられ，規模が大きいものも多い。そのために築造には多くの労力が必要になる。従って，古墳があるということは多くの人々を動員することができる存在があったということになる。

重要 020 〉[聖徳太子の事績]

次の問いに答えなさい。

聖徳太子は，推古天皇（すいこ）の摂政（せっしょう）として，天皇を中心とする政治を行おうとした。次のア〜エの中から，聖徳太子の行ったこととしてあてはまらないものを１つ選び，記号で答えよ。

[   ]

ア　能力のある人物を取り立てるために，冠位十二階の制度を設けた。

イ　中国の進んだ制度や文化を取り入れるために，遣隋使をつかわした。

ウ　役人の心得を示すために，十七条の憲法を定めた。

エ　新しい政治のしくみをつくるために，蘇我氏をたおした。

重要 021 〉[大化の改新]

次の問いに答えなさい。

大化の改新は，土地や人民の支配のしかたを改革することをめざしていた。土地や人民の支配のしかたをどのように改革しようとしたのか，それ以前の支配のしかたとあわせて，簡単に書け。

[   ]

> ガイド　646年，改新の詔が出され，公地公民の原則を確立することが真っ先に宣言された。

022 〉[中大兄皇子の事績]

次の問いに答えなさい。

中大兄皇子（なかのおおえのおうじ）に関して述べた次ページの**X**〜**Z**の文について，その正誤の組み合わせとして正しいものを，あとのア〜エの中から１つ選び，記号で答えよ。

[   ]

X 中大兄皇子は，中臣鎌足らとともに蘇我氏をたおし，新しい政治のしくみをつくる改革を始めた。
Y 中大兄皇子は前の天皇の没後，壬申の乱に勝って，天武天皇となり天皇の地位を高めた。
Z 中大兄皇子は天皇となったが，その位をゆずって上皇となったのち，院政とよばれる政治を行った。

ア X－正 Y－正 Z－誤
イ X－正 Y－誤 Z－誤
ウ X－誤 Y－正 Z－正
エ X－誤 Y－誤 Z－正

023 〉[7世紀後半の東アジア]
次の問いに答えなさい。

熊本県には，鞠智城という古代の城跡がある。そこに建てられている温故創生之碑の中央には，7世紀後半の東アジア情勢の中で，九州北部の防衛のために派遣された防人の像が見られる。右はその写真である。7世紀後半，中国では　X　が勢力をのばし，朝鮮では　Y　が朝鮮半島を統一した。　X　，　Y　にあてはまるものの組み合わせとして正しいものを，次のア～カの中から1つ選び，記号で答えよ。　　[　　　]

ア X：隋－Y：百済　　イ X：隋－Y：高句麗
ウ X：隋－Y：新羅　　エ X：唐－Y：百済
オ X：唐－Y：高句麗　カ X：唐－Y：新羅

重要 024 〉[平城京]
和明さんたちは，奈良県で開催された「平城遷都1300年祭」を通じて，日本の政治の確立や文化の形成について学習することにしました。下の表は，その際に作成したものの一部です。これを見て，次ページの問いに答えなさい。

シンボルマーク	催しの名称・説明	出来事
平城遷都 1300年祭	平城遷都1300年祭	平城京がつくられた時代
	A天皇中心の政治が確立されるなかで平城京に都が移されて1300年に当たる平成22年に，奈良県内各地において，「平城遷都1300年祭り」が開催されている。4月からはメイン会場である平城宮跡会場が開場することになっている。	B税などの国家の制度が確立する。 ・平城京に官営の市が開かれる。 ・聖武天皇が即位する。 ・鑑真が唐招提寺を建てる。 ・東大寺の大仏がつくられる。

(1) 下線部Aなどを進めていくため, 701 年に定められた法律の名称を書け。

[   ]

(2) 右の, 平城京を模式的に表した**資料Ⅰ**を参考にして,「東西南 **資料Ⅰ**
北」,「平城宮」,「朱雀大路」の語句を用いて, 平城京の様子につ
いて 60 字以内で説明せよ。

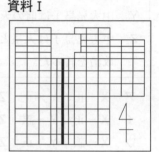

[
                    ]

(3) 右下の**資料Ⅱ**は, 奈良時代の貴族の食事の一例である。貴族が,
これらに用いられている食材を手に入れることができた理由の1
つに下線部Bがある。これらの食材は, 何という税として納めら
れていたか。最も適切なものを, 次のア〜エの中から1つ選び,
記号で答えよ   [   ]

ア 年貢   イ 租   ウ 地租   エ 調

資料Ⅱ

生がき   焼きあわび

焼きえび

(奈良県教育委員会作成資料より)

(4) 下の**資料Ⅲ**は,「平城遷都 1300 年祭」のシンボルマークの説明
の一部である。下線部などを受け入れるために平城京が都であっ
た時代に中国に送られていた使節の名称を書け。

[   ]

資料Ⅲ

この 掌（たなごころ） は同時に, 文明を伝えた手, 異文化を受け入れる手, 数々の建造物や国宝を造り出した
先人たちの手。言わば, 1300 年の時の遺産をつむいできた悠久の手です。

(注) 掌：手のひら

(平城遷都 1300 年祭 Web ページより)

ガイド (3)この時代の税には地方に納めるものと, 中央に納めるものがあった点に注意する。
(4)中国の何という国に使節を送ったか考える。

025 [律令制の兵士]

今日に伝えられた書物や遺物は, 過去の様子を知る糸口となります。次のカードについて, あ
との問いに答えなさい。

「水鳥の立ちの急ぎに父母に物言ず来にて今ぞ悔しき」
(『万葉集』による)

このカードに記された歌は, 出発の準備のために父母にことばもかけずに来てしまったこと
を後悔している兵士の気持ちを詠んだものである。この兵士のように, 律令制のもとで主に九
州北部の警備のために配置された兵士は何と呼ばれているか, 書け。

[   ]

重要 026 〉[律令制における租税・土地制度]

古代の律令制に関して，次の問いに答えなさい。

(1) 班田収授法によって，a（ア 6， イ 17， ウ 21）歳以上の人々には，口分田が与えられ，稲で納める b（ア 庸， イ 調， ウ 租）という税が課せられた。a，b のそれぞれの（ ）のア〜ウの中から適当なものを1つずつ選び，記号で答えよ。

a［ ］ b［ ］

(2) 朝廷は，口分田が不足してきたことで，743年に墾田永年私財法を出して，人々に開墾を奨励した。当時，口分田が不足したのはなぜか，その理由を書け。

［ ］

027 〉[鎮護国家]

次の問いに答えなさい。

(1) 奈良時代に，中央に東大寺，国ごとに国分寺を建てた天皇を書け。［ ］

(2) (1)の下線部の目的を，下の資料を参考にして，簡単に書け。

［ ］

> 近年は穀物の実りも豊かでなく，疫病もはやっている。そこで，広く民衆のために幸福を求め，諸国が仏の力で守られるよう，国ごとに寺を建て仏教の教えを伝えなさい。 （部分要約）

028 〉[天平文化]

次の資料を見て，問いに答えなさい。

この琵琶や漆器の水さしは，奈良時代のある天皇の死後，東大寺の正倉院に納められたものの一部である。この天皇の時代に最も栄えた文化の特徴を書け。

［ ］

029 〉[平安時代]

次のア〜エの文は平安時代に起こったできごとです。それぞれのできごとを年代の古いものから順に並べ，記号で答えなさい。 ［ → → → ］

ア 藤原道長が摂政になり，摂関政治が全盛期を迎えたころには，藤原氏一族は朝廷の官職を独占し，全国に多くの荘園をもつようになっていた。

イ 征夷大将軍に任命された坂上田村麻呂は，朝廷の支配に従わない人々に対して遠征を行い，阿弖流為らを降伏させた。

ウ 金や馬の産出などで平泉を中心に繁栄した藤原氏は，浄土信仰をあつく信じ，平泉に中尊寺金色堂を建てた。

エ 平将門，藤原純友は，周辺の武士を率いて東西であいついで反乱を起こしたが，これらの反乱をおさえたのもまた武士であった。

重要 **030** [藤原氏の政治]

次の問いに答えなさい。

(1) 摂関政治を行った藤原氏について述べた次の文章のうち正しい
　　ものを1つ選べ。　　　　　　　　　　　[　　　]

　　ア　藤原鎌足は初めての本格的な律令である大宝律令の制定に深
　　　く関わった。

　　イ　摂関政治の時代には地方の豪族たちから藤原氏に荘園の寄進
　　　が集中した。

　　ウ　藤原氏は天皇が幼少の頃は関白，成人後は摂政となって政治
　　　を動かした。

　　エ　藤原道長は，関東で平将門らの反乱が起こると武士を派遣し
　　　て鎮圧した。

系図：
兼家
　詮子／円融天皇／冷泉天皇／超子／道長
　一条天皇／彰子／三条天皇／妍子／頼通
　嬉子／後朱雀天皇／威子／後一条天皇

＝は，結婚していることを示す

(2) 藤原氏はどのようにして，政治の実権を握るようになったのか。右上の藤原氏の系図をも
　　とにして，書け。

[

　　　　　　　　　　　　　　　　　　　　　　　　　　　　　　　　　　　]

ガイド　系図は，親子・兄弟姉妹などの血縁関係や夫婦関係を一覧できるように示した図である。この系図で
　　　　は，三条天皇→藤原兼家，後一条天皇→藤原道長が，どのような関係になっているかを見よう。

031 [浄土信仰]

次の問いに答えなさい。

　平安時代の中ごろから，仏教では浄土信仰がさかんになった。この浄
土信仰を信じる人々は，右の資料のような仏にすがった。この仏の名を
明らかにし，人々はどのようなことを願ったのか，説明せよ。

[

]

重要 **032** [国風文化]

次の問いに答えなさい。

　9世紀の後半に遣唐使が停止されたころから，『源氏物語』などの優れた文学作品を多く生
みだした貴族の文化がはぐくまれた。この文化の特徴について，簡単に説明せよ。

[

　　　　　　　　　　　　　　　　　　　　　　　　　　　　　　　　　　　]

ガイド　ここでいう国風とは，「日本風」という意味である。遣唐使の停止ということと関連させて答える。

最 高 水 準 問 題 ────────────────────────── 解答 別冊 p.6

033 次の問いに答えなさい。

(1) 古墳時代の日本では大王を中心に各地の豪族が連合して，それぞれの政権内の役職を分担していた。そのころの政治のしくみを何というか。　　　　　　　　　　（京都・洛南高）[　　　　　　　]

(2) 5世紀後期の日本の様子について述べた文として正しいものを，次のア～エの中から1つ選び，記号で答えよ。　　　　　　　　　　　　　　　（奈良・東大寺学園高）[　　　　　]

　ア　大王が，南朝の魏に使者を送ってその地位を認めさせた。

　イ　大和王権の支配は，九州中部から関東地方にまで及んでいた。

　ウ　大和王権は，海を越えてしばしば高句麗や百済と戦った。

　エ　儒教や仏教や暦の知識が，新羅から日本に伝えられた。

034 次の文章を読んで，あとの問いに答えなさい。　　　　　　（福岡大附大濠高）

　鉄器が大陸から日本に伝わったのは水稲耕作の伝来とほぼ同時期で，①鉄器の使用が始まったことは弥生時代の特徴の1つである。

　古墳時代には鉄が一層重視され，②古墳からは鉄の延べ板が出土することがある。これらは朝鮮半島から輸入されたものであり，③日本が朝鮮半島の国々と抗争したり，盛んに交流を行った理由の1つには，鉄資源を入手しようとしたことがあげられる。

(1) 文章中の下線部①について，弥生時代の鉄器について述べたものとして正しいものを，次のア～エの中から1つ選び，記号で答えよ。　　　　　　　　[　　　　　]

　ア　矛など，主に祭りのための道具として用いられた。

　イ　ナウマン象やオオツノシカなどを捕らえるための狩猟具として用いられた。

　ウ　関東地方から出土した鉄剣には「大王」の文字が刻まれていた。

　エ　稲作の収穫道具として鉄製の鎌が使われた。

(2) 文章中の下線部②に関して，鉄の延べ板のように古墳には様々なものが納められたが，これらにあてはまらないものを，次のア～エの中から1つ選び，記号で答えよ。　[　　　　　]

　ア　馬具　　イ　土偶　　ウ　銅鏡　　エ　武器

(3) 文章中の下線部③に関して，古墳時代の日本(倭)と朝鮮半島との関係について，次のア～エの中から誤っているものを1つ選び，記号で答えよ。　[　　　　　]

　ア　日本は朝鮮半島南部の加羅地方の国々とのつながりを強めた。

　イ　渡来人は朝鮮半島の進んだ技術を伝え，朝廷では記録などの仕事にたずさわった。

　ウ　大和政権の王は，朝鮮での立場を有利にするため後漢に使者を送り，金印を授かった。

　エ　高句麗が日本の軍としばしば戦ったという記録が残っている。

解答の方針

033 (1)豪族は，血縁をもとに構成された氏という集団をつくっていた。

035 日本では飛鳥時代にあたる7世紀の前半とほぼ同じ時期におきた世界のできごととして，最も適当なものを，次のア～カの中から1つ選び，記号で答えなさい。 （愛知・中京大附中京高）

[ ]

ア ゲルマン人の大移動が始まり，ローマ帝国が分裂した。

イ 中国で漢が滅び，群雄が割拠する三国時代が始まった。

ウ ムハンマドが唯一神アッラーを信仰するイスラム教を広めた。

エ インドで釈迦（ガウタマ＝シッダールタ）により仏教が開かれた。

オ レオナルド＝ダ＝ヴィンチが遠近法を使って「最後の晩餐」を描いた。

カ ローマ教皇の提唱で，聖地回復をめざした十字軍が派遣された。

036 次の文章を読んで，あとの問いに答えなさい。 （広島・近畿大附福山高|改|）

　日本における国家の成立の起源は，古くは弥生時代にさかのぼる。中国の歴史書①[ ]によると，紀元前1世紀ころには，日本に小さな国が100余りあり，朝鮮半島に使いを派遣していた。こののち，1世紀のころに，日本の奴国という国の王は中国に使いを送り，「a□□□□□」と刻まれた金印を贈られるなど，中国との関係も深まっていった。7世紀のはじめになると，日本においても中国風の国づくりが進み，603年には聖徳太子が②[ ]を制定して身分にとらわれずに役人を登用する仕組みをつくり，翌年には役人の心得として③[ ]も作成した。中国との関係でも，遣隋使として④[ ]を中国に派遣し，対等の国家関係を求めるようになった。そのような中で，⑤[ ]年，中大兄皇子と⑥[ ]を中心とした人々が大化の改新を起こし，それまで権力を握っていたb蘇我氏を倒して新たな律令国家の建設を始めた。こののち，c朝鮮半島での戦いや，d皇位をめぐる争いなどを経ながら，701年には⑦[ ]が制定され，日本の律令制度は一応の完成をみることとなった。

(1) 文章中の空欄①～⑦にあてはまる語句・年号を答えよ。なお，①については，次の**語群**のア～ウの中からあてはまるものを1つ選び，記号で答えよ。

　語群 ア 後漢書東夷伝 イ 魏志倭人伝 ウ 漢書地理志

(2) 下線部aにあてはまる語句を，漢字で答えよ。なお，□の数は，漢字の字数を表している。

[ ]

(3) 下線部bについて，このとき滅ぼされた蘇我氏の人物は誰か。1人を答えよ。

[ ]

(4) 下線部cについて，この時期に起こった，新羅と唐の連合軍と日本との戦いを何というか。答えよ。

[ ]

(5) 下線部dについて，672年に起こった天智天皇の跡継ぎをめぐる争いを何というか。答えよ。

[ ]

(6) (5)の争いに勝利した人物は，のち何天皇となったか。

[ ]

037 右の資料は，世界文化遺産に登録されている日本の文化遺産です。これについて，次の問いに
答えなさい。 (富山第一高[改])

(1) この寺は聖徳太子が建てたと伝えられている。この寺の名前を答
えよ。 [   ]

難(2) この寺は，現存する世界最古の [   ] であるため，非常に価値
の高い建築物である。[   ]にあてはまることばを，漢字4字で
答えよ。 [   ]

資料

038 次の文章を読んで，あとの問いに答えなさい。 (熊本マリスト学園高)

　平城京遷都から1300年以上の年月が過ぎた。そこで奈良時代の政治・文化について考えてみるこ
とにする。まず，a政治では，相次ぐ政権抗争と疫病の流行の中で，b741年に国分寺建立の詔，743
年にA[   ]の詔が出され，国家による仏教の保護が盛んに行われるようになった。称
徳天皇の時代には，僧の道鏡が太政大臣に就任。皇位をうかがい，宇佐八幡宮神託事件で和気清麻呂
らに阻止されたものの，仏教が政界に介入する事態を招いた。

　また，国家財源に必要な租税には，口分田の面積に応じて納めるB[   ]や，絹や糸，
地方の特産物などを納めるC[   ]，都での労役に代わり布を納めるD[   ]，
地方の雑用や土木工事を行う雑徭などがあった。また，その他に3〜4人に1人の割合で召集され，
都の治安維持をする衛士や九州北岸の警備をするE[   ]も兵役として課された。しかし，
このような租税の徴収は農民の負担を重くしたため，僧になったり，c他村へ逃亡したり，浮浪人に
なったりするものが増え，国家財政の危機を招いた。

　文化の面では，d遣唐使がもたらした文化の影響を受けた天平文化が花を咲かせた。e当時の天皇
の遺愛品や遣唐使が持ち帰った各種の道具・楽器を収納したF[   ]もその一例である。
また，一方では日本の国家のおこりや，天皇家の歴史をまとめようとする動きが起こり，天皇家の系譜や
伝承をまとめたG[   ]や，天皇家を中心とする国家成立史を書いたH[   ]
などがつくられ，国ごとにも，自然・産物・伝説などを記したI[   ]もつくられた。
和歌もさかんになり，天皇や貴族だけでなく，Eや農民の歌もおさめられたJ[   ]も
つくられた。

(1) 文章中のA〜Jにあてはまる語句を答えよ。
(2) 下線部aについて，当時九州には政治と外交の防衛を任された官庁が設置されていた。その官庁
を何と呼んだか，答えよ。 [   ]
(3) 下線部bについて，当時の天皇は誰か，答えよ。 [   ]
(4) 下線部cについて，あとの問いに答えよ。
　① このような事態をなくそうとした朝廷は，「耕した耕地は一定期間の私有を認める」という法
　令を定めた。この法令を何というか，答えよ。 [   ]

解答の方針

036 (2)当時の日本は倭(委)とよばれていた。金印に刻まれた字を正しく答えよう。

②　この法令制定後の様子としてふさわしいものを，次のア～エの中から1つ選び，記号で答えよ。
[　　　　]

ア　公地公民制は崩壊し，彼らは寺院や貴族に身を寄せるようになり，荘園の成立を促す結果となった。

イ　朝廷が彼らを保護し，悲田院や施薬院と呼ばれる施設に集め，職業指導をした。

ウ　浮浪・逃亡した者たちが東北地方に逃れ，蝦夷と呼ばれる集団となり，朝廷に反抗した。

エ　浮浪・逃亡した者たちは悪党と呼ばれ，地域の農民たちを引き連れ，朝廷に反抗した。

難 (5)　下線部dについて，遣唐使の阿倍仲麻呂にあてはまるものを，次のア～エの中から1つ選び，記号で答えよ。
[　　　　]

ア　遣唐使として派遣された後，右大臣となり，菅原道真と並ぶ学者政治家といわれた。

イ　唐の皇帝に重用された後，日本に帰ろうとしたが，波風にあおられ帰国できず，唐の都長安で死去した。

ウ　いくども渡航に失敗し，盲目になりながらも6回目でついに海を渡った。

エ　遣唐使として派遣された後，比叡山にこもり，天台宗を開いた。

(6)　下線部eについて，これにあてはまるものを，次の写真ア～エの中から1つ選び，記号で答えよ。
[　　　　]

ア　　　　　　　　イ　　　　　　　ウ　　　　　　　　エ

(7)　天武天皇期に鋳造された，日本最初の貨幣を何というか。答えよ。　[　　　　　　　]

039 ▶ 次の律令官制表を見て，あとの問いに答えなさい。　　　　　　　（奈良・西大和学園高 改）

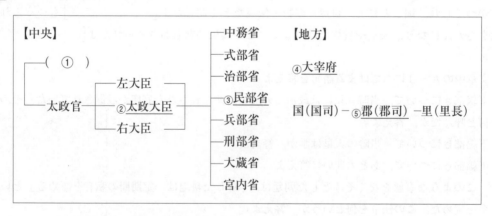

(1)　（　①　）は朝廷のまつりや諸国の神社を管理する機関である。その名称を答えよ。
[　　　　　　　]

(2)　下線部②はこの体制での最高の官職であるが，8世紀後半に太政大臣禅師に任命され，さらに皇位も望んだ仏僧はだれか。その名前を答えよ。　[　　　　　　　]

(3)　下線部③に関して，この省は戸籍の管理や国家の財政を担当する。この戸籍にもとづいて一定年ごとに田を農民に割り当てる制度を何というか。その名称を答えよ。　　　[　　　　　　　]

(4)　下線部④に関して，この役所に属し，北九州の防衛にあたった兵士を何というか。その名称を答えよ。　　　[　　　　　　　]

難 (5)　下線部⑤に関して，次の文章の[　　　]に入るべき語句を漢字で答えよ。

[　　　　　　　]

> 　大和朝廷の地方支配では，地方の豪族を[　　　]としてその支配にあてていたが，律令体制では，中央から派遣される国司が地方の行政を行い，もとの[　　　]などが郡司として任命され，国司の統括のもとで地方行政の実務にあたることになった。

040　次の文章を読んで，あとの問いに答えなさい。　　　　（栃木・佐野日本大高）

> 　701年，唐の律令にならった大宝律令がつくられ，710年には，中国にならって奈良に都が造営された。そのころの日本では，律令のきまりに基づいて，人々に土地をあたえる制度である_a班田収授法が定められた。農民は，_b税や労役・兵役を負担したが，こうした重すぎる負担からのがれて，逃亡する農民が増えたため，政府は_c墾田永年私財法を定めて，新たな開墾地であれば私有を認めるようにした。

難 (1)　下線部aについて，戸籍に登録された6歳以上のすべての人々に口分田があたえられたが，その内容として誤っているものはどれか。次のア～エの中から1つ選び，記号で答えよ。[　　　　　]
  ア　良民男子には2段があたえられた。
  イ　良民女子には良民男子の3分の2があたえらた。
  ウ　奴には良民男子の3分の2があたえられた。
  エ　婢には良民女子の3分の1があたえられた。

(2)　下線部bについて，このころの税は租・調・庸の3つからなっていたが，租は稲の収穫のおよそ何％を納めるものであったか。次のア～エの中から1つ選び，記号で答えよ。　　　[　　　　　]
  ア　3％　　　イ　5％　　　ウ　10％　　　エ　20％

(3)　下線部cについて，この結果増えた私有地から発展したものは何か。次のア～エの中から1つ選び，記号で答えよ。　　　[　　　　　]
  ア　新田　　イ　荘園　　ウ　屯田　　エ　口分田

解答の方針

038　(4)①「一定期間」という表現に注意すること。②イ. 悲田院や施薬院は，聖武天皇のきさきの光明皇后のつくった貧しい人や病人を救済する施設。
　　(7)天武天皇期なので，708年の和同開珎ではない。
039　(2)称徳天皇の信任をえて，台頭した人物である。
　　(5)大和政権期の漢字のよみがなはむずかしいものが多い。「くにのみやつこ」を漢字で書くとどうなるか。
040　(1)奴は男の奴隷で婢は女の奴隷。それぞれ良民より少ない割合の田を与えられた。

041 次の文章を読んで，あとの問いに答えなさい。

(東京・明星高)

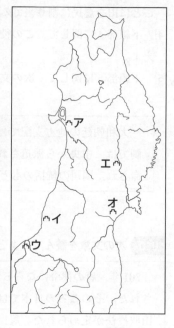

朝廷は，ₐ奈良時代には関東地方までだった支配を，さらに東北地方にまで広げようとしていた。東北地方の住民は蝦夷と呼ばれ，平安時代に入ると，ᵦ朝廷は抵抗を続ける蝦夷に対して大軍を送り，ようやくこれをしずめた。

その後，11世紀の後半に東北地方で起こった内乱などを経て，奥州藤原氏がその地方の統一を進め，砂金や馬の売買で築いた富をもとに大きな勢力を持つようになった。その中心地近くには，ｃ一面に金箔（きんぱく）がほどこされた豪華なお堂のある寺院や立派な屋敷がたちならび，京都の文化も積極的に取り入れられた。

(1) 文中の下線部 a について，次の3つのとりでの位置を，地図中のア〜オの中からそれぞれ選び，記号で答えよ。

　　　①[　　　　　] ②[　　　　　] ③[　　　　　]

　① 淳足柵（ぬたりのさく）　② 多賀城（たが）　③ 胆沢城（いさわ）

(2) 文中の下線部 b について，坂上田村麻呂は朝廷軍の統率者として派遣されているが，

　① この時の天皇は誰か，漢字で答えよ。　　　　　[　　　　　　　　]

　② この時の田村麻呂に与えられた官職名を漢字で答えよ。　[　　　　　　]

(3) 文中の下線部 c について，この寺院の名前を漢字で答えよ。　[　　　　　]

042 次の問いに答えなさい。

(1) 平安時代には，藤原氏が摂政，関白となり，政治の実権をにぎったが，藤原氏の全盛期として適切なものを，次のア〜エの中から1つ選び，記号で答えよ。　[　　　　　]

　ア 10世紀前半　　イ 10世紀後半　　ウ 11世紀前半　　エ 11世紀後半

(2) 藤原氏の一族は朝廷の高い地位を独占して政治を行い，また大きな経済力も持っていた。その権力を支えた財源は何か，答えよ。　(東京・お茶の水女子大附高函)[　　　　　]

(3) 平安時代の反乱に関する次の文のうち，誤っているものをア〜エの中から1つ選び，記号で答えよ。

　　　　　　　　　　　　　　　　　　(福岡・久留米大附設高)[　　　　　]

　ア 10世紀の中頃，平将門が国府を襲い，「新皇」と称して一時関東を支配したが，一族の平貞盛に滅ぼされた。

　イ 伊予の豪族で，瀬戸内海で海賊行為をしていた藤原純友は，伊予の国府や大宰府を襲った。

　ウ 11世紀の中頃，東北では安倍氏の乱が起き，源頼義が子の義家と遠征し，苦戦の末これを鎮圧した。

　エ 東北で，清原氏の兄弟対立から戦争がおき，源義家は征夷大将軍として遠征し，この戦いをしずめた。

043 次の文章中の①〜④に入る適当な語句を答えなさい。　　　　　　　（大阪・早稲田摂陵高図）

　平安時代の中ごろ，地方では，有力な農民が開墾にはげんで領地を広げ，豪族として勢力を伸ばした。都では，朝廷の武官（御所の警備などにあたった役人）が，貴族の身辺や屋敷の警護を行い，実力を認められていった。このような地方の豪族と中央の武官の交流のなかから武士がおこり，武士はやがて，従者を組織して武士団をつくりあげるほどに成長していった。そういった武士団のなかでも，①[　　　　　　　　　　]の子孫とされる人物を棟梁にあおぐ源氏と平氏が優勢だった。

　10世紀の中ごろ，関東で②[　　　　　　　]が，瀬戸内地方で③[　　　　　　　　　]が，それぞれ武士団を率いて反乱を起こした。これらの反乱をしずめるのにも，中央の貴族は，武士の力にたよらなければならなかった。

　11世紀の後半には，東北地方で2回にわたって戦乱が起こり，関東の武士を率いてこれをしずめた④[　　　　　　　]が，この地方の武士の信望を集めるようになった。

044 次の文章を読んで，あとの問いに答えなさい。

　894年，（　　　　）の進言によって，長年続いていた遣唐使の派遣がとりやめられたので，その後，日本風の文化が栄えました。

(1)　文章中の（　　　　）にあてはまる人名を書け。　　　　　　　　[　　　　　　　　　　]

(2)　文章中の下線部の文化について，優れた文学作品が生み出されたが，このころの作品として誤っているものを，次のア〜オの中から1つ選び，記号で答えよ。　　（三重・高田高図）[　　　　　　]

　　ア　枕草子　　イ　竹取物語　　ウ　平家物語　　エ　源氏物語　　オ　古今和歌集

（難）(3)　次の文章の①〜④にあてはまる語句を書け。ただし，③と④は「ひらがな」「カタカナ」のいずれかで答えよ。　　　　　　　　　　　　　　　　　　（北海道・駒澤大附苫小牧高図）

　　遣唐使が廃止されると，①[　　　　　　　　　]とよばれる貴族の邸宅や日本の風俗・風景を題材とした②[　　　　　　　]絵，漢字の「へん」や「つくり」を利用した③[　　　　　　　　]や漢字の草書体から発達した④[　　　　　　　]などの日本独自の文化が発展した。

解答の方針

041　(1)渟足柵は647年，多賀城は724年，胆沢城は802年の建設。城や柵は蝦夷に対抗する最前線の基地となり，しだいに北進した。

043　①清和源氏，桓武平氏と呼ばれている。④東北地方の戦乱とは，前九年合戦（前九年の役），後三年合戦（後三年の役）のこと。

---

1 次の史料を読み，あとの問いに答えなさい。　　　　　（佐賀・東明館高）（各5点，計10点）

史料

> 楽浪郡の海のかなたに倭人がいて，（　ア　）以上の国を造っており，なかには
> 定期的に漢に朝貢する国もある。

(1)　（　ア　）に当てはまる数字を答えよ。

(2)　**史料**は，中国の歴史書の一部に記述されているものである。この歴史書を次の①～④の中から1
つ選び，番号で答えよ。

①『魏志』倭人伝　　②『後漢書』東夷伝　　③『漢書』地理志　　④『隋書』倭国伝

(1)		(2)	

---

2 次の(Ⅰ)～(Ⅱ)のA～Cの文を読み，あとの問いに答えなさい。　　（近畿大附広島高東広島校）

((2)・(4)各4点，(1)・(3)・(6)各5点，(5)7点，計30点)

(Ⅰ)

A　埴輪は古墳の表面に置かれ，人や家の形をしたものもつくられた。

B　銅鐸は主に祭りで使われたと考えられ，農業の様子などが描かれているものもある。

C　土偶は魔よけや豊作を祈るために使われた。

(1)　Aの時代に朝鮮半島からやってきた高い技術を持った人々は何と呼ばれたか，答えよ。

(2)　Bの時代に邪馬台国が使いを送ったことが記されている史料として正しいものを，次のア～エの
中から1つ選び，記号で答えよ。

ア　漢書地理志　　イ　魏志倭人伝　　ウ　日本書紀　　エ　古事記

(3)　A～Cの文を年代の古い順番に並べたものを，次のア～カの中から1つ選び，記号で答えよ。

ア　A→B→C　　イ　A→C→B　　ウ　B→A→C

エ　B→C→A　　オ　C→A→B　　カ　C→B→A

(Ⅱ)

A　天武天皇は天皇の地位を高めて，律令や歴史書をまとめるように命じた。

B　推古天皇は聖徳太子とともに天皇中心の政治制度を整えた。

C　聖武天皇は国ごとに国分寺と国分尼寺を，都には東大寺を建てて大仏をつくらせた。

(4)　Aの天武天皇が即位前に大友皇子を敗った戦いとして正しいものを，次のア～エの中から1つ選
び，記号で答えよ。

ア　壬申の乱　　イ　保元の乱　　ウ　応仁の乱　　エ　承久の乱

(5)　Cの聖武天皇が寺院や大仏をつくらせた理由を答えよ。

(6)　A〜Cの文を年代の古い順番に並べたものを，次のア〜カの中から1つ選び，記号で答えよ。

　ア　A→B→C　　イ　A→C→B　　ウ　B→A→C
　エ　B→C→A　　オ　C→A→B　　カ　C→B→A

(1)		(2)		(3)		(4)	
(5)							
(6)							

3　次の文(I)〜(II)を読んで，あとの問いに答えなさい。　　　　(佐賀・弘学館高)(各5点，計35点)

(I)

> 　　中国で儒教のもととなる教えを説いた[　あ　]が活動したのは，紀元前のことである。中国は戦乱の時代であり，乱れた政治や社会をどのように治めるかを説く思想家が多く現れた時代でもあった。思いやりの心(仁)を説く儒教(儒家思想)は，力を競い合う戦乱の世にはあまり注目されなかったが，最初に中国を統一した　　X　　を経て，漢が大帝国を築き，安定した国づくりを進める段階に入ると，政治にたずさわる者の道徳として重視されるようになった。

(II)

> 　　日本に儒教が伝えられたのは，①仏教の伝来とほぼ同じころであると考えられている。ともに，日本と友好関係にあった朝鮮半島の　　Y　　から伝えられた。②聖徳太子(厩戸王)が定めたとされる憲法十七条には，役人の心構えとして仏教や儒教の思想が取り入れられている。③律令制度では，儒教は大学で学ぶ科目の一つと位置づけられており，④平安時代の貴族にとっても，中国の文学や歴史とともに儒教を学ぶことは大切な教養とされた。

(1)　(I)では紀元前数百年から紀元前1世紀ごろまでの中国の様子が述べられているが，このころの日本(日本列島)について述べた次の文a〜dについて，正しいものの組み合わせを，あとのア〜エの中から1つ選べ。

　a　大陸から九州北部に稲作が伝えられ，弥生文化とよばれる稲作文化が西日本から東北地方にまで広がった。

　b　鉄鋼の武器や農具をつくる技術が伝えられ，鉄を産出する朝鮮半島とのつながりをもつヤマト政権が支配を拡大した。

　c　漢の歴史書によると，「倭」とよばれた日本は百あまりの小国に分かれており，その中には，朝鮮半島を通じて皇帝に使者を送る国もあった。

　d　漢の歴史書によると，「倭」とよばれた日本では，邪馬台国の女王卑弥呼が多くの小国をしたがえ，皇帝に使者を送って王の称号が刻まれた印を授けられた。

　　ア　aとc　　イ　aとd　　ウ　bとc　　エ　bとd

(2)　空欄[　あ　]に入る人名を答えよ。

(3)　下線部①に関連して，仏教の伝来とともに日本初の仏教文化が成立した。法隆寺の金堂・五重塔などの建築や，広隆寺の弥勒菩薩像などの仏教に代表されるこの文化を何とよぶか。

(4) 空欄　　X　　・　　Y　　に入る国名の組み合わせとして正しいものを，次のア〜エのうちから
　　1つ選べ。

　　ア　X…殷　Y…百済　　イ　X…殷　Y…新羅
　　ウ　X…秦　Y…百済　　エ　X…秦　Y…新羅

(5)　下線部②について，聖徳太子は理想的な政治を行った人物と伝えられているが，現在は，その業
　　績とされていることが事実であったかどうかを見直す研究が進められている。太子の時代に実際に
　　政治に深く関わっていたと考えられる有力豪族は何氏か答えよ。

(6)　下線部③について，日本の律令制度について述べた文として誤っているものを，次のア〜エの中
　　から1つ選べ。

　　ア　日本の律令は，唐の律令を参考にしてつくられた。律は刑罰に関する法であり，令は行政に関
　　　　する法である。
　　イ　律令の制定準備は，7世紀の天智天皇や天武天皇の時代から始められ，8世紀の初め，大宝律
　　　　令として完成した。
　　ウ　律令により班田収授の制度が定められた。6年ごとに戸籍が作成され，戸籍にもとづき6歳以
　　　　上の男女に口分田が与えられた。
　　エ　律令により税制も定められた。男子に比べ，女子は税の負担が重かったため，女性を男性とし
　　　　て戸籍に登録し，負担を逃れようとする者が現れた。

(7)　下線部④について，平安時代の貴族について述べた次の文a〜dについて，正しいものの組み合
　　わせを，あとのア〜エの中から1つ選べ。

　　a　一部の上級貴族は，天皇の娘と結婚して次の天皇となり，その立場を利用して一族で高い位や
　　　　官職を独占した。このような政治の形態を摂関政治とよぶ。
　　b　地方の政治は国司にまかせられたため，中央政府での出世が期待できない中下級貴族は，収入
　　　　を増やすことを目的に国司の職を希望し，不正を行う者も現れた。
　　c　遣唐使の廃止後は日本独自の文化が生まれた。貴族の住居の様式は書院造とよばれ，現在の和
　　　　風住宅の原型となった。銀閣は，そのような様式を伝える建築物の一つである。
　　d　貴族の間には，阿弥陀仏にすがって念仏をとなえ，死後に極楽浄土に往生することを願う浄土
　　　　信仰が流行した。平等院鳳凰堂は，そうした信仰のために建てられた建築物の一つである。

　　ア　aとc　　イ　aとd　　ウ　bとc　　エ　bとd

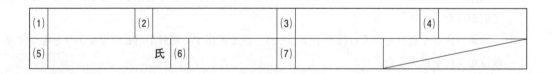

(1)		(2)		(3)		(4)	
(5)		氏	(6)		(7)		

4　次の【A】〜【C】の各文章を読んで，あとの問いに答えなさい。　　（愛知・中京大附中京高）

（各5点，計25点）

【A】　7世紀後半から8世紀初頭にかけては律令国家の形成期にあたり，唐から帰国した留学生らの
　　協力を得た中大兄皇子や中臣鎌足らが，政治の実権を握っていた（　あ　）氏を倒し，国政の改革
　　にのりだした。その後50年余りの政治を経て701年，唐の制度にならって大宝律令が制定され，
　　天皇を頂点とした統治組織と律令政治のしくみが整備された。

【B】　9 世紀後半から 10 世紀にかけ，対抗する有力な貴族を政治から排除し，また天皇の外戚（母方の親戚）として天皇を補佐する職に就くようになった藤原氏は，政治の実権を握り摂関政治を行った。11 世紀前半に藤原氏の摂関政治が全盛期を迎えた一方で，地方政治は（　い　）による不正や横暴により大いに乱れた。しかし 11 世紀中ごろに後三条天皇が即位すると次第に藤原氏は勢力を弱め，摂関政治も終わりをむかえた。

【C】　12 世紀半ばに起きた二度の大きな戦乱に勝利した平氏は清盛の時代に全盛期を迎え，朝廷の政治を意のままに動かした。この平氏による独裁政治に対し各地の源氏が立ち上がり，源平の争乱が勃発した。平氏を滅亡させた源頼朝は朝廷から征夷大将軍に任命され，鎌倉の地に武家政権をひらいた。

(1)　【A】の文中の（　あ　）に当てはまる語句を漢字で答えよ。

(2)　【A】の文中の下線部について，律令制度に関わる記述として最も適当なものを，①～④の中から 1 つ選んで番号で答えよ。

　①　戸籍に登録された 6 歳以上の人々には性別や身分に関係なく同等に口分田が与えられた。

　②　口分田を与えられた者は，その面積に応じて収穫量の 5％を納める義務を負った。

　③　班田収授法では，新しく開墾した土地は私有が認められないものの，租が免除された。

　④　調や庸といった税は貴族や役人への給与，朝廷の運営に充てられていた。

(3)　【B】の文について，藤原氏の摂関政治に関する記述として最も適当なものを，①～④の中から 1 つ選んで番号で答えよ。

　①　藤原基経は皇族以外で初めて摂政の位に就き，藤原良房は同じく初めて関白の位に就いた。

　②　右大臣の菅原道真は藤原頼通によって九州の大宰府に左遷された。

　③　藤原道長は 4 人の娘を天皇の后とし，藤原氏の栄華を満月になぞらえた歌をよんだ。

　④　藤原道長は摂政・関白の両方の位に就き，平等院鳳凰堂を建てた。

(4)　【B】の文中の（　い　）に当てはまる最も適当な語句を，①～④の中から 1 つ選んで番号で答えよ。

　①　郡司　　　②　国司　　　③　守護　　　④　地頭

(5)　【C】の文に関する記述として最も適当なものを，①～④の中から 1 つ選んで番号で答えよ。

　①　平清盛は保元の乱で源義朝を討ち，その子頼朝は伊豆へ流された。

　②　1167 年に征夷大将軍となった平清盛は大輪田泊（現神戸）を整備して日宋貿易を展開し，大きな利益をあげた。

　③　北条家の支援を受けた源頼朝は源義仲を派遣して壇ノ浦の戦いで平氏を滅ぼした。

　④　源頼朝の死後政治の実権を握った北条家は，承久の乱で朝廷の軍を破り，1232 年に御成敗式目を定めて執権政治を確立させた。

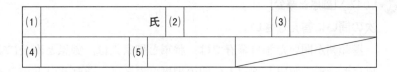

3 武家政治の成立と展開

045 [白河上皇の政治]

次の表は, 中学校2年生のあるクラスの社会科の授業で, 調べたことをまとめたものの一部
です。これを見て, あとの問いに答えなさい。

歴史の資料	調べたこと
京都の賀茂川の流れ, 双六の さい, 延暦寺の僧兵, これが私の 意のままにならないものである。	これは, 平安時代の白河上皇のことばとされてい るものです。白河上皇は, 藤原氏の力をおさえて, 新しい政治を行いました。

表中の下線部のしくみを, 「天皇」,「上皇」の2つの語句を用いて書け。

[   ]

046 [平清盛の政治]

次の問いに答えなさい。

(1) 源氏をやぶって政権をにぎった平清盛が港を整備した
場所を, 右のア～エの中から1つ選び, 記号で答えよ。
ただし, 都道府県の形は現在のものであり, 海岸線を実
線で, 陸上の境界線を点線で示している。

[   ]

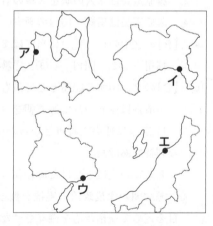

(2) (1)の問いで答えた場所について, 平清盛が港を整備し
た理由を, 当時の外国との関係から, 国名を入れて, 簡
潔に書け。

[   ]

重要 047 [御恩と奉公]

次の問いに答えなさい。

源頼朝が開いた鎌倉幕府では, 将軍と御家人は, 御恩と奉公によって結ばれていた。鎌倉幕
府における, 将軍と御家人の間の御恩と奉公は, それぞれどのようなことか。その内容を, 次
の空欄を埋める形で書け。

御恩：将軍が, [   ]こと。
奉公：御家人が, [   ]こと。

048 〉[守護と地頭]

次の問いに答えなさい。

　源義経をとらえることを口実に，源頼朝は守護や地頭をおくことを朝廷に認めさせた。鎌倉幕府の守護または地頭について述べた文として適切なものを，次のア〜エの中から1つ選び，記号で答えよ。　　　　　　　　　　　　　　　　　　　　　　　　　　[　　　　　]

ア　守護は国ごとにおかれ，国内の犯罪の取りしまりなどにあたった。

イ　地頭は荘園ごとにおかれ，取りたてた租・庸・調を幕府におさめた。

ウ　守護は，承久の乱をきっかけに領内の武士を従え，守護大名となった。

エ　地頭は，源頼朝が制定した御成敗式目にもとづいて職務を行った。

049 〉[鎌倉の立地]

次の問いに答えなさい。

　右の資料は，鎌倉の地形を復元した模型である。頼朝がこの地に幕府を開いて本拠地とした理由を，資料を参考にして，軍事的な面から，簡潔に書け。

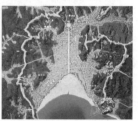

源頼朝が本拠地とした場所の周辺の地形(復元模型)

[
　　　　　　　　　　　　　　　　　　　　　　　　　　　　]

> ガイド　「軍事的な面」とは，攻撃あるいは防御という観点であり，そこから鎌倉の立地を考えよという題意である。なお，この復元模型の左右の黒い部分は，木に覆われた山を示している。

050 〉[鎌倉幕府の支配]

右図は鎌倉幕府の政治のしくみを表したものです。次の問いに答えなさい。

(1)　　A　・　B　にあてはまる語句を答えよ。

A[　　　　　　　　　]
B[　　　　　　　　　]

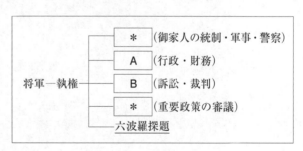

将軍—執権
- ＊（御家人の統制・軍事・警察）
- A（行政・財務）
- B（訴訟・裁判）
- ＊（重要政策の審議）
- 六波羅探題

(2)　下線部について，六波羅探題がおかれるきっかけになった，1221年のできごとを何というか。　　　　　[　　　　　　　　]

(3)　幕府が下線部の機関をおいた目的を，簡潔に書け。

[
　　　　　　　　　　　　　　　　　　　　　　　　　　　　]

(4)　(2)の戦いで鎌倉幕府が上皇側に勝利した結果，幕府は支配力を西国にも伸ばした。幕府はどのようにして西国に支配力を伸ばしたのか，書け。

[
　　　　　　　　　　　　　　　　　　　　　　　　　　　　]

051 〉[御成敗式目]

次の資料は，鎌倉時代に定められた御成敗式目について書かれた手紙の一部の要約です。これを読んで，あとの問いに答えなさい。

> 　ところでこの御成敗式目は何を根拠として制定したものかと，京都の公家(くげ)たちが非難するかもしれない。そのとおりこれといった中国の書籍によったわけではなく，ただ武家社会の道理を書き記したものである。こうした規定を前もって制定しておかないと，幕府の裁判において事実の真理によらず，原告と被告の力のちがいによって判決がなされたり，以前の判決の例を無視して裁判が起こされたりすることがある。

(1)　御成敗式目を定めた執権はだれか，人物名を書け。　　　　　　[　　　　　　　]

(2)　御成敗式目は，どのようなことを定めた法律か。資料を参考にして書け。

[

]

052 〉[鎌倉時代の市]

次の問いに答えなさい。

　鎌倉時代になると，農業の発展にともなって，手工業や商業もしだいに発達し，商品を交換する場である市が各地で定期的に開かれるようになった。次の資料はこのような市のようすを描いたものであるが，この内容を説明した文として正しいものを，次のア〜エの中から1つ選び，記号で答えよ。　　　　　　[　　　　　　　]

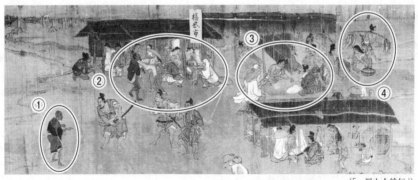

(「一遍上人絵伝」)

ア　①の人物が日蓮宗をひらいた一遍上人で，題目を唱えれば人も国家も救われると説いて，人の集まる市で布教した。

イ　②では，お金による取り引きが描かれているが，これには明から輸入された銅銭などが使用されることが多かった。

ウ　③では米が売買されているが，この当時，二毛作や牛馬を利用した農業が行われるようになった。

エ　④の魚売りのように店を持たず，歩き回って商売をする者もいたが，彼らは問丸(問)とよばれていた。

053 〉[世界とのつながり]

次の文章を読み，あとの問いに答えなさい。　　　　　　　　　　　　　　　（奈良・帝塚山高）

a　モンゴル民族は騎兵を使ってユーラシア大陸に勢力を拡大した。東アジアでは元王朝を樹
立し，朝鮮半島の高麗も服属させた。元王朝の建国者フビライに仕えたマルコ＝ポーロは，
『（　1　）』（『世界の記述』）を著して，泉州などの海港都市が海上交易で栄えていたことを
記している。

b　文永 11 年，フビライが差し向けた元軍が九州に襲来した。日本の武士は元軍の集団戦法
に苦しめられたが，奮戦の末に元軍を退けた。しかし（　2　）4 年，再び元軍が侵攻してきた。
武士たちは石塁などで防御を固め，元軍の撃退に成功した。戦いののち，武士たちは幕府か
ら十分な恩賞を与えられず，不満が高まる一因となった。

⑴　（　1　）・（　2　）にあてはまる語句を漢字で答えなさい。

　　　　　　　　　　　　　　　　　1[　　　　　　　　] 2[　　　　　　　　]

⑵　文章 a について，13 世紀前後におけるユーラシア大陸の政治・経済・文化を述べた文と
して誤っているものを，次のア〜エの中から 1 つ選びなさい。　　　　　　[　　　　　　]

　ア　ヨーロッパで発明された火薬や羅針盤，活字印刷の技術が中国や日本に伝わった。
　イ　エルサレムの支配をめぐってイスラム勢力と十字軍の戦いが続いていた。
　ウ　中国の商人が東南アジアとの間を行き来して交易を行っていた。
　エ　宋王朝の禅宗の僧侶が日本にまねかれ，建長寺や円覚寺が建立された。

054 〉[徳政令]

次のカードを見て，あとの問いに答えなさい。

　これは，「蒙古襲来絵詞」という絵巻物の一部
である。幕府軍は元軍の集団戦法や火薬を使った
武器に苦しめられたが，暴風雨が起こり元軍は撤
退した。その後も幕府は警戒態勢をゆるめず，九
州地方の守りを固めていった。

⑴　下線部について，幕府は元軍の撤退後の 1297 年に徳政令を出した。これは，○○の徳政
令というが，この○○にあてはまる漢字 2 字を答えよ。　　　　[　　　　　　　　　　]

⑵　幕府が⑴の法令を出した目的と，この法令の内容とを，それぞれ簡潔に書け。

[

重要 055 〉[鎌倉文化]

次の問いに答えなさい。

(1)　右の写真は，東大寺南大門の(　　　　)像で，鎌倉時代に仏師の運慶ら
　によってつくられた。(　　　　)にあてはまる言葉を答えよ。

[　　　　　　　　　　　　　　　]

(2)　(1)の像は，当時の文化の特徴の１つがよくあらわれている。その特徴
　を時代背景も含めて書け。

[　　　　　　　　　　　　　　　　　　　　　　　　　　　　　　]

056 〉[鎌倉新仏教]

夏美さんは，中世の新しい仏教に興味を
持ち，自分なりに調べた結果を，右のよ
うにパネルにまとめました。あとの問い
に答えなさい。

(1)　①について，浄土宗を開いた人物を
　答えよ。　　[　　　　　　　　　]

(2)　　②　　に適当な内容を入れ，文章
　を完成させよ。

[
　　　　　　　　　　　　　
]

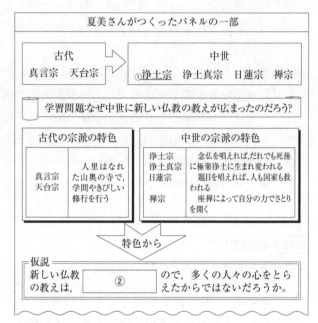

夏美さんがつくったパネルの一部

古代		中世
真言宗　天台宗	→	①浄土宗　浄土真宗　日蓮宗　禅宗

学習問題:なぜ中世に新しい仏教の教えが広まったのだろう?

古代の宗派の特色	中世の宗派の特色
真言宗 天台宗　人里はなれた山奥の寺で，学問やきびしい修行を行う	浄土宗 浄土真宗 日蓮宗　念仏を唱えれば，だれでも死後に極楽浄土に生まれ変われる 題目を唱えれば，人も国家も救われる 禅宗　座禅によって自分の力でさとりを開く

↓ 特色から

仮説
新しい仏教
の教えは，　　②　　　　ので，多くの人々の心をとらえたからではないだろうか。

ガイド 古代と中世のそれぞれの宗派で，どのような修行を行うのか，その違いに注目してみよう。

重要 057 〉[足利義満の事績]

次の文を読んで，あとの問いに答えなさい。

　15世紀のはじめには，日本と明との間で貿易が始まった。

(1)　割札(合い札，割符)の証明書を用いたことから，この明との貿易を何というか，書け。

[　　　　　　　　　　　　　　　]

(2)　この時期の明との貿易において，割札の証明書が用いられた目的を書け。

[　　　　　　　　　　　　　　　　　　　　　　　　　　　　　　]

(3)　この貿易を始めた足利義満は，南北朝を統一し，京都の室町で政治を行った。彼がつくっ
　た公家文化と武家文化を融合した建物を，次のア〜エの中から１つ選び，記号で答えよ。

[　　　　　　　　　　　　　　　]

ア　平等院鳳凰堂　　イ　中尊寺金色堂　　ウ　金閣　　エ　銀閣

058 〉[都市の発展]

次の問いに答えなさい。

(1)　堺が明との貿易の港町として発展するきっかけとなったのは，15世紀後半に起こった大規模な戦乱のために兵庫の港に帰港できなくなった貿易船が，堺に入港したことによる。15世紀後半に，将軍のあと継ぎ争いや守護大名の対立などが原因で11年も続いたこの戦乱は何と呼ばれているか。書け。　　　　　　　　　　　　　　[　　　　　　　　　]

(2)　堺が明との貿易の拠点となったころ，沖縄本島を統一していた王国は東南アジアと東アジアとを結ぶ中継貿易で栄えていた。この王国の国名を書け。　　[　　　　　　　　　]

(3)　右は京都の祇園祭の様子である。(1)で中断した後，15世紀末にこの祭りを復興し，町の運営にもかかわっていた人々の職業についてもふれながら，この町の運営の特色を簡潔に書け。

（「洛中洛外図屏風」）

[
　　]

重要 059 〉[室町時代の農村]

正夫さんは，各時代の農民のくらしに興味をもち，それぞれの時代の農民のくらしに関連する資料について調べました。次の資料は，そのとき調べたことをまとめたものの一部です。資料を見て，あとの問いに答えなさい。

室町時代

田楽に合わせて田植えを行っている様子を描いたものである。

(1)　この資料にある田楽や，猿楽などから発達し，この時代に世阿弥らによって大成された芸能は何か，書け。
　　　　　　　　　　　　　　　　　　　[　　　　　　　　　]

(2)　この時代には，有力な農民を中心に，村ごとに自治組織がつくられ，かんがい用水路や林野の管理などについて，村のおきてを定めたりしていた。この自治組織は何とよばれるか，書け。　　　　　　　　　　　　　[　　　　　　　　　]

060 〉[戦国大名の領国支配]

国づくりについてある班のまとめた文章を読んで，あとの問いに答えなさい。

> ●15世紀　　A　　を制定する戦国大名が現れる。
> わが朝倉家の館のほかに，国内に城を構えてはいけない。有力な家臣は，みな朝倉家の館がある一乗谷に引っ越してくること。

(1)　　A　　に当てはまる語を書け。　　　　　　　[　　　　　　　　　]

(2)　各地の戦国大名が　　A　　を制定した理由として，最も適切なものを，次のア〜エの中から1つ選び，記号で答えよ。　　　　　　　　　　[　　　　　　　　　]

　ア　大名を統制し参勤交代させるため　　　イ　農民から武器を没収するため

　ウ　旗本や御家人の借金を帳消しにするため　　エ　領国内の武士や農民を統制するため

(3) 戦国大名の領国支配にみられることの説明として，適切でないものを，次のア〜エの中から1つ選び，記号で答えよ。　　　　　　　　　　　　　[　　　　　]

　　ア　村において農民に五人組を組織させ，お互いに監視させた。

　　イ　城下に家臣や商工業者を集めて，城下町をつくった。

　　ウ　大規模な治水やかんがいを行い農地を広げ，農業を盛んにした。

　　エ　金山・銀山などの鉱山の開発に力を入れた。

重要 061 〉[足利義政の時代]

次のカードは，文子さんが夏休みの自由研究で，各時代を表す切手について調べ，その時代背景をまとめた中の1枚です。これを読んで，あとの問いに答えなさい。

　　　　この建物は，足利義政が東山に建てた別荘で，彼の死後，ⓐ慈照寺となりました。当時，ⓑ下の身分の者が実力で上の身分の者にとってかわる風潮が広がりました。

(1)　文中の下線部ⓐに関し，右の図は，慈照寺にある東求堂の内部である。このような建築様式を何というか，書け。
　　　　　　　　　　　　[　　　　　　　]

(2)　文中の下線部ⓑに関し，次の①・②に答えよ。

　①　このような風潮を何というか，書け。
　　　　　　　　　　　　[　　　　　　　]

　②　現在の京都府南部の地域においては，武士と農民が一体となり守護大名を追い出し，自治を行った。このできごとを何というか，書け。　　　　　　[　　　　　　　　　]

> **ガイド** (2)②室町時代の農民は自治を行い団結力を強めた。こうした農民は領土に抵抗し自治を拡大したり徳政令を要求したりした。このような農民の抵抗を土一揆という。

重要 062 〉[水墨画]

次の問いに答えなさい。

　右の絵は，室町時代に大内氏の拠点であった山口に長く滞在し，日本の水墨画に大きな影響を与えた人物の作品の一部である。この人物はだれか，答えよ。

　　　　[　　　　　　　]

最|高|水|準|問|題

解答　別冊 p.11

063 平氏の政治について，次の問いに答えなさい。

(1)　平清盛のような有力者には土地を開発した地方の豪族から多くの荘園が寄進され，それが彼らの経済基盤となったが，なぜ地方の豪族は有力者へ荘園を寄進したのか。その理由を30字以内で説明せよ。　　　　　　　　　　　　　　　　　　　　　　　　　　　　　　　（愛媛・愛光高）

[　　　　　　　　　　　　　　　　　　　　　　　　　　　　　　　　　　　　]

(2)　平氏の政権に関して正しいものを，次のア〜エの中から1つ選び，記号で答えよ。（京都教育大附高）

[　　　　　　]

ア　院政のもとで次第に武士が台頭し，院政をめぐる内乱である平治の乱とその後の保元の乱で，平清盛は活躍した。

イ　平清盛は白河上皇と結んで太政大臣となり，一族の者も朝廷の主要な役職について政権をにぎった。

ウ　平清盛は日宋貿易を盛んに行い，現在の神戸港にあたる兵庫の港を整備した。

エ　平氏の政治に不満をもつ貴族・寺社や地方武士が多くなり，1192年に壇ノ浦で平清盛ほか平氏一族は滅んだ。

064 次の問いに答えなさい。

(1)　源氏が平氏をほろぼした戦いが行われた壇ノ浦は，略地図中のア〜エのうちどれか。　　　　　　　　　　　　　　　　　（鹿児島県）

[　　　　]

難(2)　源頼朝は源氏ゆかりの土地である鎌倉を根拠地とし，ここに源氏の守護神としてある神社をあつく信仰した。その神社名を，次のア〜エの中から1つ選び，記号で答えよ。　　　（大阪・上宮高）

[　　　　]

ア　宇佐八幡宮　　　イ　手向山八幡宮
ウ　石清水八幡宮　　エ　鶴岡八幡宮

(3)　鎌倉幕府の組織は簡素で実際的だったが，このうち御家人の統制や軍事のためにおかれた機関の名称を漢字で答えよ。　　　　　　　（東京・開成高）[　　　　　　　　]

解答の方針

064　(1)源氏は平氏を「富士川の戦い（静岡県）」で破ってから，西へと追い続け，本州の西端付近で滅ぼした。

065 次の問いに答えなさい。

(難)(1) 鎌倉時代の守護について説明した文で正しいものはどれか。次のア～エの中から１つ選び，記号
で答えよ。 (栃木・佐野日本大高) [　　　　　]

ア 国内の武士を家来にし，荘園の年貢の半分を取り立てて家来の給与にするなど一国を支配する
領主になった。

イ 農民に税や労役をかけたり，朝廷側の国司の権限を吸収していき，守護大名と呼ばれるように
なった。

ウ 荘園や公領におかれ，年貢を集めたり，土地を管理した。

エ 御家人の京都を守る義務を指揮・催促することと，謀反や殺人などの犯罪人の取りしまりを行
った。

(2) 鎌倉時代の女性について述べた次の文章のうち，正しいものはどれか。次のア～エの中から１つ
選び，記号で答えよ。 (愛媛・愛光高) [　　　　　]

ア 結婚した後も女性は実家に残り，夫がそこに通うのが一般的であった。

イ 子供を産めない女性は，簡単な離縁状で離婚されることが一般的であった。

ウ 親の領地を受け継いで，地頭となる女性も多くいた。

エ 女性は神をまつるものとして崇められ，多くの人びとを従え政治を行うこともあった。

066 次の文章を読んで，あとの問いに答えなさい。

源頼朝が没すると，北条氏は，他の有力御家人を次々に倒すとともに，執権になって政治の実権を
にぎった。1219年に３代将軍①[　　　　　　]が暗殺されて源氏がほろびると，京都の摂関家出
身の子弟を将軍にむかえた。

1221年，②[　　　　　]上皇は，幕府を倒そうとして，北条氏を討つ命令を全国の武士に出
した。しかし北条氏は京都に大軍を送り，上皇軍を破った。これを承久の乱という。

(1) ①・②にあてはまる語句を書け。

(2) 下線部の承久の乱後の鎌倉幕府の政治について述べた文として誤っているものを，次のア～エの
中から１つ選び，記号で答えよ。 (佐賀・弘学館高改) [　　　　　]

ア 幕府は上皇方に味方した公家や武士の領地を取り上げ，東国の御家人を新たに地頭に任命した。

イ 京都に六波羅探題を設け，朝廷の監視や西国御家人の支配にあたらせた。

ウ 北条泰時は，有力な御家人を将軍の補佐役として管領の職につけ，幕府のだいじな問題を話し
合わせた。

エ 北条泰時は，頼朝以来の武家社会のしきたりをもとに，御家人に対する裁判の基準を明らかに
する法律をまとめた。

(難)(3) 北条時頼が裁判を公平，迅速にするためにつくった訴訟機関を何というか。

(京都・洛南高) [　　　　　　　]

067 右の図は宋銭である。これに関連する次の問いに答えなさい。 （大阪星光学院高）

(1) 日宋貿易を推進した平清盛が深くうやまい，航海の安全を守る神として信仰され，また『平家納経』が納められた神社の名称を答えよ。
　　　　　　　　　　　　　　　　　　　　　　　　[　　　　　　　　]

(2) 宋銭などが貨幣として流通し，商業が活発になると，海運や河川交通も盛んになり，港町では年貢や商品の保管や輸送にあたった業者が活躍した。この業者のことを何というか。　　　　　　　　　　　　[　　　　　　　　]

068 次の文章を読んで，あとの問いに答えなさい。 （熊本・真和高改）

13世紀のはじめ，モンゴル高原で遊牧生活を営むモンゴル民族から出た①[　　　　　　]は，民族を統一して国家を建設しました。その子孫は，広大なユーラシア大陸の東西にまたがる大帝国（モンゴル帝国）を築き，5代目の②[　　　　　]は，都を大都（北京）に移し，国号を③[　　　　　]と定めて皇帝となりました。南宋をほろぼして中国全土を支配した③には，aヨーロッパから宣教師や商人なども訪れました。②は日本を従えようと，たびたび使者を送ってきましたが，b幕府がこれを退けたため，③は高麗の軍勢をも合わせて攻め入ってきました。c1274年には対馬・壱岐をへて北九州の博多湾に上陸し，集団戦法とすぐれた火器により日本軍をなやました末，引きあげました。

2度目の1281年には，海岸に築かれた石塁などの防備もあって，元の大軍は上陸できないまま，暴風雨にあって大損害を受け，退きました。

この2度の襲来ののちも，③は日本への遠征を行おうとしましたが，計画だけで終わりました。

このころから，日本の社会は大きく変動していきました。全国的に交通が活発となり，近畿地方を中心に，幕府に従わない新しい武士たちが成長しました。なかには，荘園領主の使者を追い出し，年貢をうばう④[　　　　　]とよばれる武士も登場してきました。

幕府を支えていた御家人は，領地の分割相続によって生活が苦しくなっていました。そこで，幕府は⑤[　　　　　]を出して救おうとしましたが，実権をにぎる北条氏に失政が続いたので，幕府への反感が強まりました。

こうした様子を見た⑥[　　　　　]天皇が倒幕を呼びかけると，多くの武士がこれに協力して鎌倉幕府は滅亡しました。

(1) 文章中の①〜⑥に適する人物や語句を答えよ。
(2) 文章中の下線部aについて，ベネチアの商人の子で『世界の記述（東方見聞録）』を著し，日本のことを「黄金の国ジパング」とヨーロッパに紹介した人物を答えよ。 [　　　　　　]
(3) 文章中の下線部bについて，この時の執権だった人物を答えよ。 [　　　　　　]
(4) 文章中の下線部cの事件名を答えよ。 [　　　　　　]

解答の方針

067 (1)広島県にある神社である。
068 (1)④は，鎌倉幕府が倒れるときに活躍した楠木正成などが有名。
　　(3)8代の執権であった人物である。

069 次の鎌倉時代に出された史料(一部要約)を読んで，あとの問いに答えなさい。

【史料】

一，質入されたり，売り買いされたりした土地のこと

　　領地を質に入れて流してしまったり，売り買いしたりすることは，御家人の生活を苦しくするもとであるので禁止する。

　　御家人以外の者や庶民が，質流れで買った土地については，売り買いしたのちの年月に関係なく，売主の御家人がとり返して支配せよ。

---

(1)　この**史料**名を答えよ。　　　　　　　　　　　　　　　　　　　　　　［　　　　　　　　　］

(2)　この**史料**が出されたころの社会の様子として誤っているものはどれか。次のア～エの中から1つ選び，記号で答えよ。　　　　　　　　　　　　　　　　　(栃木・佐野日本大高)［　　　　　　］

　ア　牛馬を使った耕作や，裏作に麦を作る二毛作が広まった。

　イ　寺社の門前や交通の要地に定期市が開かれた。

　ウ　富本銭と呼ばれる貨幣がつくられ，市などで日常的に使われた。

　エ　桑・漆・茶など，原料や商品として売る作物の栽培が始まった。

(3)　鎌倉時代に制作された絵巻物について述べた，次の文のア～エの中から，誤っているものを1つ選び，記号で答えよ。　　　　　　　　　　　　　　　(奈良・東大寺学園高)［　　　　　　］

　　『蒙古襲来絵詞』には元軍と戦う御家人ァ竹崎季長の姿が描かれている。当時の武士は，戦いに備え，笠懸やィ流鏑馬などの武芸の訓練を日頃から行い，心身をきたえていた。ゥ『男衾三郎絵巻』からもこうした武士の生活の有様をうかがい知ることができる。また，『一遍上人絵伝』には，武士の館に一遍がェ法華経の教えを説きにきた様子も描かれている。

070 次の文章を読んで，あとの問いに答えなさい。　　　　　　　　(東京・お茶の水女子大附高)

　　国家のしくみは常に変化し続けるものだが，①11世紀後半から13世紀初頭にかけての時期には，政治や社会のしくみが特に大きく変化した。この時期以降，しだいに農業生産力が向上したこともあり，民衆の力は強まっていた。14世紀には(　A　)と呼ばれる村落が形成され，自治が行われるようになった。ときには(　B　)を起こして，徳政令を要求することもあった。②この時期には，産業が発達し，各地で市が開かれるなど，商業の発達もめざましかった。

(1)　文章中の空欄(　A　)(　B　)にあてはまる適切な語句を答えよ。

　　　　　　　　　　　　　　　　　A［　　　　　　　　　］　B［　　　　　　　　　］

(2)　文章中の下線部①に関連して，政治および社会のしくみはどのように変化したか，説明せよ。

　［

　　　］

(3)　文章中の下線部②に関連して，この時期の産業について述べた文として適切でないものを，次のア～エの中から1つ選び，記号で答えよ。　　　　　　　　　　　　　　　　［　　　　　　］

ア　西陣の絹織物をはじめ，陶器，紙，酒などの特産物の生産が進み，刀や農具を作る鍛冶・鋳物業もさかんになった。

イ　商品をかごなどに入れて売り歩く行商が中心であったが，市が開かれた港湾や寺院の門前などは都市へと発達していった。

ウ　商人や手工業者は座をつくり寺社や幕府の保護を受けたが，中でも金融業を営んだ問屋や，年貢の輸送を担った馬借は栄えた。

エ　中国からは銅銭や生糸，絹織物，書画などが輸入され，商業だけではなく文化にも大きな影響を与えた。

(4)　次の事項（できごとやことがら）を年代順に正しく並べ替えたとき，2番目と4番目にあたるものはどれか，あとのア〜オの中からそれぞれ選び，記号で答えよ。

2番目［　　　　］　4番目［　　　　］

ア　建武の新政が始まる

イ　鎌倉幕府が滅亡する

ウ　後醍醐天皇が隠岐に流される

エ　後醍醐天皇が吉野に逃れる

オ　足利尊氏が征夷大将軍となる

071 次の問いに答えなさい。

(1)　守護大名に関連して述べた次の文a〜dについて，正しいものの組み合わせを，下のア〜エの中から1つ選び，記号で答えよ。　（佐賀・弘学館高）［　　　　］

a　鎌倉時代から国ごとに置かれていた守護が，南北朝の動乱の中で力を強め，一国全体を支配するようになったものを守護大名とよぶ。数か国を支配する有力な守護大名もあった。

b　室町幕府では，将軍を補佐する役職を執権とよび，北条氏などの有力な守護大名がこれをつとめた。守護大名はしだいに力を強め，将軍と対立するものも現れた。

c　守護大名の多くは応仁の乱のころから一層力を強め，中国地方の島津氏や北陸地方の武田氏などは，幕府の衰退後も戦国大名として支配を拡大していった。

d　守護大名や戦国大名は，土一揆や一向一揆との戦いに苦しみ，なかには国を追い出されるものもあった。名もなき民衆の力が名門の武士を上回る風潮は，下剋上とよばれた。

ア　aとc　　イ　aとd　　ウ　bとc　　エ　bとd

(2)　下剋上とはどういうことか。右の2語を使って説明せよ。（下の身分，上の身分）　（富山第一高）

［　　　　　　　　　　　　　　　　　　　　　　　　　　　　　　　　　］

解答の方針

070 (2)11世紀後半から13世紀初頭にかけては，平安時代末から鎌倉時代前半にあたる時期である。政治の実権がどのような人々に移っていったかを考えてまとめてみること。

071 (2)「剋」とは，「打ちかつ」という意味。

072 次の文章を読んで，あとの問いに答えなさい。

(和歌山県)

> **A　保元の乱**
>
> 　京都では，a院政の実権をめぐる天皇家や藤原氏の争いに源氏や平氏などの武士が動員され，保元の乱が起こりました。このころ，東北地方では，b奥州藤原氏が金や馬などの産物と北方との交易によって栄えていました。

> **B　文永の役**
>
> 　c元の皇帝は日本に使者を送り，国交をせまりました。幕府の執権がこの要求を無視したため，元は高麗の軍勢も合わせて攻めてきました。幕府軍は元軍の集団戦法や火薬に苦戦しましたが，元軍は夜になって海上に引きあげ，撤退しました。

(1)　文中の下線aとはどのような政治ですか。「天皇」という語を用いて，簡潔に書きなさい。

[　　　　　　　　　　　　　　　　　　　　　　　　　　　　　　　]

(2)　文中の下線bは，中尊寺に金色堂を建てました。この寺院がある県名を書きなさい。また，その県の位置を，東北地方を示した図中のア～エの中から1つ選び，その記号を書きなさい。

図

県名[　　　　　　　　]

記号[　　　　　　　　]

(3)　文中の下線cに関し，元を訪れ，『東方見聞録』の中で日本を「黄金の国ジパング」と紹介したイタリア人はだれですか，書きなさい。

[　　　　　　　　　　　　]

073 次の史料を読んで，あとの問いに答えなさい。

(栃木・佐野日本大高改)

> 正長元年ヨリサキ者カンヘ四カンカウニヲキメアルヘカラス

(1)　この史料の説明として正しいものはどれか。次のア～エの中から1つ選び，記号で答えよ。

[　　　　　　]

　ア　守護大名を追い出し，その国の武士である地侍を中心に自治が行われたことを記したもの。

　イ　土一揆を起こした農民が，借金はいっさいないと宣言したことを記したもの。

　ウ　幕府の圧力をはね返し，年貢を下げさせたことを記したもの。

　エ　浄土真宗の信仰の強い地域で，その信者が起こした一揆のことを記したもの。

(2)　この史料が出されたころ，村の指導者を中心として神社や寺などで集まりを開き，村の行事や決まりをきめた，この集まりを何というか。

[　　　　　　　　]

074 室町幕府の職制に関して，次の問いに答えなさい。 （奈良・西大和学園高）

(1) 次の文章の（ ① ）・（ ② ）には入るべき室町幕府の役職を，［ a ］・［ b ］には入るべき人物を，それぞれ答えよ。

①［　　　　　　　　　　］　②［　　　　　　　　　　　］
a［　　　　　　　　　　］　b［　　　　　　　　　　　］

> 　1467年に起こった応仁の乱は，（ ① ）の職につく家柄である［ a ］が東軍の総大将となり，（ ② ）の長官職につく家柄である［ b ］が西軍の総大将として始まった。多くの守護大名は，それぞれ東軍・西軍の両軍に分かれて戦い，主戦場となった京都は戦火に焼かれて荒廃した。

(2) 関東と伊豆・甲斐の10国を支配する鎌倉公方を補佐する役職として，関東管領が置かれた。この役職を代々受け継いだ上杉氏が再興した，下野（しもつけ）の教育機関を答えよ。

［　　　　　　　　　　］

075 次の写真を見て，あとの問いに答えなさい。 （京都・東山高改）

　写真の①慈照寺銀閣は京都市東山に足利義政が営んだ別荘で，②東山文化の代表的遺構である。現在は観音殿といい，そこに銀箔（ぎんぱく）を張る計画があったので，銀閣と俗称された。建物は禅宗寺院の影響を受けた床・障子・襖（ふすま）などの（　　　　）が基本で，庭は日本的な自然との調和と禅宗の影響の枯山水（かれさんすい）で有名である。

(1) 文中の空欄（　　　）にあてはまる建築様式を何というか。 ［　　　　　　　　　　］

(2) 文中の下線部①について，この寺は現在相国寺（しょうこくじ）の末寺（まつじ）になっている。相国寺の宗派として，正しいものを次のア〜エの中から1つ選び，記号で答えよ。 ［　　　　　　　　　　］

ア 浄土宗　　イ 臨済宗　　ウ 日蓮宗　　エ 浄土真宗

(3) 文中の下線部②について，この文化にあてはまらないものを，次のア〜エの中から1つ選び，記号で答えよ。 ［　　　　　　　　　　］

ア 雪舟の水墨画　　イ 観阿弥・世阿弥が能を確立
ウ 侘び茶の成立　　エ 東求堂同仁斎

解答の方針

072 (1)院とは上皇の御所のことで，そこに住む上皇も院と呼ばれたので，上皇が行う政治を院政という。

073 この史料は，「正長元年よりさきは，神戸四（かんべし）かん郷（ごう）に負い目あるべからず」と読む。

074 (1)①は3つの家柄が，②は4つの家柄が，それぞれ交代で役職についた。

075 (2)室町幕府は，仏教のある宗派を特に重んじ，その主な寺院について序列を定めた。相国寺は**京都五山**とよばれた中の1つだった。また，京都の**南禅寺**は別格とされ，京都五山の上に置かれた。

標　準　問　題 ——————————————————————— (解答) 別冊 p. 13

重要 [076] [ヨーロッパの文化]

次の問いに答えなさい。

　イタリアでは 14 世紀ごろ，ギリシア・ローマの古代文明を学び直し，人間の個性や自由を表現しようとする学問・芸術がさかんになった。このことを何というか，カタカナで書け。

[　　　　　　　　　　　　　　]

[077] [琉球の交易]

次の文章を読み，あとの各問いに答えなさい。　　　　　　　　　　　　　　　（鳥取県）

　次の図は，当時の琉球を中心とした交易関係を表したものである。また，あとの文は，当時の琉球が交易によって栄えた理由について説明したものである。図を参考にしながら，文中のA，Bに適切な内容を入れて，文を完成させなさい。

A [　　　　　　　　　　　　　　　　　　　　　　　　　　　　　]
B [　　　　　　　　　　　　　　　　　　　　　　　　　　　　　]

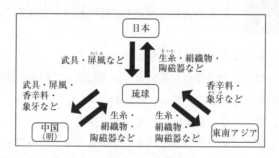

　琉球は，14 世紀末に中国(明)との朝貢貿易を始め，日本・東南アジアなどの国々ともさかんに交易を行った。琉球は(A)などを中国(明)にもっていき，その返礼として得た(B)ことで栄えた。

重要 **078** 〉[ヨーロッパ人とキリスト教]

次の問いに答えなさい。

(1) キリスト教が伝わった背景について述べた，次の文章の ① に入る人名と ② に入る適当な語句をカタカナで答えよ。

① [   ] ② [   ]

> ヨーロッパでは，カトリック教会中心の教えや支配に抗議し，神への信仰にうちこむことの大切さを説くドイツの ① らによる運動が起こり，新しい教えを支持する信者が増えた。このような動きを宗教改革という。これに対し，カトリック教会内部でも立て直しが図られ， ② 会宣教師ザビエルなどによってアジアなどでの布教活動が行われた。

(2) 次のア〜エは徳川家康が江戸に幕府を開く以前のできごとを述べたものである。年代の古い順に左から並べて書け。　[　→　→　→　]

　ア　豊臣秀吉がキリスト教の布教禁止と宣教師の国外追放を命じた。

　イ　種子島に漂着したポルトガル人が，鉄砲を伝えた。

　ウ　九州のキリシタン大名により選ばれた少年たちが，ヨーロッパに向けて出発した。

　エ　フランシスコ＝ザビエルが，キリスト教の布教のために鹿児島に上陸した。

079 〉[織田信長の戦い]

次の問いに答えなさい。

　1575年，現在の愛知県の東部で，□□□□の戦いが行われた。右の絵画は，その時の戦いの様子を描いたものである。

(1) □□□□にあてはまる語句を答えよ。

[   ]

(2) (1)の戦いについて，X側，Y側のそれぞれをひきいた戦国大名と，X側が取り入れた戦い方が分かるように説明せよ。ただし，X側，Y側の戦国大名は，語群の中のことばを使うこと。

語群　| 武田氏　織田信長 |

[   ]

080 〉[楽市・楽座]

次の問いに答えなさい。

　織田信長は，近江の安土に城を築き，そこを全国統一の拠点として，さまざまな政策に取り組んだ。その1つに　A　がある。

　資料　　A　を定めた法令

> 安土山下町(城下町)に定める
>
> 　一．この城下町を楽市とする。座の規制や雑税などの諸税はすべて免除する。
>
> 　一．往来する商人は，中山道を素通りせずに必ず安土に宿泊すること。

(『近江八幡市共有文書』要約・抜粋)

(1)　　A　に入る言葉を答えよ。　　　　　　　　　　　[　　　　　　　　　]

(2)　この政策の内容と目的について，上の**資料**を参考にして，簡潔に書け。

[

]

重要 081 〉[**豊臣秀吉の政策**]

　えみさんは，教科書に載っている農地や農民にかかわることについて調べました。次のカードは調べたものの一部を抜き出してまとめたものです。あとの問いに答えなさい。

> 　豊臣秀吉は，ものさしやますを統一するとともに，①全国の田畑の広さや土地の良し悪しを調べ，予想される生産量をすべて石高であらわした。また，農民を耕作に専念させ，一揆を防ぐために，②刀・弓・やり・鉄砲などの武器を取り上げた。

(1)　下線部①について，この政策を何というか，答えよ。　　[　　　　　　　　]

(2)　下線部②について，この政策を何というか，答えよ。　　[　　　　　　　　]

(3)　このカードについて，これらの政策によって，社会がどのように変化したか，次の2語を用いて書け。(　武士　　農民　)

[

]

ガイド (1)は，一地一作人の原則に立ってそれまでの土地をめぐる関係を整理し，農民の耕作する権利を認めた。また，(2)により，それまでのように農民が武力を持つことは禁じられた。

082 〉[宣教師の布教活動]

　安土桃山時代，ポルトガルやスペインなどのヨーロッパ人が日本を訪れ，日本人との間で南蛮貿易を行うようになると，その南蛮船などに乗ってキリスト教の宣教師が日本を訪れ，各地で布教活動を展開しました。この宣教師について，次の問いに答えなさい。

(1)　宣教師たちが日本などアジア地域への布教活動を始めたのは，ある事象が16世紀のヨーロッパで起きたことによる。ある事象とは何か，書け。　　　[　　　　　　　　]

(2)　宣教師の影響を受けてキリシタンとなる大名がいるなかで，豊臣秀吉は宣教師の国外追放を命じた。その理由を説明せよ。

[

]

> ガイド　フランシスコ＝ザビエルやバリニャーニなど，来日して布教活動を行った宣教師は，その多くがカトリック教会に所属する修道会によって日本へ派遣されていた。

083 ▷ [南蛮貿易と港町]
次の問いに答えなさい。

　次の文は，ある港町について説明したものである。この文が説明している都市名を，答えよ。また，その位置を右の地図のア～エの中から1つ選び，記号で答えよ。

文

| 地図 |

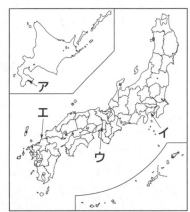

　この都市は，室町時代に勘合貿易で発展し，戦国時代には，南蛮貿易の拠点として，また鉄砲の生産地として栄えたが，のちに織田信長によって支配された。この都市について，来日した宣教師たちは，「ベニスのような自治都市である」とローマに報告している。

都市名 [　　　　　　　　　]

位置 [　　　　　　]

> ガイド　ベニスとは，北イタリアの港湾都市をさす。商業活動で得た豊富な資金を背景に，都市の自治が行われ，また強力な軍隊も持っていた。

084 ▷ [桃山文化]
次の問いに答えなさい。

　豊臣秀吉による全国統一が進められた時期には，桃山文化が発達した。城には天守閣がつくられ，城の内部のふすまや屏風には，はなやかな色彩の絵が描かれた。これらの城の様子にみられる桃山文化の特色を，この文化をおもにどのような人々が好んだのかが分かるように，簡単に書け。

[

]

最高水準問題 ──────────────────────────── 解答 別冊 p.14

085 ルネサンス・大航海時代・宗教改革に関する次の問いに答えなさい。　（福岡・久留米大附設高）

(1) ルネサンスについて述べた文として誤りを含むものを，次のア〜エの中から1つ選び，記号で答えよ。　　　　　　　　　　　　　　　　　　　　　　　　　　　　　[　　　　　]

　ア　ルネサンスは，フランス語で「再生」を意味する。

　イ　ルネサンスは，14〜15世紀頃にイタリアで盛んとなり，西ヨーロッパ各地に広まった。

　ウ　ルネサンスでは，古代ギリシアや古代ローマの文化が模範とされた。

　エ　ルネサンスでは，人間中心の世界観からキリスト教中心の世界観への転換がはかられた。

(2) 次の文は，ルネサンスの三大発明に関するものである。空欄①〜③に適する語句を漢字で答えよ。

　「ルネサンスの三大発明①[　　　　　　]②[　　　　　　]③[　　　　　　]は，いずれも中国が起源であるが，14世紀以降に西ヨーロッパで実用化が進んだ。①の発明は大砲や鉄砲に使用され，戦法を変化させた。また，②の発明は大洋航海術を大きく進展させ，ヨーロッパ人の海外進出をうながした。そして③の発明は書物の製作を容易にし，また価格も下がったため，宗教改革における思想や知識の普及にも大きな影響を与えた。」

(3) 次のア〜エのうち，コロンブスの航海とバスコ＝ダ＝ガマの航海を援助した国と，コロンブスとバスコ＝ダ＝ガマがそれぞれ到達した場所との組合せが正しいものはどれか。1つ選び，記号で答えよ。　　　　　　　　　　　　　　　　　　　　　　　　　　　　　　　　[　　　　　]

	コロンブス		バスコ＝ダ＝ガマ	
	援助した国	到達した場所	援助した国	到達した場所
ア	ポルトガル	サンサルバドル島	スペイン	カリカット
イ	ポルトガル	カリカット	スペイン	サンサルバドル島
ウ	スペイン	サンサルバドル島	ポルトガル	カリカット
エ	スペイン	カリカット	ポルトガル	サンサルバドル島

(4) 宗教改革について述べた文として誤りを含むものを，次のア〜エの中から1つ選び，記号で答えよ。　　　　　　　　　　　　　　　　　　　　　　　　　　　　　　　　　　[　　　　　]

　ア　ドイツのルターは，教会の免罪符販売に抗議し，教会の腐敗を正そうとした。

　イ　フランシスコ＝ザビエルらイエズス会は，プロテスタントの勢力を拡大するために活動した。

　ウ　スイスで宗教改革をすすめたカルヴァンの教えは，商工業者に支持されるようになった。

　エ　「人は信仰によってのみ救われる」と主張したルターは，領主や農民の支持を得た。

(5) 1517年にルターが始めた宗教改革は，やがて各地における宗教戦争へと形を変えていった。これらの宗教戦争は1648年にウェストファリア条約が締結されるまで続いた。1517年から1648年の間における日本の事がらではないものを，次のア〜エの中から1つ選び，記号で答えよ。

[　　　　　]

　ア　刀狩令　　イ　島原・天草一揆（島原の乱）　　ウ　鉄砲伝来　　エ　生類憐みの令

086 日本を訪れ，日本に大きな影響を与えた外国人について述べた次の文章を読んで，あとの問いに答えなさい。

　スペイン人のイエズス会宣教師①[　　　　　　　　]は城主の子として生まれたが，やがてパリに出て法律や哲学を学んだ。同じくスペイン人のイグナティウス＝ロヨラと知り合い，ₐイエズス会の創設に参加したのも，このパリでのことである。やがて彼はキリスト教布教のためにアジアに行き，インドやマラッカなどで布教した。1549年には鹿児島に上陸して日本に初めてᵦキリスト教を伝えた。さらに平戸や山口をへて，京都にのぼって日本布教の許可を得ようとしたが失敗し，その後は現在の②[　　　　　　　]市にあたる豊後府内で大友氏の保護を得た。次はᴄ中国への布教をめざして広州港外の島にいたったが，熱病により没した。

⑴　文章中の空欄①・②に入る最も適切な人名または語句を答えよ。ただし，②については漢字で答えよ。

⑵　下線部aに関連して，イエズス会は宗教改革に対抗して結成された。イエズス会や宗教改革について述べた，次の文ア〜エの中から正しいものを1つ選び，記号で答えよ。　　　　　[　　　　　]

　ア　ドイツのルターは，カトリック教会による免罪符（贖宥状）の販売を批判した。

　イ　フランス人のカルヴァンはスペインで宗教改革を行い，スペイン農民の支持を得た。

　ウ　ルターやイエズス会を支持する人々はプロテスタントとよばれた。

　エ　イギリスではイエズス会を支持する人々はピューリタンとよばれた。

⑶　下線部bに関連して，キリスト教に対する当時の大名の対応について述べた，次の文ア〜エの中から正しいものを1つ選び，記号で答えよ。　　　　　[　　　　　]

　ア　大村純忠は，みずからキリスト教の信者になり，教会領として，長崎をイエズス会に寄進した。

　イ　織田信長は，石山本願寺を降伏させるなど仏教勢力をおさえたが，キリスト教も同様に支配のさまたげになるとして弾圧した。

　ウ　豊臣秀吉はキリシタンが一向一揆のような勢力になることをおそれ，宣教師の国外追放を命じ，貿易船の来航も禁止した。

　エ　徳川家康は，宣教師のすすめにしたがって，4人の少年を使節としてローマ教皇のもとに派遣した。

⑷　下線部cに関連して，当時の中国の王朝は明である。明について述べた，次の文ア〜エの中から正しいものを1つ選び，記号で答えよ。　　　　　[　　　　　]

　ア　漢民族の李成桂が南京を都として明を建国した。

　イ　明の永楽帝は都を北京にうつし，万里の長城を修築した。

　ウ　明の袁世凱がひきいる艦隊は，アフリカの東海岸にまで達した。

　エ　明は貿易を統制し，室町幕府とは一度も正式な貿易をしなかった。

解答の方針

085　⑵①は大砲や鉄砲の弾を発射するときに必要となるもの。②は海の上で方角を知るのに役立つもの。③の発明により書物の製作は手書きから解放され，大量に生産ができるようになった。

086　⑴②豊後府内は，現在，九州のある県の県庁所在地になっている。

　　⑵免罪符（贖宥状）とは，罪が許されたとする証明書。カトリック教会によって販売されたことが問題視された。

087 次のA～Eの文章を読んで，あとの問いに答えなさい。　　　　　（愛知・東海高改）

A　パレスチナで生まれた①[　　　　　　　　]は，貧富の区別なくおよぼされる神の愛を説き，神の国の到来と最後の審判を約束した。

B　インドでは②[　　　　　　　　]が，人はみな平等であり心の迷いを捨てれば誰でもこの世の苦しみから救われると説いて，ₐ仏教が開かれた。

C　チンギス＝ハンがモンゴル諸民族を統一し，ユーラシア大陸全域におよぶ大帝国がつくられた。5代皇帝③[　　　　　　　]は国号を元とした。

D　ᵦコロンブスに代表されるヨーロッパ人による「大航海」をきっかけとして，世界が結びつけられた。

E　アラビア半島のメッカで，④[　　　　　　　　]が神のめぐみへの感謝や，人間としての道徳や義務を説いて，c イスラム教を開いた。

(1)　下線部ａについて，日本での展開を説明した文として正しいものを，次のア～エの中から1つ選び，記号で答えよ。　　　　　　　　　　　　　　　　　　　[　　　　　]

ア　法然は浄土真宗をひらいた。

イ　親鸞は念仏の大切さとともにすべてを捨てよと説いた。

ウ　一遍は浄土宗をひらいた。

エ　日蓮は「南無妙法蓮華経」と題目をとなえれば救われると説いた。

難(2)　下線部ｂについて，この人物が到達した場所として正しいものを，次のア～エの中から1つ選び，記号で答えよ。　　　　　　　　　　　　　　　　　　　[　　　　　]

ア　タスマニア島　　イ　バハマ諸島　　ウ　マダガスカル島　　エ　モルッカ諸島

難(3)　下線部ｃの宗教が成立した次の世紀には，イスラム帝国が中国の王朝と交戦するまでに拡大した。当時の中国の王朝名を答えよ。　　　　　　　　　　　[　　　　　　]

(4)　文章中の空欄①～④にあてはまる人名を答えよ。

(5)　A～Eの文を年代の古いものから順に並べよ。　[　　→　　　→　　　→　　　→　　　]

088 次の問いに答えなさい。(1)は①～⑤に入る語句を答えなさい。

(1)　15世紀半ば，騒乱が全国に及んだ①[　　　　　　　]をきっかけに②[　　　　　　　]の風潮が強まった。戦国時代の到来である。朝倉氏の一乗谷や，北条氏の③[　　　　　　　]など戦国大名の城下町が築かれ，④[　　　　　　　]法による領国支配が行われた。キリスト教伝来直前にポルトガル人によりもたらされた鉄砲は，堺や近江の⑤[　　　　　　　]で盛んにつくられ，戦法に大きな影響を与えた。　　　　　　　　　　　　　　　　　　　（京都・同志社高）

(2)　15～16世紀の日本と世界の出来事a～dを，年代順に正しく並べかえよ。　（東京・中央大高改）

[　　→　　　→　　　→　　　]

a　コロンブスがアメリカに到達　　b　室町幕府の滅亡

c　ルターが宗教改革をはじめる　　d　太閤検地の実施

089 次の文章は織田信長について書いたものです。あとの問いに答えなさい。　　（三重・鈴鹿高囻）

　　尾張の国に生まれた織田信長は，わずか20年で関東の一部から中国地方までの広大な地域を支配することに成功し，天下統一の基礎を築いた。

　　1560年に駿河の戦国大名，今川義元を　　A　　の戦いで破り，その後京都に入り，信長は足利義昭を将軍につけて実権を握った。姉川の戦いでは，浅井氏，朝倉氏を破り，彼らに味方した延暦寺も容赦なく焼き討ちにした。また，邪魔になった将軍を追放するなど，従来の権威には従わないことをみせつけた。㋐鉄砲隊を活用した㋑長篠の戦いで武田勝頼を倒し，石山本願寺も10年かかって屈服させた。しかし，天下統一を目指して中国地方に遠征する途中の　　B　　に家臣，明智光秀に京都の本能寺で殺された。

　　信長は楽市・楽座令を出し，自由に商業取引ができるようにして経済活動を活発化させた。ほかにも，関所の廃止や，経済の中心であった自治都市堺の直轄化などを行い，莫大な利益を得た。

(1)　文中の　　A　　にあてはまる地名を，次のア～エの中から1つ選び，記号で答えよ。

[　　　　　]

　　ア　長篠　　イ　川中島　　ウ　桶狭間　　エ　関ヶ原

(2)　下線部㋐について，鉄砲が日本に伝来した年代を西暦で答えよ。また，初めて伝来した場所も答えよ。　　　　　　　　　　　　　　　　　　　　　年代[　　　　]年

場所[　　　　　　]

(3)　下線部㋑の後，信長は安土城を築いた。安土城は現在のどこに築かれたか。次のア～オの中から1つ選び，記号で答えよ。　　　　　　　　　　　　　[　　　　　]

　　ア　京都府　　イ　奈良県　　ウ　岐阜県　　エ　大阪府　　オ　滋賀県

(4)　文中の　　B　　にあてはまる年を，次のア～オの中から1つ選び，記号で答えよ。　[　　　　　]

　　ア　1573年　　イ　1578年　　ウ　1582年　　エ　1586年　　オ　1588年

090 次の文章を読んで，あとの問いに答えなさい。　　（福井・北陸高）

　織田信長は全国統一をおし進め，その後を継いだ豊臣秀吉は全国統一を完成させた。この時代の大名や商人は，その権力や富をもちいて新たな文化をつくった。

(1)　右は，織田信長が約10年間苦しめられた一揆に使われた旗である。この一揆を何というか，答えよ。　　　　　　　　　　　[　　　　　　]

(2)　文中の下線部について，質素なわび茶の作法を完成させた人物はだれか，答えよ。

[　　　　　　]

───────────────────────────────

解答の方針

087　(2)コロンブスはカリブ海の島に到着したが，そこをアジアだと信じていた。
090　(1)旗には，「進まば往生極楽，退かば无(無)間地獄」と書かれている。

091 次の豊臣秀吉に関する文章や資料を読んで，あとの問いに答えなさい。

　豊臣秀吉は，1582年から全国各地で測量を行い，田畑のよしあし・面積・耕作者を調べさせ，村ごとに検地帳を作成した。収穫高は石高で示され，耕作者には年貢が課された。

(1) 秀吉が全国に行った検地は何とよばれているか，答えよ。　　　　　　　　　　（京都・立命館高）

　　　　　　　　　　　　　　　　　　　　　　　　　　　　　　　　　[　　　　　　　]

(2) この検地の結果どのようなことになったかを述べた文として誤っているものを，次のア～エの中から1つ選び，記号で答えよ。　　　　　　　　　　　　　　　　　　　[　　　　　　　]

　ア　検地帳に記された百姓は，その田畑を耕作する権利を認められた代わりに，定められた年貢を村ごとに領主である武士に納めることになった。

　イ　領主である武士はその領地を石高であらわされ，石高によって軍役を負担することになった。

　ウ　検地は，全国各地に役人を派遣して行われ，収穫高は地域ごとに異なったますではかられた。

　エ　荘園領主などがもっていた田畑に関する権利はすべて否定され，公家や寺社は勢力を失った。

(3) 右の**資料1**は豊臣秀吉が行ったことを示している。これを何というか，答えよ。　　[　　　　　　　]

資料1

> 諸国の百姓が刀や，わきざし，弓，やり，鉄砲，そのほかの武具などをもつことは，かたく禁止する。（略）

(4) 豊臣秀吉に関して，誤っているものをア～エの中から1つ選び，記号で答えよ。　　[　　　　　　　]

　ア　1582年，織田信長の死後，秀吉は毛利氏との戦いをすばやく切り上げ，山崎の戦いで柴田勝家を滅ぼした。

　イ　織田信長の同盟者であった徳川家康と小牧・長久手で戦ったが，勝負がつかず和睦し，のち関東へ移動させた。

　ウ　1585年に四国の長宗我部氏を平定し，1587年に島津氏を降伏させ九州を平定した。

　エ　1590年，小田原氏の北条氏を討伐したのち，東北の伊達氏を服従させて，軍事的に全国を統一した。

資料2

日本語	語　源
カステラ ◀	Castella
パ　ン　◀	Pão
コップ ◀	Copo
カルタ ◀	Carta

(5) 豊臣秀吉の外交政策についての次の文ア～エの中から，正しいものを1つ選び，記号で答えよ。　　　　　　　　　　　　　　　　[　　　　　　　]

　ア　元からの侵略に備えて，北九州に防塁を築かせ守りを固めた。

　イ　香辛料を求めるために，インドへの航路を開いた。

　ウ　朝鮮・インド・ルソンなどに服属を求めた。

　エ　唐の制度や文化を日本に受け入れるために，外交使節を派遣した。

🔴(6) 右上の**資料2**は，当時の貿易によって日本にもたらされた言葉である。語源となった国名を答えよ。

　　　　　　　　　　　　　　　　　　　　　　（鹿児島・樟南高改）[　　　　　　　]

解答の方針

091 (1)1585年，豊臣秀吉は関白に就任し，のちに関白をおいの秀次に譲った。秀吉が行った検地は，特に意義があったので，関白を辞めた人に対する呼称をつけてよばれている。

　　(6)これらの言葉は，**南蛮貿易**を通じて日本に入ってきたものである。

5 幕藩体制と産業の発達

重要 092 [江戸幕府の成立]

ある人物について書いた次の文を読んで，あとの問いに答えなさい。

この人物は，三河（愛知県）の出身で，豊臣秀吉の死後，1600年に石田三成らを ▢ A ▢ の戦いで破り，征夷大将軍に任命され，江戸に幕府を開いた。

(1) 下線部の人物は誰か，答えよ。　　　　　　　　　　　[　　　　　　　　　]

(2) Aにあてはまる語句を答えよ。　　　　　　　　　　　[　　　　　　　　　]

(3) (1)の人物の開いた江戸　資料　主な大名の配置図（1664年）

幕府について，

① 江戸幕府は，どのように大名を配置したか。次の資料を参考にして，下のa・bにあてはまる語を書け。

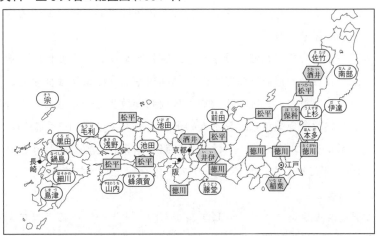

a…[　　　　　　　　　]は，江戸など重要な地域に近い場所に配置された。

b…[　　　　　　　　　]は，江戸から遠く離れた場所に配置された。

② 江戸幕府が経済力をもつこととなった政策のうちの2つを，「おもな都市や鉱山」と「貨幣」の語句を使って書け。

[　　　　　　　　　　　　　　　　　　　　　　　　　　　　　　　　　　　]

[　　　　　　　　　　　　　　　　　　　　　　　　　　　　　　　　　　　]

ガイド (3)①bはAの戦いのあとで徳川氏に従った大名である。

093 [大名の統制]

江戸幕府の出した武家諸法度について，次の問いに答えなさい。

(1) 武家諸法度を定めて，大名に対して禁止したことや規制したことのうち，1つを書け。

[　　　　　　　　　　　　　　　　　　　　　　　　　　　　　　　　　　　]

(2)　右のグラフは，松江藩<ruby>（まつ<rt>まつ</rt>）</ruby>における支出の内訳<ruby>（うちわけ<rt>うちわけ</rt>）</ruby>を示したものである。このグラフにあるように，江戸での費用が必要なのはなぜか，3代将軍徳川家光が武家諸法度で定めた制度にふれて，書け。

[　　　　　　　　　　　　　　　　　　　　　　　]

松江藩における支出の
内訳（1797年）

道中での費用3.3%　その他の費用2.9%
藩内での費用19.2%　武士の給与46.6%
江戸での費用28.0%

総支出額14万2,253両
（『出入捷覧<ruby>（でいりしょうらん<rt>でいりしょうらん</rt>）</ruby>』ほかより作成）

---

094 ▷ [江戸幕府の外交]

次の問いに答えなさい。

(1)　安土桃山時代から江戸時代の初期にかけて，キリスト教にかかわるさまざまな政策が行われた。そのうち，徳川秀忠が行った政策について述べている文を，次のア～エの中から1つ選び，記号で答えよ。　　　　　　　　　　　[　　　　　　]

ア　禁教令を出して信仰を禁じ，宣教師やキリスト教信者を迫害した。

イ　宣教師の追放を命じたが，外国船や商人の来航は従来どおり認めた。

ウ　仏教勢力と対抗するため，宣教師が教会をつくることを許した。

エ　禁教令を強化し，日本人の海外渡航および帰国を全面的に禁止した。

(2)　ポルトガルやスペインは，新航路を開拓して貿易を行うとともにキリスト教を布教した。1549年に来日し，日本にキリスト教を伝えた人物を，次のア～エの中から1人選び，記号で答えよ。　　　　　　　　　　　　　　　　　　[　　　　　　]

ア　マゼラン　　イ　ザビエル　　ウ　ルター　　エ　コロンブス

(3)　江戸時代の初期には，西国の大名や大商人が，幕府から朱印状を与えられた船で貿易を行ったので，海外に住みつく日本人が増えた。東南アジア各地に形成された，多くの日本人が住んでいた町を何というか，書け。　　　　　　　　　　[　　　　　　]

(4)　やがて幕府が日本人の海外渡航を禁止し，外国との交際を制限した後も，日本との貿易が許されていた，オランダや中国の船が来航していた港の名称を書け。

[　　　　　　]

(5)　江戸時代，幕府は対馬藩の仲立ちによって朝鮮と国交を回復した。将軍の代がわりなどに来日していた，朝鮮から派遣された使節団を何というか，書け。

[　　　　　　]

(6)　右の資料は，鎖国政策により外国との交流が制限されたころ，島原・天草一揆の影響もあって，九州地方などでいっそう厳しく行われるようになった取り調べの様子をえがいたものである。これは何とよばれる取調べを行っているところか，その目的とともに，簡潔に書け。

[　　　　　　　　　　　　　　　　　　　　]

重要 095 〉[江戸時代の対外交渉]

次の問いに答えなさい。

(1) 江戸幕府がオランダ船や中国船との貿易を長崎の出島に制限したころ，オランダ船や中国船が日本にもたらしたものは何か，最も適当なものを，次のア～エの中から1つ選び，記号で答えよ。　　　　　　[　　　　]

ア　木綿（もめん）　　イ　毛織物　　ウ　麻（あさ）　　エ　生糸（きいと）

(2) 左下の地図は，江戸時代に出島での貿易のほかに，3つの藩が交流や交易を行っていた隣接地域を示したものである。交流や交易を行っていた藩と隣接地域の組み合わせとして最も適当なものを，次のア～エの中から1つ選び，記号で答えよ。　　　　[　　　　]

ア　対馬藩（つしま）－琉球（りゅうきゅう）
　　薩摩藩（さつま）－蝦夷地（えぞち）
　　松前藩－朝鮮（ちょうせん）

イ　対馬藩－琉球
　　薩摩藩－朝鮮
　　松前藩－蝦夷地

ウ　対馬藩－朝鮮
　　薩摩藩－蝦夷地
　　松前藩－琉球

エ　対馬藩－朝鮮
　　薩摩藩－琉球
　　松前藩－蝦夷地

(3) 1669年にアイヌの人々が蜂起したが，この時の指導者は誰か答えよ。

[　　　　　　　]

096 〉[農民の統制]

次の資料を読んで，あとの問いに答えなさい。

> 一　田畑にたばこを作ってはいけない。
> 一　水田に木綿（もめん）を作ってはいけない。
> 一　田畑に灯油用の菜種（なたね）を作ってはいけない。
> 　　　　　　　　（『徳川禁令考』より）

(1) 資料中の下線部に田畑とあるが，この時代，田畑の予想される生産量を米の体積であらわしたものは，何と呼ばれたか。その呼び名を書け。　　　[　　　　]

(2) この資料は江戸幕府が農民に対して，たばこ，木綿，菜種を自由に栽培することを禁止した法令である。江戸幕府がこの法令を出したのはなぜか。その理由を「年貢」という言葉を用いて，簡単に書け。

[　　　　　　　　　　　]

ガイド (2)米以外の作物を農民が多くつくると，年貢がどうなるかを考える。

重要 097 ［農業・諸産業の発達］

次の問いに答えなさい。

(1)　Kさんは，江戸時代に農業の生産力が高まった理由を調べたところ，次のグラフと資料を
みつけた。グラフと資料から，江戸時代に農業の生産力が高まった理由を，この時代に開墾
された土地の一般的な名称と，資料に示された農具の名称を用いて書け。

グラフ　耕地面積の変化

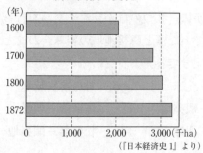

（『日本経済史1』より）

資料　江戸時代の農具

[　　　　　　　　　　　　　　　　　　　　　　　　　　　]

(2)　江戸時代，水産業では網が改良され，九十九里浜(くじゅうくりはま)(千葉県)でも大規模な漁が行われた。その漁として最も適切なものを，次のア〜エの中から1つ選び，記号で答えよ。

[　　　　　]

ア　くじら漁　　イ　かつお漁　　ウ　いわし漁　　エ　にしん漁

ガイド (2)は食用とする以外に，農作物の肥料として加工された。

098 ［江戸時代の政治と交通］

次の文章を読んで，あとの問いに答えなさい。

　A江戸幕府は，大名に①[　　　　　　　　　]を義務づけたこともあり，東海道や中山道などの
B五街道をはじめ，幹線道路の整備維持に力を注いだ。しかし幕府は民衆の便宜よりも治安を
優先して，東海道の大井川には架橋せず，また②[　　　　　　　　]の関所などでは「入り
③[　　　　　　　]に出女」という言葉に見られるように，人の移動などを厳しく監視した。

(1)　①〜③にあてはまる語句を答えよ。

(2)　下線部Aについて，徳川綱吉が将軍職にあるときに行われた政策について述べた文として
正しいものを，次のア〜エの中から1つ選び，記号で答えよ。　　　　　　[　　　　　]

ア　財政不足を補うため，金貨・銀貨の質を落として貨幣の数量を増やした。

イ　土地の所有者と地価を定め，地価の3%を地租として現金で納めさせる地租改正を行った。

ウ　御家人の権利・義務や領地などの武家社会のならわしをもとに，御成敗式目を定めた。

エ　商工業者が株仲間を結ぶことを認めて営業を独占させ，その代わりに税を納めさせて財政収入を増やそうとした。

(3)　下線部Bについて，江戸時代の五街道は，ある都市を中心に整備された。次のア～エの中から，その都市を1つ選び，記号で答えよ。　　　　　　　　　　　　　　　[　　　　]

　　ア　大阪　　イ　京都　　ウ　江戸　　エ　日光

---

099 ▷ [江戸時代の海上交通と都市]

次の文章は，下のⅠ，Ⅱの絵について説明したものです。あとの問いに答えなさい。

> 　Ⅰの絵は，西日本の大名や商人を中心に，①江戸幕府によって海外渡航許可状が与えられて貿易にたずさわった船である（　②　）を描いたものである。
> 　Ⅱの絵は，江戸と（　③　）の間を往復した菱垣廻船を描いたもので，おもな積み荷は（　④　）・酒・しょう油・菜種油（なたねあぶら）などであった。

　　　　Ⅰ　　　　　　　　　　　　　　Ⅱ

(1)　①江戸幕府によって海外渡航許可状が与えられて貿易にたずさわった船が，海外に渡ることを禁止された年代より後の世界の様子について述べた文を，次のア～エの中から，1つ選び，記号で答えよ。　　　　　　　　　　　　　　　　　　　　　[　　　　]

　　ア　イタリアの商人マルコ＝ポーロが中国を訪れ，フビライに仕（つか）えた。

　　イ　産業革命が進展し，イギリスは「世界の工場」とよばれるようになった。

　　ウ　朝鮮半島では，高麗が滅ぼされ，朝鮮国が建てられた。

　　エ　スペインの派遣したマゼランの船隊が，世界一周を達成した。

(2)　文章中の（　②　），（　④　）にあてはまることばの組み合わせとして最も適当なものを，次のア～エの中から1つ選び，記号で答えよ。　　　　　　　　　　[　　　　]

　　ア　②　樽廻船，④　木綿

　　イ　②　樽廻船，④　毛織物

　　ウ　②　朱印船，④　木綿

　　エ　②　朱印船，④　毛織物

(3)　文章中の（　③　）について述べた文として最も適当なものを，次のア～エの中から1つ選び，記号で答えよ。　　　　　　　　　　　　　　　　　　　　　　　[　　　　]

　　ア　中国やオランダの船が来航し，貴重な海外の情報をもたらした。

　　イ　18世紀には人口が100万をこえ，東廻り航路によって東北から米などが運ばれた。

　　ウ　全国の商業と金融の中心地で，17世紀には井原西鶴（いはらさいかく）が町人の様子を小説にえがいた。

　　エ　朝廷があり，西陣織などの高級な織物や優れた工芸品を産出した。

ガイド　(1)について，海外渡航が全面的に禁止されたのは，3代将軍徳川家光のときである。

重要 100 [江戸中期の政治]

18〜19世紀にかけての政治の流れを表した次の図を見て，あとの問いに答えなさい。

図　政治の流れ

A	B	C	D
享保の改革 →	田沼時代 →	寛政の改革 →	天保の改革

(1)　この時代，世相を皮肉る，右にあげるような形式の歌が民衆の間に流行していた。このような歌を何というか，次のア〜エの中から1つ選び，記号で答えよ。　　　　　　　　[　　　]

　　ア　俳句　　イ　狂歌　　ウ　短歌　　エ　連歌

(2)　Aの改革を行った中心人物は誰か，漢字で答えよ。

　　　　　　　　　　　　　　　　　　　　[　　　　　　]

(3)　Bの時代において，商工業者に対して積極的に結成が奨励された組織を答えよ。　　　　　[　　　　　　]

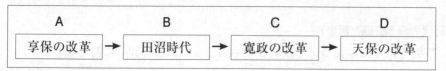

年号は
安く永くとかわれども
諸色たかくて　今に明和九

（注）明和九（一七七二）年は，途中から安永元年に変わった。また，諸色とは，物価のことである。

(4)　Cの改革で行われた政策について述べたものを，次のア〜エの中から1つ選び，記号で答えよ。　　　　　　　　　　[　　　]

　　ア　江戸や大阪周辺の大名・旗本領の農村を幕府の領地にしようとして，大名・旗本の反対にあった。

　　イ　長崎をとおして，銅や海産物をさかんに輸出し，金・銀を輸入した。

　　ウ　農村に倉を設けて米をたくわえさせた。

　　エ　参勤交代をゆるめて，そのかわりに幕府に米を献上させた。

(5)　Dの改革を行った中心人物は誰か，漢字で答えよ。　　　[　　　　　　]

重要 101 [田沼意次の政治]

次の問いに答えなさい。

　江戸幕府の財政は各地から集められた米によって支えられていた。しかし，18世紀後半，幕府の財政が悪化すると，田沼意次は従来の財政再建策だけでなく，新しい政策を実行した。次の表は，田沼意次の主な政策をまとめたものである。この表を参考にして，田沼意次の政策の特徴を，「年貢」と「商人」の2つの語を用いて簡単に書け。

表

田沼意次の政策
・株仲間を奨励して特権を与える。
・長崎貿易を活性化させて輸出を奨励する。

[　　　　　　　　　　　　　　　　　　　　　　　　　　　　　　　　]

ガイド　従来の財政再建策はどのようなものであったかを考える。

重要 **102** [江戸時代の産業の発達]

次の問いに答えなさい。

資料

糸をそろえる

糸をつむぐ

はたをおる

(1) 江戸時代の中期から後期にかけて，一部の地域で工場制手工業による綿織物の生産が行われていた。右の資料を参考にして，この生産方法の特徴を「1つの仕事場で」のことばに続けて書け。

[1つの仕事場で

(2) 山形県にある山寺の記念碑には，「閑さや岩にしみ入る蝉の声」という俳諧(俳句)が刻まれており，江戸時代に各地を旅した俳人がこの地でよんだものとされている。この俳人と，江戸時代に現在の山形県で栽培され染料として使われた商品作物名の組み合わせとして最も適当なものを，次のア～エの中から1つ選び，記号で答えよ。　[　　　]

ア　小林一茶，べにばな　　イ　松尾芭蕉，べにばな
ウ　小林一茶，あぶらな(菜種)　エ　松尾芭蕉，あぶらな(菜種)

(3) 江戸時代に生産が盛んであった陶磁器には，16世紀の終わりごろから生産が始められたとされる唐津焼や，17世紀の初めごろから生産が始められた有田(伊万里)焼がある。これらの陶磁器が生産された地域として正しいものを，次のア～エの中から1つ選び，記号で答えよ。　[　　　]

ア　薩摩(鹿児島県)　　イ　備前(岡山県)
ウ　肥前(佐賀県・長崎県)　エ　加賀(石川県)

103 [江戸時代の文化]

次のA～Cの絵画を見て，あとの問いに答えなさい。

A　　　B　　　C　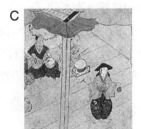

①　が多色刷りの浮世絵を残した。　　②　が町人の風俗を題材に浮世絵をえがいた。　　出雲の　③　のかぶき踊りが人気を集めた。

(1) ①～③にあてはまる人物名を答えよ。　①　はAの，　②　はBの作者が入る。
①[　　　]　②[　　　]　③[　　　]

(2) A～Cの中で，元禄文化に最も関係の深いものはどれか，答えよ。　[　　]

(3) A～Cの中で，化政文化に最も関係の深いものはどれか，答えよ。　[　　]

重要 104 〉[**本居宣長**]

次の問いに答えなさい。

18世紀後半に本居宣長（もとおりのりなが）が『古事記伝』をあらわして大成させた学問で，天皇を尊ぶ思想と結びつき，幕末の尊王（そんのう）運動にも影響を与えた学問は何と呼ばれるか。その呼び名を書け。

[　　　　　　　　　]

重要 105 〉[**『解体新書』の成立**]

次の問いに答えなさい。

右の**写真**は，『解体新書』の扉絵（とびらえ）である。

写真　　　　　　　　地図

(1) この本と関係が深い国は，江戸時代に長崎の出島で貿易が許されていた。その国名を書け。また，その国の位置を示しているものを，**地図**中のア〜エの中から1つ選び，記号で答えよ。

国名[　　　　　　　]

位置[　　　　　　　]

(2) この本に関係の深い人物として正しいものを，次のア〜エの中から1つ選び，記号で答えよ。 [　　　　　]

ア　高野長英　　イ　杉田玄白　　ウ　伊能忠敬　　エ　渡辺崋山

(3) 幕府は鎖国中に(1)の国や中国から提出されるもので海外事情を掌握していたが，これを何というか，答えよ。 [　　　　　　　]

重要 106 〉[**寺子屋の隆盛**]

次の問いに答えなさい。

あさ子さんは，化政文化が栄えた頃に，『東海道中膝栗毛』などの小説が，富裕な町人だけではなく庶民からも人気を得たことと寺子屋を関連付けて考え，次の**資料**を作成した。

資料　寺子屋の年平均開業数の推移

(か所)　　　　　　　　　化政文化の中心時期

年	数
1751〜1763	約3
1764〜1771	約4
1772〜1780	約3
1781〜1788	約13
1789〜1800	約14
1801〜1803	約19
1804〜1817	約27
1818〜1829	約57

(『日本教育史史料』などより作成)

(1) 下線部の小説の作者を答えよ。

[　　　　　　　]

(2) 多くの庶民がこのような小説を受け入れるようになった背景を，**資料**をもとに簡潔に述べよ。

[　　　　　　　　　　　　　]

ガイド　寺子屋は，庶民の子どもが「読み・書き・そろばん」などの実用的な知識を学んだ教育施設である。

最｜高｜水｜準｜問｜題

解答　別冊 p.20

107　次の文章を読んで，あとの問いに答えなさい。

（栃木・佐野日本大高）

　　徳川家康は，①西国の大名や長崎・堺・京都などの大商人に海外への渡航許可状を与え，正式な貿易を許可した。その結果，東南アジア各地に日本の商人が進出し，②日本町がつくられた。

　　しかし，キリスト教が広まることをおそれた幕府は，③キリスト教を禁止するとともに貿易も徐々に制限するようになった。幕府が貿易を統制し，日本人の出入国を禁止した政策は，江戸時代後半に④鎖国とよばれるようになった。しかし，国が鎖されたわけではなく，長崎をはじめいくつかの窓口が開かれていた。

　　⑤朝鮮とは家康のとき国交を回復し，将軍がかわるごとに慶賀の使節がきた。また，沖縄は，15世紀に統一した琉球王国を薩摩藩が征服，窓口の1つになった。蝦夷地とよばれていた北海道は，アイヌの抵抗をおさえた松前藩がその支配下においた。

(1)　下線部①について，この貿易を何というか。次のア～エの中から1つ選び，記号で答えよ。

[　　　　]

　ア　勘合貿易　　イ　南蛮貿易　　ウ　朱印船貿易　　エ　日明貿易

難(2)　下線部②について，日本町の所在地でないものはどれか。次のア～エの中から1つ選び，記号で答えよ。

[　　　　]

　ア　ツーラン　　イ　プノンペン　　ウ　ゴア　　エ　アユタヤ

(3)　下線部③について，江戸幕府の政策でないものはどれか。次のア～エの中から1つ選び，記号で答えよ。

[　　　　]

　ア　役人の前で踏絵をふませ，キリスト教徒でないことを証明させた。

　イ　長崎が教会領になったことなどから，外国人の宣教師をはじめて追放した。

　ウ　島原・天草一揆に対して，約12万の大軍を送り，おさえた。

　エ　すべての人を寺の檀家にさせ，宗門改めによって仏教の信者であることを寺に証明させた。

(4)　下線部④について，鎖国完成までの説明文として，誤っているものはどれか。次のア～エの中から1つ選び，記号で答えよ。

[　　　　]

　ア　1624年，スペイン船の来航を禁止する。

　イ　1635年，日本人の海外渡航と海外に住む日本人の帰国を禁止した。

　ウ　1639年，ポルトガル船の来航を禁止し，沿岸の警備に努める。

　エ　1641年，平戸にあったオランダ商館は長崎の出島へ移され，長崎においてはオランダ船のみが貿易を許されることになった。

(5)　下線部⑤について，朝鮮との外交・貿易は対馬藩を通じて行われた。対馬藩に仕え，独学で朝鮮語を学び，朝鮮との外交を担った人物は誰か。次のア～エの中から1人選び，記号で答えよ。

[　　　　]

　ア　杉田玄白　　イ　雨森芳洲　　ウ　伊能忠敬　　エ　柳宗悦

108 Hさんは，2018年にロシアで開催されたサッカーワールドカップに出場した国の中から，興味のある国の歴史や地理について調べ，下の資料をつくりました。資料をみて，次の問いに答えなさい。

(埼玉県)

> ポルトガル
>
> (首都)リスボン
>
> 　1543年，中国の商船に乗って，種子島に流れ着いたポルトガル人が，日本に鉄砲を伝えた。

　Hさんは，下線部のできごとから，鎖国の体制が固まるまでのできごとについて調べ，次の年表にまとめました。**年表中の** W ～ Z **にあてはまるできごとを，あとのア～エの中から1つずつ選び，その記号を書きなさい。**

年表　　　　　W[　　　　] X[　　　　] Y[　　　　] Z[　　　　]

西暦(年)	できごと
1543	・ポルトガル人が鉄砲を伝える
1573	・室町幕府がほろびる
1582	・　W
1603	・江戸に幕府が開かれる
1612	・　X
1635	・日本人の海外渡航・帰国を禁止する
1637	・　Y
1639	・　Z
1641	・オランダ商館を長崎の出島に移す

ア　キリシタン大名の大友宗麟などが，四人の少年使節をローマ教皇のもとに派遣する

イ　神の使いとされた天草四郎という少年を大将にした島原・天草一揆が起こる

ウ　ポルトガル船の来航を禁止する

エ　幕府が，幕領にキリスト教禁止令を出す

109 次の文章を読んで，あとの問いに答えなさい。 (神奈川・法政大第二高改)

　人類は最初，狩猟や採集を中心とする生活を送っていたが，次第に農耕や牧畜など自然を改良し，モノを生産するようになった。

　日本列島では縄文時代後半から，稲作がはじまり土地の開墾が行われるようになった。室町時代になると，a農業技術が進歩し，さらに開墾がすすめられた。その結果，農民は次第に団結し，自治組織をつくるまでになった。江戸時代になると，大規模な戦乱が起こらず幕府や藩が奨励したため全国で大規模な新田開発が行われた。また新しい農業技術も導入されb農業生産はいちじるしく拡大した。

(1)　下線部aについて，農業技術の進歩は商工業の発展を促した。室町時代の商工業を説明した以下の①と②の文を読み，明らかに誤っている箇所をそれぞれ1つずつ抜きだし正しい言葉に変えよ。

① 室町時代には株仲間と呼ばれる同業者組合を作り，貴族や寺社に奉仕するかわりに税の免除や営業の独占権を得た。　　　　　　　　　　　　　　　[　　　→　　　]

② 室町時代には運送を営む馬借が増え，高利貸しである問丸や酒屋などが大きな力をもった。　　　　　　　　　　　　　　　　　　　　　　　[　　　→　　　]

(2) 下線部bについて，以下の図は江戸時代に発達して使用されるようになった農具である。この農具を，実際に1年間かけて米をつくる時に使用する順番に並べ，ア～エの記号で答えよ。

[　　　→　　　→　　　→　　　]

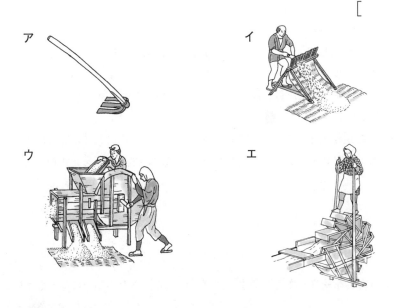

110 次の文章を読んで，あとの問いに答えなさい。　　　　　　　　　　（広島大附高）

　江戸時代，大阪は「天下の台所」といわれる流通の中心地であり，年貢を米などで徴収した各大名が大阪へ回送して換金し，江戸での経費や領国の経営にあてていました。江戸幕府はおもな金山・銀山を支配し，豊富な財力を蓄えていましたが，それらを使って金貨・銀貨・銅銭を発行し，通貨制度を整備しました。貨幣は安定して供給されるようになり，江戸時代の経済は発展しました。

(1) 金貨と銀貨を交換することを業務の中心としていた商人を何というか，答えよ。

[　　　　　　　　　]

(2) 下線部について，大阪には諸藩が年貢米を売りさばくため一時保管しておく施設があったが，それを何というか，答えよ。

[　　　　　　　　　]

(3) 江戸時代は，農業の分野でも，売るための作物がさかんに栽培されるようになった。このうち，織物業の発達に関係の深い作物を，次のア～オの中から2つ選び，記号で答えよ。

[　　　][　　　]

ア タバコ　イ 藍（あい）　ウ 菜種　エ 綿（わた）　オ 茶

解答の方針

108 (1)アはキリスト教が認められていたからできたことなので，アとエの前後関係はわかる。イの結果がウ（鎖国体制が固まる）である。

110 (3)どれが織物の原料になる作物かを考えるようにしたい。

111 江戸時代に関する次の問いに答えなさい。 （大阪星光学院高改）

(1)　1636年から銭座で大量につくられ，一文銭（いちもんせん）として江戸時代を通して流通した銅貨は何か。

[　　　　　　　　　　　]

(2)　鎖国下，幕府は一部の国や地域に対して長崎をはじめ4つの窓口を開き，対外交流を行っていた。これらの窓口とはどこか。長崎以外の3つを，次のア〜クの中から選び，記号で答えよ。

[　　　　] [　　　　] [　　　　]

ア　松前　　イ　下田　　ウ　神奈川　　エ　函館
オ　新潟　　カ　兵庫　　キ　薩摩　　ク　対馬

難 (3)　大阪市天王寺区伶人町（れいにんちょう）の付近には，江戸時代に，大阪一とうたわれた料亭「浮瀬」（うかむせ）があり，江戸で活躍していた滝沢（曲亭）馬琴や十返舎一九もはるばる「浮瀬」を訪ねているようである。そのころ，大阪の料理のベースは昆布だしであったから，彼らが「浮瀬」で賞味した料理には，まろやかな昆布の風味がきいていたはずである。

　江戸時代に大阪の料理のベースが昆布だしになった理由について，江戸時代における物資の輸送の変化に着目しつつ，40字以内で説明せよ。なお，説明にあたっては次の2つの語を必ず用いよ。

（　北前船　　瀬戸内海　）

[　　　　　　　　　　　　　　　　　　　　　　　　　　　]

112 次の文章は，歴史に関する書物を紹介したものです。文章を読んで，あとの問いに答えなさい。 （京都・洛南高）

①5代将軍徳川綱吉のあとを継いだ6代将軍家宣と7代将軍家継のもとで，②新井白石は政権を担当しました。彼は多くの著作を残していますが，なかでも『読史余論』（とくしよろん）という歴史書はとくに優れており，「本朝天下の大勢九変して武家の代となり，武家の代また五変して当代に及ぶ」で始まり，公家政権から武家政権への推移と，徳川幕府の正統性を述べています。このころには幕府の支配のもと，政治の安定を背景に経済が発展し，江戸・大阪・京都の三都をはじめとして，各地の都市がにぎわいをみせました。

(1)　下線部①について，5代将軍徳川綱吉の時代には，元禄文化が花開いた。この時代に浮世草子とよばれる小説で，町人の姿をいきいきと描いた人物の名を答えよ。

[　　　　　　　　　　]

(2)　下線部②について，新井白石の行った政策について述べた文として正しいものを，次のア〜オの中から1つ選び，記号で答えよ。 [　　　　　　　　]

ア　儒教を手厚く保護し，孔子をまつった聖堂を湯島に建て，儒教の普及に力をいれた。
イ　飢饉（ききん）の際の食料として，青木昆陽らにさつまいもを研究させ普及させた。
ウ　商人の力を利用することで財政を立て直す政策をとり，株仲間から営業税を徴収した。
エ　生類憐みの令によって極端な動物保護を命じたので，庶民の不満がつのった。
オ　小判の質が低下していたので，金の含有量を江戸時代の初期の割合に戻した。

113 次の狂歌は，寛政の改革を風刺したものです。これを読んで，あとの問いに答えなさい。

（大阪・開明高）

> (a)白河の　清きに魚も　住みかねて　もとの濁りの　(b)田沼恋しき

(1) 下線部(a)の「白河」が表している人物として正しいものを，次のア～エの中から1人選び，記号で答えよ。　　　　　　　　　　　　　　　　　　　　　[　　　　　]

ア　新井白石　　イ　松平定信　　ウ　徳川綱吉　　エ　徳川吉宗

(2) 寛政の改革の内容について述べた文として正しいものを，次のア～カの中から3つ選び，記号で答えよ。　　　　　　　　　[　　　　]　[　　　　]　[　　　　]

ア　幕府の学問所である昌平坂学問所では朱子学以外の講義を禁じた。

イ　株仲間を積極的に認めて営業を独占させ，一定の税を納めさせた。

ウ　ききんに備えて農村に米を蓄えさせた。

エ　旗本や御家人の生活難を救うため，借金を帳消しにする法令を出した。

オ　新田開発をすすめ，豊作や不作に関係なく一定の年貢を取り立てた。

カ　公事方御定書を作って裁判の基準とした。

(3) 下線部(b)の「田沼」とは田沼意次のことであるが，意次のとった政策として正しいものを，次のア～エの中から1つ選び，記号で答えよ。　　　　　　　[　　　　　]

ア　上げ米の制　　イ　印旛沼の干拓　　ウ　長崎貿易の制限　　エ　株仲間の解散

114 次の問いに答えなさい。

次のⅠ群とⅡ群から，鎖国の時期の文化・学問に関する人物と事項（または「作品」）をそれぞれ選んだとき，正しい組み合わせになるものは何組できるか。下のア～カの中から1つ選び，記号で答えよ。

（愛知・中京大附中京高改）[　　　　　]

Ⅰ群

杉田玄白	菱川師宣	宮崎安貞	松尾芭蕉	滝沢馬琴	小林一茶	尾形光琳

Ⅱ群

人形浄瑠璃	浮世絵	狂歌	和算	蘭学	歌舞伎おどり	お伽草子
『東海道中膝栗毛』		『奥の細道』		「富嶽三十六景」		「燕子花図屏風」

ア　0組　　イ　1組　　ウ　2組　　エ　3組　　オ　4組　　カ　5組

解答の方針

111 (1)1636年は3代将軍徳川家光の治世であり，この銅貨には当時の元号から名前がつけられた。

　　(3)昆布は大阪周辺の海ではとれない。寒い地方の海の浅い所で育ち，それを乾燥させたものが昆布だしの材料として料理に使われる。

113 (1)白河とは，その人物の出身藩名である。狂歌が寛政の改革を風刺していることから考えよう。

115 次の表は，日本の貨幣の歴史と経済の発展についてまとめたものである。これと年表，図を見て，次の問いに答えなさい。
(秋田県)

表

時代	貨幣の歴史と経済の発展
近世	・江戸幕府は，金貨や銀貨を造り，全国に流通させた。 ・財政難に苦しむ幕府や藩では，たびたび<u>財政の改革</u>が行われた。改革の影響は，貨幣経済が広がる農村にも及んだ。	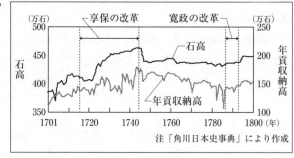 資料　小判に含まれる金の割合 　　　　　　　金　　　その他 慶長小判(1600年)　84.3% 元禄小判(1695年)　57.4% 正徳小判(1714年)　84.3% 　0　4　8　12　16　20(g) (「国史大事典」などから作成)

下線部について，表を見て，次の問いに答えなさい。

①　元禄小判を発行したときの将軍は誰か，書け。　　　　　　　　　　[　　　　　　]

②　幕府が正徳小判を発行したねらいを，次の語を用いて「元禄小判に比べて，〜」の書き出しに続けて書け。

　　元禄小判に比べて，[　　　　　　　　　　　　　　　　　　　　　　　　　　　　]

116 下のグラフを見て，次の問いに答えなさい。
(静岡県)

グラフ

```
(万石)      享保の改革    寛政の改革   (万石)
500                                  250
                    ┌石高                年
450                                  200 貢
石                                      収
高                                      納
400         ┌年貢収納高              150 高

350                                  100
 1701  1720   1740   1760   1780  1800(年)
      注「角川日本史事典」により作成
```

　グラフは，18世紀における，幕府領の，石高と年貢収納高の推移を示している。このことに関するa，bの問いに答えなさい。

　a　享保の改革が行われた期間に，幕府領の石高は大きく変化した。この変化に影響を与えた政策として最も適切なものを，次のア〜エの中から1つ選び，記号で答えよ。　　　[　　　　]

　　ア　倹約令の徹底　　　イ　株仲間の公認

　　ウ　新田開発の奨励　　エ　目安箱の設置

　b　寛政の改革では，農村を復興させることで財政を立て直そうとした。グラフから考えられる，農村を復興させることで財政を立て直すことができる理由を，1780年代に起こった，財政が悪化する原因となった現象に関連づけて，簡単に書け。

　　[　　　　　　　　　　　　　　　　　　　　　　　　　　　　　　　　　　　　　]

117 次の問いに答えなさい。 （茨城県）

　次の文は，17世紀末から18世紀初めにかけて，京都や大阪などの上方の町人がにない手になった文化について述べたものである。文中の ☐ に当てはまる語を答えなさい。また，文中の a ，b に当てはまる語の組み合わせを，あとのア～エの中から1つ選んで，その記号を書きなさい。

語［　　　　　］　記号［　　　　　］

> ☐ 文化では，a が浮世草子に町人の生活を生き生きとえがき，b は人形浄瑠璃の脚本家として主に現実に起こった事件をもとに，義理と人情の板ばさみのなかで懸命に生きる男女をえがいた。

ア　a　井原西鶴　　b　近松門左衛門
イ　a　井原西鶴　　b　十返舎一九
ウ　a　松尾芭蕉　　b　近松門左衛門
エ　a　松尾芭蕉　　b　十返舎一九

解答の方針

115　5代将軍徳川綱吉の時代に財政が悪化したため，貨幣の質を落とし，その差額を幕府の収入とした。しかし物価が上昇したため，7代将軍の時代に貨幣の質を元に戻した。

116　b財政の立て直しには，新田開発や農村の復興などで収入を増やす策と，倹約令などで支出を減らす策がある。

117　元禄文化では浮世草子の井原西鶴，人形浄瑠璃の脚本の近松門左衛門，俳諧の松尾芭蕉が特に重要なので，おさえておこう。

1 次の文章を読み，あとの問いに答えなさい。　(奈良・帝塚山高)((1)各8点，(2)7点，計31点)

a　イタリアで始まったルネサンスがヨーロッパに広まるなかで，ローマ教会への批判が高まった。ドイツの（　①　）はローマ教会から破門されたが，君主や貴族の保護を受けてキリスト教の新しい宗派を生み出した。スイスではカルバンが中心となって改革が進み，プロテスタントとよばれる新宗派のキリスト教徒があらわれた。

b　宗教改革に対抗して，ローマ教会はカトリックの布教を強化した。16世紀前半に創設された（　②　）会は，<u>当時，ポルトガルやスペインが推し進めていた新大陸やアジアへの進出の動き</u>とともに，宣教師を派遣して布教をすすめた。日本では，フランシスコ＝ザビエルが鹿児島に到着してカトリックを伝えたが，江戸時代になるとキリスト教は禁止された。

c　オランダは，ジャワのバタビアを拠点に東南アジアでの貿易をすすめ，さらに中国・日本との交易にも乗り出した。日本では，幕府が鎖国をしたのちも，オランダに対しては長崎の出島での貿易を許可した。オランダ商館は海外情報を幕府に報告する役目も担い，1840年に中国とイギリスのあいだに起きた（　③　）戦争も，幕府は情報を得ていたといわれている。

(1)　（　①　）～（　③　）にあてはまる語句・人名をカタカナで答えよ。

(2)　文章**b**の下線部について，スペインのアジアにおける貿易を述べた文として正しいものを，次のア～エの中から1つ選び，記号で答えよ。

ア　アフリカ南端の喜望峰からインドにいたる航路を開き，アジアとの貿易を始めた。

イ　アメリカ大陸で産出される銀をフィリピンのマニラに持ち込み，中国産の品物を購入した。

ウ　中国のマカオに拠点を置き，中国商人とともに密貿易船に乗って交易をした。

エ　東インド会社を世界ではじめて設立して，中国から茶を輸入し，自国産の綿織物を中国へ輸出した。

(1)	①	②	③
(2)			

2 次の文章は，江戸川学園取手高等学校で日本史を学ぶカイくんとアキさんの会話です。この文章を読んで，設問に答えよ。なお，文中に引用した資料は必要に応じて改めてある。(※漢字で書くべきものは漢字で答えること)　(茨城・江戸川学園取手高) ((1)・(3)各8点，他各7点，計45点)

アキ：あなたは，レポートに何を書いたの？

カイ：ぼくは，鎌倉時代について調べたよ。

アキ：鎌倉時代といえば，武家の政権が確立する，歴史の転換点よね。

カイ：そうなんだ。武士の世の中の基本となる主従関係が形作られていく時期でもあるね。

アキ：たしか，将軍は御家人の領地を公認・保護する　ア　を与え，御家人はその代わりに，命がけで合戦に参加する　イ　をする関係よね。

カイ：その主従関係が最もよくわかるのが(a)承久の乱だと思うんだ。

アキ：そうね。乱後には，武家社会の慣習などをまとめた　ウ　が制定されて，(b)その後の武家政治の基本となるわね。

カイ：うん。今回は鎌倉時代に限定したけど，次回のレポートでは(c)江戸時代まで含めて武士の世の中について調べてみようと思うよ。

(1)　空欄　ア　と　イ　に当てはまる最もふさわしい語句を答えよ。

(2)　下線部(a)に関連して，承久の乱について述べた文として，誤っているものを，次の①～④の中から1つ選べ。

①　承久の乱は，後鳥羽上皇が幕府打倒のために挙兵したことから始まった。

②　乱後，幕府は上皇方についた貴族や武士の所領を没収した。

③　京都に京都所司代を設置して，西国の監視に当たらせた。

④　後鳥羽上皇は隠岐に流された。

(3)　空欄　ウ　に当てはまる最もふさわしい語句を答えよ。

(4)　下線部(b)に関連して，14世紀から15世紀の政治・社会について述べた文として，正しいものを，次の①～④の中から1つ選べ。

①　室町幕府では，将軍の補佐役として老中がおかれた。

②　室町幕府は，明との間で勘合貿易を行った。

③　貨幣経済の浸透にともなって，中国銭の輸入は中止された。

④　山城国では一向一揆がおき，約100年間にわたって自治が行われた。

(5)　下線部(c)に関連して，次のア～エは江戸時代初期の外交政策である。これらを時代順に並び替えた組み合わせとして，正しいものを，次の①～④の中から1つ選べ。

ア　ポルトガル船の来航禁止　　　　　　イ　日本人の海外渡航禁止

ウ　オランダ商館を長崎の出島に移す　　エ　島原・天草一揆が起こる

①　ア→イ→ウ→エ　　②　イ→エ→ア→ウ

③　ア→エ→ウ→イ　　④　イ→ア→エ→ウ

(1)	ア		イ		(2)	
(3)			(4)		(5)	

3 次の各問いに答えなさい。　　(近畿大附広島高東広島校)((1)理由10点，(1)人物名・(2)各7点，計24点)

(1) 次の図中の ［　　　　］ に当てはまる人物名を答えて，ここから読み取れる鎌倉新仏教が広まった
理由を答えよ。

図

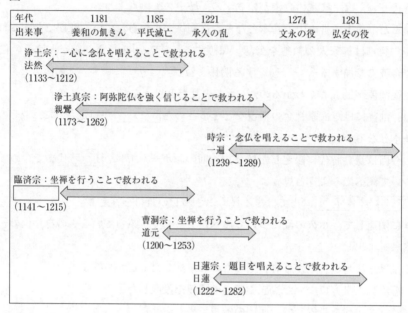

(2) 次の史料が出された時期の出来事として正しいものを，下のア～エの中から1つ選び，記号で答
えよ。(史料は，一部省略したり，書き改めたりしたところもある。)

| 此比都ニハヤル物　夜討強盗謀綸旨　召人早馬虚騒動　生頸還俗自由出家　俄大名迷者　安堵恩 |
| 賞虚軍　本領ハナルル訴訟人　文書入タル細葛　追従讒人禅律僧　下剋上スル成出者　器用ノ堪 |
| 否沙汰モナク　モルル人ナキ決断所　　　　　　　　　　　　　　　　　『二条河原落書』より |

ア　白河天皇が上皇となり，摂政や関白の力をおさえて政治を行った。

イ　平清盛が武士で初めて太政大臣となり，平氏一門も高い地位についた。

ウ　後醍醐天皇が貴族を重視する政策を採ったため，武士の不満が高まった。

エ　織田信長が敵対した将軍を京都から追放したため，幕府が滅亡した。

	人物名	理由
(1)		
(2)		

標 準 問 題 ───────────────────────────── 解答 別冊 p. 22

118 ▷ [外国の影響を受けて変化した日本の社会]

次の資料は，明治以降の歴史をまとめたものである。あとの問いに答えなさい。

外国のできごと ──影響──▶		日本の社会
17 〜 18 世紀に，(a)イギリスやフランスで革命が起こり，アメリカが独立し，民主政治の体制が確立しました。	明治	板垣退助らが，大久保利通らの政治を専制政治であると批判し，国民が政治に参加する権利の確立を目指す，(b)自由民権運動が始まりました。

(1) 下線部(a)について，次の文中の　A　，　B　に当てはまる語を書きなさい。

フランス人権宣言（1789 年，部分要約）

　第 1 条
　　人間は，生まれながらにして，
　A　で　B　な権利をもっている。

アメリカ独立宣言（1776 年，部分要約）

　我々は以下のことを自明の真理であると信じる。人間はみな　B　に創られ，ゆずりわたすことのできない権利を神によって与えられていること，その中には，生命，　A　，幸福の追求が含まれていること，である。

A [　　　　　　　　] B [　　　　　　　　]

(2) 下線部(b)について，1874 年，政府に対して議会の開設を求めて提出された文書を何というか，答えよ。　　　　　　　　　[　　　　　　　　]

重要 119 ▷ [産業革命]

次の問いに答えなさい。

18 世紀にイギリスから始まった産業革命で実用化されたものを，次のア〜エの中から 1 つ選び，記号で答えよ。　　　　　　　　　[　　　　　　　　]

ア　テレビ放送　　イ　飛行機　　ウ　蒸気機関　　エ　青銅器

重要 120 ▷ [イギリスの中国進出]

イギリスが中国に進出した過程について，次の問いに答えなさい。

(1) 次の図は，19 世紀前半のイギリス，中国（清），インドの間で行われた三角貿易における品物の流れについて表したものである。図中のⒶ〜Ⓒにあてはまる品物の組み合わせとして最も適切なものを，次のア〜エの中から 1 つ選び，記号で答えよ。　　[　　　　　　　]

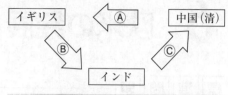

ア　Ⓐ－茶・絹　Ⓑ－綿織物　Ⓒ－アヘン

イ　Ⓐ－茶・絹　Ⓑ－アヘン　Ⓒ－綿織物

ウ　Ⓐ－綿織物　Ⓑ－茶・絹　Ⓒ－アヘン

エ　Ⓐ－綿織物　Ⓑ－アヘン　Ⓒ－茶・絹

(2)　(1)の三角貿易が原因となって，1840年，イギリスと中国との間に戦争が起こった。右の絵はその様子を描いたものであり，**X**は中国船，**Y**はイギリス船である。**Y**がイギリス船と判断できる理由を，**Y**のようすに着目して答えよ。

[　　　　　　　　　　　　　　　　　　　]

(3)　この戦争に敗れた結果，中国は領土の一部を失った。それはどこか。　[　　　　　　　　]

ガイド　(2)イギリスと中国の戦争は，軍艦の**動力**の違いが勝敗の分かれ目になったといわれている。

---

121 ⟩[外国船の接近]

右の絵は，18世紀後半，漂着（ひょうちゃく）した外国から帰国した大黒屋光太夫（だいこくやこうだゆう）らです。これについて，次の問いに答えなさい。

(1)　大黒屋光太夫らが漂着した国の使節は，根室に来航し，通商を求めた。その使節を日本に派遣した国はどこか，その国名を書け。

大黒屋光太夫(左)

[　　　　　　　　　　　]

(2)　大黒屋光太夫らが帰国したころ，日本の沿岸には，外国船がたびたび現れるようになった。下の**資料**は，こうした動きを警戒した幕府が出した法令の一部である。この法令を何というか，書け。

[　　　　　　　　　　　]

資料

> 　すべての海辺の村々では，西洋諸国の船が近づいてくるのを発見したならば，……迷うことなく，撃退することを心がけ，機会を逃さないように対応することが大切である。

（『御触書天保集成』から作成）

---

122 ⟩[長州藩の改革]

江戸時代後期，長州藩が行った改革について述べた文として最も適切なものを，次のア～エの中から1つ選び，記号で答えなさい。

[　　　　　　　　]

ア　安定して年貢をとるため土地の売買を禁止するとともに，五人組を組織した。

　イ　都市に出ていた農民を村に帰らせるとともに，出版について厳しく統制した。

　ウ　株仲間に営業を独占させて税を納めさせるとともに，貿易をさかんに行った。

　エ　紙やろうなど特産物の専売制を行うとともに，有能な下級武士を重く用いた。

重要 123 〉[日米修好通商条約]

日米修好通商条約について，次の問いに答えなさい。

(1)　この条約について述べた文として正しいものを，次のア〜エの中から1つ選び，記号で答えよ。　　　　　　　　　　　　　　　　　　　　　　　　　　　　[　　　　]

　ア　日本は，下田，函館を相手国に開港し，相手国の船に食料・水などを供給することを許した。

　イ　日本は，相手国から長春以南の鉄道と，旅順・大連の租借権を獲得した。

　ウ　日本は，相手国の国民が日本でおかした犯罪を日本側では裁判できないことを認めた。

　エ　日本は，相手国からの輸入品の関税率を日本が自主的に決める権利を回復した。

(2)　江戸幕府はこの条約に続いて，オランダ，ロシア，イギリス，フランスとも同様の条約を結び，欧米諸国と貿易を行うことになった。欧米諸国との貿易の開始が日本の経済にあたえた影響について述べた，次の文の　Ⅰ　，　Ⅱ　に入る語句の組み合わせとして正しいものを，あとのア〜エの中から1つ選び，記号で答えよ。　　　　　　　　　　　[　　　　]

> 　外国から安価な　Ⅰ　が輸入され，国内の生産地は打撃を受けた。日本からは　Ⅱ　や茶が輸出され，国内では品不足になり，値上がりがおきた。

　ア　Ⅰ　陶磁器　Ⅱ　毛織物　　　イ　Ⅰ　綿織物　Ⅱ　生糸
　ウ　Ⅰ　生糸　Ⅱ　綿織物　　　エ　Ⅰ　毛織物　Ⅱ　陶磁器

124 〉[尊王攘夷運動]

次の問いに答えなさい。

　幕末に起こった尊王攘夷運動とは，どのような運動か，簡潔に述べよ。

[　　　　　　　　　　　　　　　　　　　　　　　　　　　　　　　　　　　　　　]

ガイド　尊王攘夷運動は，尊王の考えと攘夷の考えが合わさって，大きな運動に発展したものである。

125 〉[外国の攻撃]

次の資料は，日本の砲台が外国の軍隊から攻撃を受けて占領された様子です。このできごとについて，次の問いに答えなさい。

(1)　このできごとが起こった場所を，次のア〜オの中から1つ選び，記号で答えよ。　　　　　　　　　　　　　[　　　　]

　ア　函館　　イ　江戸　　ウ　大阪
　エ　下関　　オ　鹿児島

(2) このできごとは，前年のあるできごとに対する外国による報復として行われた。前年には
どんなできごとが起きたのか，書け。

[　　　　　　　　　　　　　　　　　　　　　　　　　　　　　　　　　　]

> ガイド　この写真は，外国の連合艦隊が海辺の近くにあった砲台を占領したときに撮影されたものである。ま
> た，この砲台を設置したのは尊王攘夷運動に熱心だった藩である。

126 〉[坂本龍馬]

次のカードは，幕末に活躍した坂本龍馬の業績などについてまとめたものです。これについて，
次の問いに答えなさい。

坂本龍馬(1835 ～ 1867)

> **近代日本のかたちを構想**
> ・土佐出身
> ・①薩長同盟の仲介役となる。
> ・公武合体派の土佐藩を通じ，②15代将軍に，③政権の
> 　朝廷への返還を勧める。
> ・明治維新を目前にして暗殺される。

(1) 下線部①に関して，この同盟を結んだ薩摩藩と長州
藩のあった位置を，右の地図中のア～キの中から1つ
ずつ選び，それぞれ記号で答えよ。なお，地図中の境
界線は現在の都道府県の境界である。

　　　　　薩摩藩[　　　　] 長州藩[　　　　]

(2) 下線部②の将軍は誰か，次のア～エの中から1人選
び，記号で答えよ。　　　　　[　　　　]

ア　徳川吉宗

イ　徳川綱吉

ウ　徳川慶喜

エ　徳川家光

(3) 下線部③を何というか，書け。

[　　　　　　　　　　　　　　]

(4) (3)の後に起こった鳥羽・伏見の戦いから，函館で新政府軍が旧幕府軍を打ち破るまでの一
連の戦争を何というか，その名称を書け。

[　　　　　　　　　　　　　　]

> ガイド　江戸時代後期，一部の藩が藩政の改革に成功して大きな力をつけていった。それらの藩は**西南雄藩**と
> よばれ，倒幕の中心になった薩摩藩と長州藩もふくまれていた。薩長同盟の成立は幕府を大いにおそ
> れさせた。結果的に15代将軍を最後の将軍として，260年ほど続いた江戸幕府は滅んだ。

最高水準問題 ──────────────────────────────── 解答 別冊 p.23

127 次の文章を読んで，あとの問いに答えなさい。 （広島・近畿大附福山高改）

①[　　　　　　　]では，1603年にエリザベス1世が没するとスコットランド王がジェームズ1世として王位につき，ステュアート王朝を開きました。彼は議会を無視し，勝手に②[　　　　　　　]を徴収したり，少数の大商人に特許料とひきかえに営業独占権を与えたりしたため，議会と対立しました。ついには，Ⓐ議会派と国王派のあいだで内乱が起こり，③[　　　　　　　]の率いる議会党軍が勝利をおさめました。④[　　　　　　]年には，国王が議会派によって処刑され，⑤[　　　　　　]政治が始まりました。しかし，政権をにぎった③の政治は軍事的独裁に終始したので，国民の反感をまねいて⑥[　　　　　　]政にもどりました。その後の国王たちも議会を無視することが多く，1688年に⑦[　　　　　　]革命が起こりました。国王を追放した議会は，⑧[　　　　　　]から迎えた新しい国王にⒷ議会を重視し，国民の自由と権利を守る約束をさせました。

(1) 文章中の空欄①〜⑧にあてはまる国名・語句・年号を答えよ。なお，同じ番号には，同じ国名・語句・数字が入る。

(2) 下線部Ⓐについて，「議会派」にはプロテスタントのうちカルヴァンの教えを信じる人々が多数いたが，それらは何とよばれたか。カタカナで答えよ。 [　　　　　　　]

(3) 下線部Ⓑについて，この約束は何とよばれるか。答えよ。 [　　　　　　　]

128 次の文章を読んで，あとの各問いに答えなさい。 （東京・明星高）

イギリスは，1600年に（　①　）会社をつくって，インド産の綿織物を大量に輸入していた。やがて，イギリス国内においても綿織物を生産できるようになった。とりわけ，18世紀後半からは，織機や糸を紡ぐ　あ　機も改良されていった。また，水力や，（　②　）が改良した蒸気機関が動力として使われた。

蒸気機関は，汽船や機関車にも応用された。さらに，製鉄，機械，車両，造船などの産業も発達し，19世紀のイギリスは，「世界の　い　」とよばれるようになった。このような産業と社会の変化をさして　う　という。

(1) 文章中の（　①　）に適する語句を，次のア〜エの中から1つ選び，記号で答えよ。 [　　　　　　　]

ア 南インド　イ 東インド　ウ 北インド　エ 西インド

(2) 文章中の（　②　）に適する語句を，次のア〜エの中から1つ選び，記号で答えよ。 [　　　　　　　]

ア ニューコメン　イ カートライト　ウ ワット　エ ジョン＝ケイ

解答の方針

127 (1)①と⑧は国名，③は人名。
　　(2)清教徒の別名が入る。

(3)　文章中の　あ ・ い ・ う　に適する語句を答えよ。

あ [　　　　　　　　　] 　い [　　　　　　　　　]

う [　　　　　　　　　]

難 (4)　文章中の下線部に関して，次のA・Bを発明した人物を，あとのア～エの中から1人ずつ選び，

記号で答えよ。　　　　　　　　　　　　　　A [　　　] 　B [　　　]

A

B

ア　ハーグリーブズ　　イ　アークライト　　ウ　フルトン　　エ　スティーブンソン

---

129 ▶ 次の文章を読んで，あとの問いに答えなさい。　　　　　　　　　　　　　　　　（東京・明星高）

　ヨーロッパでは，16世紀頃から国王が強大な力をもった専制政治が行われていた。これに対し，イ
ギリスでは17世紀に(a)2度の大きな革命が起き，議会が政治の中心を担うことによって世界初の議会
政治が誕生した。また，フランスでは国王や大貴族の横暴に対する不満から(b)フランス革命が起こり
(c)人権宣言が発表され，その後，共和政が誕生した。

　一方，イギリスの植民地であったアメリカでも本国からの厳しい政策に反発が起こり，これが独立
を目指す戦争へ発展した。この戦争にはフランスやスペインもアメリカ側にたって参戦し，ついに独
立軍は勝利し，(d)イギリスからの独立を獲得した。

　これらのように，自由と平等を理想とする市民が中心となって起こした革命は(e)市民革命とよばれ，
この動きは19世紀以降，欧米を中心に広がっていった。

(1)　下線部(a)について，別名「無血革命」ともよばれる，1688年の革命を何というか。

[　　　　　　　　　　　]

難 (2)　下線部(b)について，次の図は革命前のフランス社会の様子をあらわした風刺画である。

① 　図中のDの石があらわしているものを，次のア～エの中から
　　1つ選び，記号で答えよ。　　　　　　　　　　[　　　]

　　ア　議会　　イ　憲法　　ウ　条約　　エ　税金

② 　この革命によって民衆が目指した社会はどのようなものであ
　　ったか。次のア～エの中から1つ選び，記号で答えよ。ただし，
　　選択肢は図のA～Dを模式化したものである。

[　　　]

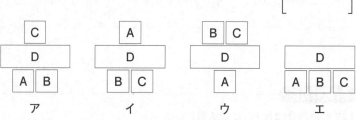

(3) 下線部(c)について，この宣言に含まれる内容として最も適切なものを，次のア～エの中から1つ選び，記号で答えよ。 [   ]

ア 国王に請願するのは国民の権利であり，請願に対して拘禁したり迫害したりすることは違法である。

イ すべての人々は平等に造られ，造物主によって一定の奪いがたい天賦の権利を付与され，生命・自由および幸福を追求する権利をもつ。

ウ 人間は生まれながらにして，自由かつ平等な権利をもち，社会的な差別は公共の利益の上にのみ設けることができる。

エ 経済生活の秩序は，すべての人に，人たるに値する生存を保障することをめざす，正義の諸原則に適合するものでなければならない。

(4) 下線部(d)について，

① アメリカの独立について述べた内容が適切でないものを，次のア～エの中から1つ選び，記号で答えよ。 [   ]

ア 独立宣言はトマス＝ジェファソンを中心に起草された。

イ 独立後，自由・平等といった基本的人権がすべての人に与えられた。

ウ モンテスキューが唱えた三権分立の考え方が独立後の政治に大きな影響を与えた。

エ 初代大統領にはワシントンが就任したが，現在の首都名は彼の名にちなんでいる。

② 独立時の国旗が，現在のアメリカ合衆国の国旗と異なっている点を，簡単に説明せよ。

[   ]

難 (5) 下線部(e)に関して，イギリスの思想家ロックは人民が国家に対する抵抗権（革命権）をもつことを説き，間接民主制を主張した。この事柄をふまえたうえで，次のア～エの市民革命に関する出来事を年代の早いものから順に並べ替えよ。 [→   →   →   ]

ア アメリカのフィラデルフィアで独立宣言が発表された。

イ 革命によって国王軍を倒したクロムウェルが独裁を始めた。

ウ ロックは『市民政府二論』（または『統治論』）を発表し，その中で抵抗権を主張した。

エ バスチーユの牢獄が襲撃され，革命が勃発した。

解答の方針

128 (4)蒸気機関を動力に用い，水上を走れるようにしたのが汽船(蒸気船)，陸上を走れるようにしたのが蒸気機関車である。

129 (1)革命にはつきものの流血や混乱がなく，平穏に国王が交替したことを誇ってつけられた名称である。

(2)革命前のフランスは，貴族・聖職者・平民の3つの身分で構成された身分社会だった。この風刺画に描かれている石は，負担ではあるが，国家を維持する上でなくてはならないものを表している。

(3)1789年8月26日に出された人権宣言は，貴族のラファイエットらによって起草され，近代市民社会の原則を明文化した。

(4)②アメリカの国旗といえば星条旗である。星条旗の基本的なスタイルは独立時から変わっていないが，アメリカ合衆国の領土の拡大とともに，あるものの数が増えていった。

130 綿織物に関する次の文章を読んで，あとの問いに答えなさい。　　　　　　　　（長崎・青雲高改）

　現在，私たちの生活に用いられている繊維製品の中でもっとも一般的なものとして，化学繊維を除けばまず綿製品があげられるだろう。

　17世紀から，イギリスではインドの綿織物が好評で大量に輸入されていた。しかし18世紀中期になるとイギリス国内で機械の改良が相次ぎ，特に　　ⓐ　　が蒸気機関を改良し，これが織機などに取りつけられることで，綿織物が大量生産されるようになった。この結果，ⓑイギリスの社会は大きく変化した。

　一方，インドでは従来から綿織物業がさかんであったが，18世紀後半になるとイギリスの綿織物が大量に輸入されるようになり，インドの綿織物業は衰退した。このためインドは次第に貧しくなり，ⓒイギリスに対する不満が蓄積されていった。

(1)　空欄　　ⓐ　　に当てはまる人名を答えよ。　　　　　　　　　[　　　　　　　]

(2)　下線部ⓑについて正しいものを，次の文ア〜エの中から1つ選び，記号で答えよ。

　　　　　　　　　　　　　　　　　　　　　　　　　　　　　　　　[　　　　　　　]

　ア　イギリスの綿織物は高品質になったため，織物の価格はどんどん高くなった。

　イ　蒸気機関は機関車などにも応用され，商品や原料の輸送能力が高まった。

　ウ　織物工場や炭鉱などでは複雑な機械を操作するため，女性や子供は工場で働けなくなった。

　エ　工場労働者の多くは郊外の住宅地に住むようになり，都市の住環境が改善された。

(3)　下線部ⓒに関して，イギリスによるインドの支配について述べた，次の①〜③の文を，時代の早い順番に正しく並べ替えたものを，あとのア〜カの中から1つ選び，記号で答えよ。

　　　　　　　　　　　　　　　　　　　　　　　　　　　　　　　　[　　　　　　　]

　①　イギリスがムガル帝国を滅ぼした。

　②　シパーヒーの乱ともよばれるインド大反乱が起こった。

　③　イギリスが東インド会社を設立した。

　ア　①→②→③　　イ　①→③→②　　ウ　②→①→③

　エ　②→③→①　　オ　③→①→②　　カ　③→②→①

131 次の史料を読んで，あとの問いに答えなさい。（史料は現代文に訳しています）（京都・立命館高）

「天災がつづき，人々が飢饉でこまっているのは，幕府の政治が悪いからである。役人は重い年貢のうえに多くの御用金を取り立てるので，農民の苦しみはひどい。…そこで私は，有志とともに戦う決意をした。役人や大商人をたおし，かれらのもっている金や米で貧民を救う。」

(1)　下線部について，この「有志とともに戦う決意をした」人物の名前を答えよ。

　　　　　　　　　　　　　　　　　　　　　　　　　　　　　　　　[　　　　　　　]

(2)　この史料の反乱が起きる以前から欧米の船が日本近海にあらわれるようになった。これに対し幕府が1825年に出した命令を何というか，答えよ。　　　　　　[　　　　　　　]

(3)　この反乱と同じ年に，モリソン号が浦賀沖に来航した。これに対する幕府の対応を批判した蘭学者の組み合わせとして正しいものを，次のア〜エの中から1つ選び，記号で答えよ。[　　　　　]

　ア　杉田玄白・前野良沢　　イ　杉田玄白・高野長英

　ウ　渡辺崋山・前野良沢　　エ　渡辺崋山・高野長英

(4) この反乱の後，老中の水野忠邦は政治の改革を行った。その改革の内容として誤っているものを，次のア～エの中から1つ選び，記号で答えよ。 [　　　　]

ア 飢饉で江戸に出かせぎにきていた農民を農村へもどそうとした。

イ 寺院のぜいたくを禁止し，仏像・仏具などをすべて廃棄させた。

ウ 江戸・大阪周辺の土地を幕府の直轄地としようとした。

エ 物価の上昇をおさえるため，株仲間を解散した。

(5) この反乱の3年後，鎖国政策をとっていた中国(清)とイギリスが戦争を始めた。この戦争の名前を答えよ。 [　　　　]

---

132 次の文章を読んで，あとの問いに答えなさい。 (熊本・真和高)

1853年，アメリカ東インド艦隊司令長官①[　　　　]は，日本の開国を求める大統領の国書を，幕府に差し出しました。翌年，幕府は，ふたたび来航した①と②[　　　　]条約を結び，下田(静岡県)と函館(北海道)の2港を開き，アメリカ船に食料・水・石炭などを供給することを認めました。続いて幕府は，イギリス，オランダ，ロシアとも，同じような条約を結びました。

通商がさけられないと考えた大老③[　　　　]は，反対派の意見をおさえ，朝廷の許可を得ないまま，④[　　　　]条約を結び，函館・神奈川(横浜)・長崎・新潟・兵庫(神戸)の5港を開き自由な貿易を行うことを認めました。ついで幕府は，オランダ，ロシア，イギリス，フランスとも，ほぼ同じような条約を結びました。

(1) 文章中の①～④に適する人物および条約名を答えよ。

(2) 下の**資料**は文中の④条約によって始まった日本の貿易の様子を示している。**資料**中の　A　および　B　に適する品目の組み合わせとして正しいものを，次のア～エの中から1つ選び，記号で答えよ。 [　　　　]

	A	B
ア	生糸	紅花
イ	藍	毛織物
ウ	生糸	麻
エ	毛織物	生糸

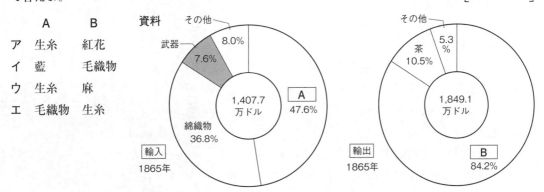

資料

輸入 1865年：武器 7.6%，その他 8.0%，A 47.6%，綿織物 36.8%（1,407.7万ドル）

輸出 1865年：茶 10.5%，その他 5.3%，B 84.2%（1,849.1万ドル）

(3) 文章中の④条約は日本にとって不平等な内容が含まれていた。1つは関税自主権がないこととともう1つは何か，答えよ。

[　　　　]

解答の方針

131 (5)清がイギリスからあるものの密輸を禁じたことがきっかけで起こった。

132 (3)この内容を撤廃することができたのは1894年のことである。

133 次のグラフは，1858 年から 1867 年までの 1 石あたりの米価の変動をあらわしたものです。
グラフを見て，問いに答えなさい。

（大阪・四天王寺高改）

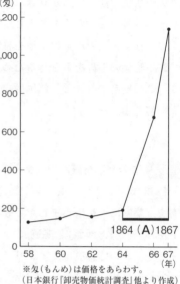

※匁（もんめ）は価格をあらわす。
（日本銀行『卸売物価統計調査』他より作成）

(1) グラフ中(A)の時期には，わずか 3 年の間に米価が約 6 倍に上
昇している。この時期に米価が上昇した背景について述べた文
の正誤を判断し，その組み合わせとして正しいものを，次のア
～カの中から 1 つ選び，記号で答えよ。

[　　　　　]

a 開港によって綿織物や茶などが輸出されるようになり，外
国から大量の貨幣が流入した。

b 幕府が，海外と国内の貨幣を交換する必要から，従来より
質を上げた貨幣を発行した。

c 株仲間が解散され，自由な取り引きが行われるようになり，
江戸に送られる米が激減した。

ア a－正 b－正 c－正

イ a－正 b－誤 c－正

ウ a－正 b－正 c－誤

エ a－誤 b－正 c－正

オ a－誤 b－正 c－誤

カ a－誤 b－誤 c－誤

(2) グラフの時期のできごとを，起こった順に並べたものを，次のア～エの中から 1 つ選び，記号で
答えよ。

[　　　　　]

ア 四か国艦隊下関砲撃 → 薩長連合 →
第二回長州征伐 → 大政奉還

イ 四か国艦隊下関砲撃 → 安政の大獄 →
薩長連合 → 王政復古の大号令

ウ 薩長連合 → イギリス艦隊鹿児島砲撃 →
桜田門外の変 → 大政奉還

エ 薩長連合 → 安政の大獄 →
四か国艦隊下関砲撃 → 王政復古の大号令

(3) 右の図は，グラフ中で米価が最も高くなっている時期に
各地でみられた，民衆が踊り騒ぐ様子を描いたものである。
おかげ参りの変形ともいわれるこのような現象を何という
か，答えよ。

[　　　　　]

134 次の問いに答えなさい。

(1) 次のア～エは，江戸時代に外国船が接近した時期から幕末における日本の出来事である。年代の古いものから順に記号で書け。 (福井県) [　→　 　→　 　→　]

ア 蘭学者が処罰される蛮社の獄が起こった。

イ 東インド艦隊司令長官ペリーが浦賀に来航した。

ウ 長州藩が関門海峡を通る外国船を砲撃した。

エ ロシア使節ラクスマンが根室に来航した。

(2) 日米和親条約が結ばれた年から版籍奉還が行われた年までの期間に起こった，次のア～エのできごとを年代の古い順に左から並べ，その記号を書け。 (愛媛県) [　→　 　→　 　→　]

ア 新政府軍と旧幕府軍との間で，鳥羽・伏見の戦いが起こった。

イ 坂本龍馬らの仲介で，薩長同盟が結ばれた。

ウ 尊王攘夷運動が高まる中，桜田門外の変が起こった。

エ イギリスと薩摩藩との間で，薩英戦争が起こった。

(3) 1867年，将軍が政権を朝廷に返すことを宣言した。この将軍の名前を書きなさい。また，その後の政治や社会の様子について当てはまるものを，あとのア～エの中から1つ選んで，その記号を書け。 (茨城県) 将軍[　　] 記号[　　]

ア 吉田松陰が，安政の大獄によって処罰された。

イ 函館・横浜・長崎で，外国人との貿易が始まった。

ウ 岩倉具視を全権大使とする使節団が，欧米諸国に派遣された。

エ 土佐藩出身の坂本龍馬らが，薩摩藩と長州藩の間を仲介し，薩長同盟を結ばせた。

(4) 戊辰戦争に関して，最後まで抵抗した旧幕府軍の指導者と抵抗した場所の正しい組み合わせを，次のア～エから1つ選べ。 (愛知・東海高) [　　]

ア 榎本武揚－函館

イ 榎本武揚－会津若松

ウ 勝海舟－函館

エ 勝海舟－会津若松

解答の方針

134 (1)幕末の歴史は，開国→尊王攘夷運動→倒幕運動(薩長同盟など)→大政奉還と王政復古の大号令→戊辰戦争という流れで押さえよう。

7 近代国家へのあゆみ

135 [新政府の方針]

次の問いに答えなさい。

1868年，新政府の方針が発表された。このとき発表された方針の一部としてあてはまるものを，次のア〜エの中から1つ選び，記号で答えよ。 [　　　　　]

ア 「和をもって貴しとし(貴しとなし)さからうことなきを宗とせよ(宗となせ)」

イ 「広ク会議ヲ興シ万機公論に決スヘシ」

ウ 「天皇ハ神聖ニシテ侵スヘカラス」

エ 「思想及び良心の自由は，これを侵してはならない。」

重要 136 [明治維新]

幕末から明治時代はじめのできごとについて，次の問いに答えなさい。

(1) 次の①，②の文は，幕末のできごとについて述べたものである。それぞれの文の内容が正しい場合は○を，誤りの場合は×を書け。 ①[　　　　　] ②[　　　　　]

① 井伊直弼は，江戸城桜田門外で暗殺された。

② 徳川慶喜は，王政復古の大号令を発した。

(2) 明治時代はじめに，政府は中央集権国家を確立するため，1869年に版籍奉還を，1871年に廃藩置県を行った。この2つの政策で行われたことを「土地と人民」，「府知事や県令」の2つの言葉を用いて，次の空欄を埋めるかたちで書け。

版籍奉還で，[　　　　　　　　　　　　　　　　　　　　　　　　　　　　]。

廃藩置県で，[　　　　　　　　　　　　　　　　　　　　　　　　　　　　]。

> ガイド (2)版は版図(藩の領地のこと)，籍は戸籍を指す。

137 [地租改正]

次の問いに答えなさい。

図1は，江戸幕府の直接の支配地からの年貢収入量を，図2は明治政府の収入のうち地租の額を示したものである。図1・図2を比較して，明治政府が地租改正を行った理由について，「地価」という語を用いて，「江戸時代の」という書き出しに続いて書きなさい。また，地租改正を実施したとき，土地の所有者に対して発行した証券を何というか，書きなさい。

図1

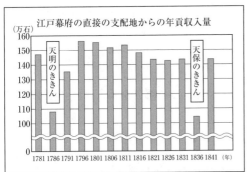

江戸幕府の直接の支配地からの年貢収入量

（「角川日本史辞典第二版」より作成）

図2

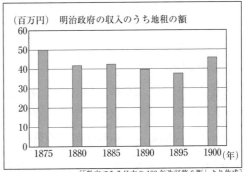

（「数字でみる日本の100年改訂第6版」より作成）

説明　江戸時代の［　　　　　　　　　　　　　　　　　　　　　　　　　　　　　　　　］

語句　［　　　　　　　］

138 [明治初期の諸改革]

次の明治はじめに行われた改革に関する資料1～3について，あとの問いに答えなさい。

資料1

> 土地の価格に従って課税するので，今後は豊作の年に増税を行わないのはもちろんだが，凶作の年であっても減税はいっさい認めない。

資料2

> 親は，いつくしみ育てる気持ちを強くもって，子どもを必ず学校に通わせるようにしなければならない。

資料3

> 海軍と陸軍の2軍を備え，全国の男児で20歳になったものすべてを兵とする。この兵を使って，まさかのときのために備えておかなければならない。

（資料1～3は『法令全書』より部分要約）

(1) 資料1～3について述べた文として，適切なものを，次のア～エの中からすべて選び，記号で答えよ。　　　　　　　　　　　　　　　　　　［　　　　　　　］

ア　資料1の政策で，凶作時における減税を約束するとともに官営工場をつくり，産業を発達させようとした。

イ　資料2の理念に基づき，6歳以上の男女に教育を受けさせることを定め，全国に小学校をつくらせた。

ウ　資料1の政策で，課税対象を変更して歳入の安定を図るとともに，資料3を示し，全国で兵を集めて近代的な軍隊をつくろうとした。

エ　資料2の理念により，小・中学校を義務教育と定めるとともに，資料3を示し，20歳以上の男女に兵役の義務を負わせた。

(2) 資料1～3の内容から考えられる，経済発展と軍事力の強化をもとに欧米諸国に負けない国づくりを目指した，明治政府の政策全体をあらわす最も適切な語句を，漢字4字で書け。

[　　　　　　　]

139 〉[近代国家]

次の文章は，ある生徒が郷土の歴史についてまとめたレポートの一部である。(1)～(3)の問いに答えなさい。

(1) 下線部aに関して，次の①，②の問いに答えなさい。

2018年は a 1868年(明治元年)から150年の節目の年でした。福島県内では「b 戊辰戦争150周年」と題された催し物が各地で行われました。私は家族とともに，いわき，白河，二本松，会津若松など戊辰戦争と関連の深い場所に出かけました。また，そこにある資料館などで，古代から現代までの地域の歴史にも触れることで，改めて郷土の歴史を学ぶことの大切さを感じました。次は， c 日本が近代国家へと移りかわっていった時期のことについても勉強したいと思います。

---

① 元号を明治に改めた1868年は何世紀か。数字で書きなさい。　　[　　　　　　　]

② 1868年に最も近い時期に世界で起きたできごととして適当なものを，次のア～エの中から1つ選びなさい。　　[　　　　　　　]

ア　アヘン戦争　　　イ　南北戦争

ウ　フランス革命　　エ　ロシア革命

(2) 下線部bに関して，右の写真は，この戦いの最後の舞台となった場所を写したものである。この場所がある現在の都道府県はどこか。書きなさい。

写真

[　　　　　　　]

(3) 下線部cに関して，この時期に政府の中心となった人物として，次のⅰ～ⅲのすべてにあてはまる人物は誰か。あとのア～エの中から1つ選びなさい。　　[　　　　　　　]

ⅰ　内閣総理大臣に就任した。

ⅱ　岩倉使節団に加わり，アメリカなどを視察した。

ⅲ　立憲政友会の結成式に中心的な役割を果たした。

ア　大隈重信　　　　イ　木戸孝允　　　　ウ　伊藤博文　　　　エ　板垣退助

重要 140 〉[西南戦争]

次の問いに答えなさい。

新政府の体制づくりに貢献したが，やがて新政府に不満をもつ士族におされて西南戦争の指導者となった人物はだれか。次のア～エの中から1人選び，記号で答えよ。　　[　　　　　　　]

ア　大久保利通　　イ　木戸孝允　　ウ　西郷隆盛　　エ　坂本龍馬

141 〉[憲法発布]

ゆう子さんは，長野県の歴史を示す資料に着目して，憲法が制定された過程について調べ，資料1〜3を用意しました。資料を読んで，あとの問いに答えなさい。

資料1

松本の奨匡社（しょうきょうしゃ）の代表松沢求策（まつざわきゅうさく）らが，長野県の総戸数の約1割に相当する署名を持ち，国会開設の請願書を政府に提出した。

(長野県史第7巻より作成)

資料2（一部要約）

日本国民は各自の権利自由を達成することができる。（略）

すべての日本国民は，華族・士族や平民の別を問わず，法律の前においては平等である。

資料3（一部要約）

第1条　大日本帝国は万世一系の天皇これを統治す。

第29条　日本臣民は法律の範囲内において言論著作出版集会及び結社の自由を有す。

(1) 資料1〜3について述べた文として，適切なものを，次のア〜エの中からすべて選び，記号で答えよ。　　　　　　　　　　　　　　　[　　　　　　]

ア　資料1のような国会開設を求める動きが全国に広がり，なかには憲法制定をめざした学習会を重ね，資料2に代表されるような憲法草案を作成する者もいた。

イ　資料3が発布された後に，全国各地で資料1のような国会開設を求める動きが起こった。

ウ　資料3は，アジアで最初に発布された憲法で，条文の多くは資料2の内容と同じであった。

エ　資料3では，主権は天皇にあると定められ，また第29条の権利は，「臣民の権利」として法律によって制限された。

(2) 資料3の名称を答えよ。　　　　　　　　　　　　[　　　　　　]

重要 142 〉[最初の選挙]

次の資料は，1890年に日本で初めて行われた国政選挙の投票風景を描いた絵です。これについて，あとの問いに答えなさい。

(1) ここに描かれているのは，どの議院の議員を選ぶ選挙についてのものか，次のア〜ウの中から1つ選び，記号で答えよ。　　　　　　[　　　　]

ア　貴族院議員

イ　参議院議員

ウ　衆議院議員

(2)　この選挙における有権者総数は，当時の日本の約何％であったか，次のア～エの中から1
つ選び，記号で答えよ。　　　　　　　　　　　　　　　　　　　　　[　　　　　]
　　ア　1.1%　　　イ　5.5%　　　ウ　20.0%　　　エ　48.7%

(3)　この選挙が行われる前年の1889年に起こった日本のできごとはどれか，次のア～エの中
から1つ選び，記号で答えよ。　　　　　　　　　　　　　　　　[　　　　　]
　　ア　板垣退助らが自由党を結成した。　　　イ　西南戦争が起こった。
　　ウ　大日本帝国憲法が発布された。　　　　エ　内閣制度ができた。

---

143 〉**[使節団の派遣]**

資料を見て，次の問いに答えなさい。

　右の資料は，1871年にアメリカやヨーロッパに派
遣された使節団の中心となった人々を撮影したもの
である。

(1)　この使節団に関する説明として誤っているもの
を，次のア～エの中から1つ選び，記号で答えよ。
　　　　　　　　　　　　　　[　　　　　]

　　ア　使節団には，大久保利通が加わっていた。
　　イ　使節団は，西南戦争後に日本を出発した。
　　ウ　使節団には，女子留学生が同行していた。
　　エ　使節団は，欧米諸国の政治のしくみなどを視察した。

(2)　写真中央にいるこの使節団の大使(代表)は誰か，答えよ。　　　[　　　　　　　]

---

144 〉**[条約改正の世論]**

次の資料はある事件を描いたものです。あとの問いに答えなさい。

1886(明治19)年，和歌山県沖で
イギリス船が沈没した。イギリス
人船長は，船員のイギリス人だけ
を助け，乗客の日本人は助けなか
った。このため，日本人25人全員
が水死した。

(1)　この事件の名称を答えよ。　　　　　　　　　　　　　　[　　　　　　　]

(2)　この事件がきっかけとなって，条約改正を求める世論が高まった。その理由を，不平等条
約の内容にふれながら簡潔に書け。

[　　　　　　　　　　　　　　　　　　　　　　　　　　　　　　　　　　　　　　　]

重要 145 〉[日清戦争]

次の問いに答えなさい。

(1) 1894年，日本は中国(清)との間で日清戦争を始め，1895年に勝利をおさめた。日清戦争の講和条約が結ばれた都市の名前を答えよ。　[　　　　　　　]

(2) この講和条約で日本が獲得した遼東半島は，のちに三国干渉によって清に返還することになる。このときの三国の組み合わせとして正しいものを，次のア～エの中から1つ選び，記号で答えよ。　[　　　　　　　]

　ア　ロシア・フランス・イギリス

　イ　ロシア・フランス・ドイツ

　ウ　アメリカ・フランス・イギリス

　エ　アメリカ・フランス・ドイツ

> ガイド 日清戦争の後，日本は講和条約によって**台湾・澎湖諸島・遼東半島**を獲得した。そのうち，遼東半島は中国の重要部だったため，中国への進出をねらっていた欧米列強の警戒をまねき，日本に清への返還を要求した。これが**三国干渉**であり，まだ国力の弱かった日本は従うしかなかった。

146 〉[日露戦争]

日露戦争について，次の問いに答えなさい。

(1) 日露戦争が起こる以前のできごとで，最も早く起こったできごとを，次のア～エの中から1つ選び，記号で答えよ。　[　　　　　　　]

　ア　福岡県で官営の八幡製鉄所が操業を開始した。

　イ　清で義和団事件が起きた。

　ウ　三国干渉を受け入れて遼東半島を清へ返還した。

　エ　朝鮮南部で甲午農民戦争が起きた。

(2) 右の資料は，日露戦争の講和会議の様子を表したものである。この講和のために，日本とロシアとの間を仲介した国はどこか。　[　　　　　　　]

(3) (2)の講和会議で結ばれた条約の名称を答えよ。　[　　　　　　　]

(4) (2)の講和会議の結果，結ばれた条約の内容として最も適するものを，次のア～エの中から1つ選び，記号で答えよ。　[　　　　　　　]

　ア　日本は，樺太の南半分(北緯50度以南)を得た。

　イ　日本は，台湾を得た。

　ウ　日本は，樺太と交換するかたちで，千島全島を得た。

　エ　日本は，琉球を国内に組み込んだ。

> ガイド (3)条約を結んだ土地の地名からつけられた。

147 〉[明治時代のできごと]

次の問いに答えなさい。　　　　　　　　　　　　　　　　　　　　　　　　（長崎県）

(1)　1853年のペリー来航について，開国を求められた江戸幕府は，翌年アメリカと条約を結び，
下田と函館を開港することとした。この条約を何というか。　　　［　　　　　　　　］

(2)　『学問のすゝめ』の中で，自由や平等の思想を説いた，右の　　写真
写真の人物は誰か。　　　　　　　　　［　　　　　　　　］

(3)　1874年〜1890年の期間における日本のできごとについて述
べたものとして，正しいものは次のどれか。　　［　　　　　］
　ア　五箇条の御誓文が発布された。
　イ　吉野作造が民本主義を唱えた。
　ウ　板垣退助らを中心に自由党が結成された。
　エ　幸徳秋水らを中心に社会民主党が結成された。

148 〉[八幡製鉄所]

次の文章を読んで，あとの問いに答えなさい。

　次のⅠの略年表は，官営の八幡製鉄所に関係する主な出来事についてまとめたものである。
Ⅱの略地図は，1899年における八幡と中国（清）の鉄鉱石の産出地（大冶鉄山）の位置を示した
ものである。Ⅲの略地図は，1907年における八幡製鉄所と炭田の位置を示したものである。

Ⅰ

西暦	主な出来事
1894	●日清戦争が始まった。
1895	●下関条約が締結された。
1896	●八幡に，官営製鉄所を建設する準備が正式に始まった。
1899	●福岡県内の炭坑を買収した。
	●大冶鉄山の鉄鉱石の長期購入契約が清と締結され，鉄鉱石が輸入できるようになった。
（A）	●製鉄所作業開始式が行われた。

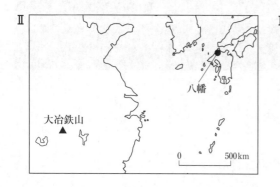

〔■炭田 ──鉄道〕

(1) (A)にあてはまる西暦年を答えよ。 [　　　]

(2) 官営の八幡製鉄所が，日本を代表する製鉄所となった理由について，Ⅰ～Ⅲの資料を活用し，立地に着目して，簡単に述べよ。

[　　　　　　　　　　　　　　　　　　　　　　　　]

ガイド (2)原料の調達の点から，八幡製鉄所の立地について考える。

149 [明治時代の経済と教育]
明治時代の経済と教育について，次の問いに答えなさい。

(1) 明治時代の日本のできごとにあてはまらないものを，次のア～エの中から1つ選び，記号で答えよ。 [　　　]

ア 都市部では，ランプやガス灯がつけられた。

イ 最初のメーデーが行われた。

ウ 新橋，横浜間に鉄道がしかれた。

エ 郵便制度が整えられた。

(2) 下の資料は，明治時代に出版され，人間の平等と自立を説き，多くの人々に影響を与えた書物の一部である。この書物を何というか，書け。 [　　　]

資料

　天は人の上に人を造らず，人の下に人を造らずといへり。されば天より人を生ずるには，万人は万人皆同じ位にして，生れながら貴賤上下の差別なく，…

(3) 明治時代の教育について述べた，次のア～エの文の中から，右の略年表のA～Cの時期にあたるものをそれぞれ1つずつ選び，記号で答えよ。

A[　　　]
B[　　　]
C[　　　]

ア 義務教育の年限が4年から6年に改められ，小学校の就学率が97％を超えた。

イ 教育勅語が発布され，教育のよりどころとされた。

ウ 小学校令により，義務教育が4年と定められた。

エ 学制により，6歳以上の男女がすべて小学校に行くことが定められた。

略年表

時代	おもなできごと
明治	明治政府の成立 ↕A 民撰議院設立の要求 ↕B 大日本帝国憲法の発布 ↕C 日露戦争

ガイド (3)義務教育は，学制で方針が示され，のちに小学校令が制定・改正されていくとともに，就学率もあがっていった。

最 高 水 準 問 題 ———————————————————— 解答　別冊 p. 28

150 ▶次の建造物の写真と説明文に対する問いに答えなさい。　　　　　　（京都・東山高改）

写真

説明文

　写真の富岡製糸場(左)とイギリスのマンチェスターの紡績工場(右)は資本主義発達の歴史における資料である。マンチェスターは産業革命の故郷で，イギリスの産業革命は伝統的な繊維産業と製鉄部門でまず進展し，蒸気機関が全分野の動力源になった。この時代のイギリスは「世界の（　A　）」といわれた。

　<u>富岡製糸場は群馬県富岡に設立された官営模範工場</u>として有名である。幕末の開港当時，生糸は最も重要な日本の輸出品であった。急増する需要に応じるため，伊藤博文や（　B　）が中心となり日本の近代工場のモデルとして操業を開始した。優良品が多く，翌年のウィーン万国博覧会に出品されてトミオカ・シルクの名を高めた。

　1893 年に三井に払い下げられ，1938 年片倉製糸へ譲渡されて現在(片倉工業)にいたっている。

(1)　文中の（　A　）にあてはまる言葉を，漢字 2 字で答えよ。　　　　　［　　　　　　　］

(2)　文中の（　B　）にあてはまる人物で正しいものを，次のア〜エの中から 1 つ選び，記号で答えよ。

　　　　　　　　　　　　　　　　　　　　　　　　　　　　　　　　　　　［　　　　　］

　ア　渋沢栄一　　イ　前島密　　ウ　陸奥宗光　　エ　山県有朋

(3)　下線部について，なぜ富岡に製糸工場が建てられたのか。その地理的理由を説明せよ。

［

　　　］

151 ▶次の文章を読んで，あとの問いに答えなさい。　　　　　　　　　（東京・明星高改）

　明治時代に入り，蝦夷地は北海道と改称され，①<u>北海道外からの移住政策が推し進められた。</u>②<u>土地を耕しながら兵士の役割も果たす住民</u>を配置したり，炭坑を開発したりしたほか，農業関係の学校を開いてアメリカの技術をとりいれた農業を進めるなど，さまざまな開拓事業を行った。

(1)　文中の下線部①について，1869 年，北海道内の諸政策を担当する役所が置かれたが，それは何か，漢字で答えよ。　　　　　　　　　　　　　　　　　　　　　　　　　　［　　　　　　　　　］

(2)　文中の下線部②について，このような住民を何というか，漢字で答えよ。

　　　　　　　　　　　　　　　　　　　　　　　　　　　　　　　　　　　［　　　　　　　　　］

（東海大山形高）

152 ▶ラフを見て，あとの問いに答えなさい。

(1) グラフⅠは江戸時代の身分別人口構成で，グ
ラフⅡは明治時代のものである。(A)に入る適当
な語句を答えよ。

[　　　　　　　　　]

難(2) グラフⅡの新しい身分制度ができた頃，明治
政府は様々な改革をあわせて行ったが，その内
容として誤っているものを，次のア～エの中か
ら1つ選び，記号で答えよ。

[　　　　　　　]

ア 土地の価格を定め，税率をその3％とした。
イ 各地に官営工場を建て，近代産業を育てよ
うとした。
ウ 徴兵令を出し，20歳以上の男子に兵役を義務付けた。
エ 学制を定め，中学校までを義務教育とした。

(3) グラフⅡの士族は，江戸時代に持っていた特権を次々に奪われたこともあり，各地で反乱を起こ
した。西郷隆盛を中心に4万人が参加したといわれる最大の反乱を何というか。答えよ。

[　　　　　　　　　　　]

身分人口割合

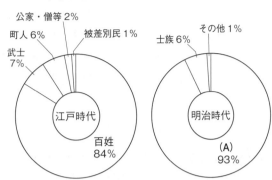

153 ▶ 近代の政界で活躍した板垣退助について，次の問いに答えなさい。 （大阪・上宮高改）

(1) 板垣退助はどの藩の出身だったか，次のア～エの中から1つ選び，記号で答えよ。

[　　　　　　　]

ア 薩摩藩　　イ 長州藩
ウ 土佐藩　　エ 肥前藩

難(2) 板垣退助について述べた文として誤っているものを，次のア～エの中から1つ選び，記号で答え
よ。

[　　　　　　　]

ア 士族や地方の豪農たちの支持を得て，自由党を結成した。
イ 初の政党内閣を組織して，総理大臣となった。
ウ 民撰議院開設の要求を政府に出した。
エ 征韓論争に敗れて，政府を去った。

解答の方針

150 (3)製糸工場は**生糸**を生産する工場である。一般に，工場を建設する場所を選ぶにあたっては，十分な用
地があるか，工場の動力が確保されるか，製品の原料が得られるか，などが決め手となる。

152 (1)明治時代には，四民平等の世となった。

154 次の問いに答えなさい。　　　　　　　　　　　　　　　　　　（石川・星稜高）

政府は 1890 年に第 1 回衆議院議員選挙を実施し，第 1 回帝国議会を開いた。このことに関して誤っているものを，次のア〜エの中から 1 つ選び，記号で答えよ。　　　　[　　　　　]

ア　選挙できるのは，国に 15 円以上の税金を払ったものである。

イ　この時に選挙できたのは，総人口のわずか 1 ％程度であった。

ウ　帝国議会は，衆議院と参議院の二院制である。

エ　選挙の結果，民党が多くの議席を獲得した。

155 次の文章を読んで，あとの問いに答えなさい。　　　　　　　　（東京・開成高改）

明治政府は幕末に欧米諸国との間で結ばれた不平等条約の改正のため様々な努力を重ねました。1871 年には（　ⓐ　）を全権大使とする使節団を欧米に派遣したり，欧米人をもてなし舞踏会を開くなどの欧化政策を実施しましたが，実を結びませんでした。しかし，1894 年，（　ⓑ　）の開戦直前にＡイギリスとの交渉に成功し，領事裁判権が撤廃されることになりました。

また，明治政府は中国，朝鮮との関係作りや国境の画定にも取り組み，Ｂアヘン戦争敗北後に欧米と不平等条約を結んでいた中国とは 1871 年に対等な立場で条約を結びました。しかし，明治政府と朝鮮や琉球の間では様々な問題が生じ，朝鮮には 1876 年に不平等条約を結ばせ，琉球は 1872 年に藩を置いた後，1879 年に沖縄県を設置して日本の領土としました。また 1876 年には小笠原諸島の日本への帰属が決まりました。北方では 1875 年にＣロシアと，樺太・千島交換条約を結びました。

(1)　空欄の（　ⓐ　），（　ⓑ　）にあてはまる人名や語句を答えよ。

　　　　　　　　　　　　　　　　ⓐ[　　　　　　　　　]　ⓑ[　　　　　　　　　]

(2)　下線部Ａについて，次の問いに答えよ。

　①　条約改正に応じたイギリス側の事情を句読点も含めて 30 字以内で述べよ。

　　[　　　　　　　　　　　　　　　　　　　　　　　　　　　　　　　　　　　]

　②　次の条約改正について文の空欄Ⅰ〜Ⅲにあてはまる語句を答えよ。

　　1894 年，外相のⅠ[　　　　　　　]が日英通商航海条約の締結に成功し，領事裁判権が撤廃された。しかし，Ⅱ[　　　　　　　]を回復し，欧米と対等の立場になるのは外相のⅢ[　　　　　　　　　]が日米新通商航海条約の締結に成功した 1911 年のことであった。

(3)　下線部Ｂについて，アヘン戦争後にイギリスと中国が結んだ条約の名前を漢字で答えよ。また，イギリスはこの条約で中国から譲られた場所を 1997 年まで支配していたが，その場所の名前を漢字で答えよ。　　　　　　　　　　　　　　条約名[　　　　　　　　　]

　　　　　　　　　　　　　　　　　　　　　　　　　　　　場所[　　　　　　　　　]

(4)　下線部Ｃについて，この条約以前の日本とロシアの国境は（　ⓒ　）と（　ⓓ　）の間に引かれていました。（　ⓒ　），（　ⓓ　）にあてはまる場所を次のア〜オの中からそれぞれ 1 つずつ選び，記号で答えよ。　　　　　　　　　　ⓒ[　　　　　]　ⓓ[　　　　　]

ア　国後島　　イ　ウルップ島　　ウ　色丹島

エ　歯舞群島　　オ　択捉島

156 次のA・Bの文章を読んで，あとの問いに答えなさい。 〔東京・明星高改〕

A　1894年，封建政治と外国の圧迫に苦しんだ朝鮮の農民は，自国の民間信仰をもとにした宗教団体である　あ　党のもとに団結して反乱を起こした。この反乱を鎮圧するため，(a)日本と清国の両国は朝鮮へ軍隊を派遣し，それを契機として日清戦争が起こった。(b)その戦争に日本が勝利したことによって，清国の弱さが明らかになると，欧米の列強諸国は清国に対して帝国主義的な侵略を行い，(c)それぞれの地域に自分たちの勢力範囲を設定していった。これらを背景に，清国では（　1　）とよばれる団体を中心に外国人排斥運動が起こり，1900年には（　2　）に進出して列国の公使館をおそった。しかし，日本とロシアを主力とする8か国によって連合軍が組織され，その反乱は鎮圧された。この結果，清国は各国に多額の賠償金を支払い，軍隊を置く権利を承認させられ，列強諸国の圧迫をいっそう強くうけて植民地化が進むようになった。

(1)　文中の空欄　あ　に適する語句を，漢字2字で答えよ。　　　　　　　［　　　　　　　　　］

(2)　文中の空欄（　1　）・（　2　）に適する語句の組合せとして正しいものを，次のア～エの中から1つ選び，記号で答えよ。　　　　　　　　　　　　　　　　　　　　　　［　　　　　　　　　］

　　ア　1－血盟団　2－北京　　　イ　1－血盟団　2－南京
　　ウ　1－義和団　2－北京　　　エ　1－義和団　2－南京

(3)　下線部(a)について，日本と清国の間には1885年，朝鮮に出兵する場合にはお互いに事前に通告することなどを定めた条約が結ばれているが，この条約を何というか，答えよ。
　　　　　　　　　　　　　　　　　　　　　　　　　　　　　　　　　　　　［　　　　　　　　　］

(4)　下線部(b)について，この戦争の講和条約の内容として誤っているものを，次のア～エの中から1つ選び，記号で答えよ。　　　　　　　　　　　　　　　　　　　　　［　　　　　　　　　］

　　ア　清国は朝鮮を完全な独立国として認めた。
　　イ　清国は満州に建設していた鉄道の一部や炭鉱などを日本に譲った。
　　ウ　清国は台湾全島およびその付属諸島などを日本に譲った。
　　エ　清国は軍備賠償金として多額のお金を日本に支払った。

(5)　下線部(c)について，1900年の時点で中国に勢力範囲を設定していなかった国として正しいものを，次のア～エの中から1つ選び，記号で答えよ。　　　　　　　　　　　［　　　　　　　　　］

　　ア　ロシア　　イ　フランス　　ウ　ドイツ　　エ　オランダ

B　日本は，日清戦争後に行われた(d)三国干渉からロシアに対する反感を強め，ロシアを仮の敵国と考えて軍備の増強につとめた。一方，ロシアは軍隊を増強して満州の侵略を進め，さらに朝鮮半島まで進出するなど，いわゆる（　3　）政策を展開していた。ロシアのそのような政策はイギリスの外交政策を転換させ，日本に接近してロシアに対抗しようという意識を強めさせた。その後，イギリスと軍事同盟を結んだ日本は1904年，ロシアと戦争を開始した。両国は満州を中心に激しく戦い，多くの死傷者を出したが，結果的に戦局は日本側に有利にすすみ，アメリカのなかだちによって　い　条約が結ばれた。日露戦争後，(e)ロシアの勢力を一掃した日本は朝鮮半島の支配を徐々に進めた。1909年に（　4　）がハルビンで暗殺されると翌年には韓国併合条約が結ばれた。

(6)　文中の空欄　い　に適する地名を答えよ。　　　　　　　　　　　　［　　　　　　　　　］

解答の方針

154 最初のころの**帝国議会**は，政府側に立つ政党の総称である**吏党**と，立憲自由党や改進党など改革派の**民党**がはげしく対立した。民党は財政の節約や民衆の負担の軽減を求めて，選挙戦に臨んだ。

(7) 文中の空欄（　3　）・（　4　）に適する語句の組合せとして正しいものを，次のア〜エの中から1つ選び，記号で答えよ。　　　　　　　　　　　　　　　　[　　　　　　]

ア　3－南下　4－大久保利通

イ　3－南下　4－伊藤博文

ウ　3－北進　4－大久保利通

エ　3－北進　4－伊藤博文

(8) 下線部(d)について，これによって日本が返還した地域を，右の地図中のア〜エの中から1つ選び，記号で答えよ。

[　　　　　　]

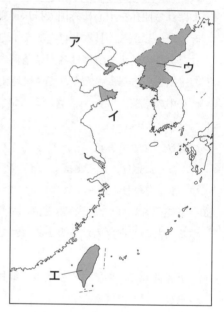

(9) 下線部(e)について，この時期の日本の朝鮮支配に関して述べた次の文Ⅰ・Ⅱの正誤の組合せとして正しいものを，あとのア〜エの中から1つ選び，記号で答えよ。

[　　　　　　]

Ⅰ　内政や外交を監督するための機関として，韓国統監府が設置された。

Ⅱ　軍隊を解散させられた兵士たちは，農民とともに日本の支配に抵抗する義兵運動を行った。

ア　Ⅰ－正　Ⅱ－正

イ　Ⅰ－正　Ⅱ－誤

ウ　Ⅰ－誤　Ⅱ－正

エ　Ⅰ－誤　Ⅱ－誤

難 **157** 次の紙幣を見て，問いに答えなさい。　　　　　　　　　　　　　（大阪星光学院高）

右の紙幣に描かれている人物は「中国革命の父」と呼ばれる孫文である。孫文について正しく述べた文を，次のア〜エの中から1つ選び，記号で答えよ。

[　　　　　　]

ア　孫文は東京で中国同盟会をつくり，三民主義をかかげ，これを革命運動の基本方針とした。

イ　孫文は清朝の滅亡と同時に中華民国の建国を宣言し，自らは皇帝に就任した。

ウ　孫文は日本が提出した二十一か条の要求の大部分を拒否したため，これを理由に満州事変が起こった。

エ　孫文は五・四運動をきっかけに中国共産党をつくり，袁世凱と協力して革命運動を進めた。

158 次のグラフを見て，この時期の日本についての問いに答えなさい。 　　　　　　　　　　　　　　　　　　　　　　　　　　　（千葉・成田高改）

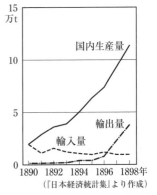

(1) このグラフはある産業の生産量と貿易の変化を表したものである。その産業を，次のア〜エの中から1つ選び，記号で答えよ。　　　　　　　　　　　　　　　　　　　　　　　　　　　[　　　　]

　　ア　綿糸　　イ　生糸　　ウ　石炭　　エ　鉄

(2) グラフで示された時期の説明として誤っているものを，次のア〜エの中から1つ選び，記号で答えよ。　　　　　　　　　[　　　　]

　　ア　三井・三菱・住友・安田などの資本家が，金融・貿易・鉱山業などの多角経営を行って財閥に成長した。

　　イ　資本主義の発達とともに工場労働者が増加したが，特に繊維産業で働く女性は低賃金・長時間労働に従事した。

　　ウ　渡良瀬川流域で足尾銅山の鉱毒問題が発生し，代議士の田中正造が議会で政府を追及した。

　　エ　アメリカで始まった世界恐慌が日本経済に打撃を与え，農村では農産物の価格が暴落したり，都市で多くの人々が失業した。

(3) 1890年の出来事を，次のア〜エの中から1つ選び，記号で答えよ。　　　　　　　　　[　　　　]

　　ア　内閣制度が創設される。　　　イ　大日本帝国憲法が発布される。

　　ウ　第1回帝国議会が開かれる。　エ　自由党が結成される。

(4) 日清戦争後の日本で，急速に栽培が進んだ作物を，次のア〜エの中から1つ選び，記号で答えよ。　　　　　　　　　　　　　　　　　　　　　　　　　　　[　　　　]

　　ア　わた　　イ　くわ　　ウ　麻　　エ　あい

(5) 日露戦争後の1906年に設立されたものを，次のア〜エの中から1つ選び，記号で答えよ。　　　　　　　　　　　　　　　　　　　　　　　　　　　[　　　　]

　　ア　富岡製糸場　　イ　八幡製鉄所　　ウ　大阪紡績会社　　エ　南満州鉄道

159 この作品を作曲した人物を，次のア〜エの中から1人選び，記号で答えなさい。 　（鹿児島・樟南高）　　[　　　　]

　　ア　高村光雲
　　イ　黒田清輝
　　ウ　滝廉太郎
　　エ　夏目漱石

解答の方針

158 (4)綿糸の原料は輸入に依存していたが，生糸の原料は国産で調達できた。

159 この作品は「荒城の月」。

8 二度の世界大戦と日本

標 準 問 題 ———————————————————————— 解答 別冊 p.30

160 [第一次世界大戦]

第一次世界大戦について，次の問いに答えなさい。

(1) 第一次世界大戦が始まった背景について述べた文として最も適当なものを，次のア〜エの
中から1つ選び，記号で答えよ。 [   ]

ア 朝鮮半島では，経済の混乱が深まる中で甲午農民戦争が起こり，これをきっかけに周辺
の国が兵を派遣した。

イ バルカン半島では，ロシアが支持するセルビアと，ドイツの支援を受けたオーストリア
との間で対立が深まっていた。

ウ ヨーロッパでは，イギリスなどがドイツに妥協し領土拡大を認めて戦争を避けようとし
たが，ドイツはポーランドに侵攻した。

エ アジアでは，長く満州に軍隊をとどめていたロシアと，ロシアの南下に対抗するため日
英同盟を結んだ日本とが対立していた。

(2) 右の**資料**は，第一次世界大戦中に兵器工場で働く労働者のよう
すである。この資料にもとづいて，第一次世界大戦の特徴を説明
せよ。

資料

[

]

(3) 第一次世界大戦中に日本で起きたできごととして正しいものを，次のア〜エの中から1つ
選び，記号で答えよ。 [   ]

ア 米騒動　　　　イ 国家総動員法の制定

ウ 五・一五事件　　エ 治安維持法の制定

(4) 第一次世界大戦中の大正4（1915）年に，日本政府が次の資料の内容を含む文書を中国政府
に提出した。この文書を何というか。その名称を書け。 [   ]

> 一．中国政府は，ドイツが山東省にもっているいっさいの権利を日本にゆずる。
> 一．日本の旅順・大連の租借の期限，南満州鉄道の期限を99か年延長する。
> （リュイシュン）（ターリエン）（そしゃく）

ガイド (2)写真が女性ばかりである点に注意しよう。なぜ男性がいないのか，男性はどこへ行っているのかを
考える。

161 [米価高騰の原因]

次のグラフを見て，問いに答えなさい。

　右のグラフは，第一次世界大戦が起こった後の東京における米1石の価格の変動を表したものである。この価格の変動の原因には，外国で起きた革命に対して日本がとった軍事的な行動があった。その軍事的な行動を何というか，書け。

[　　　　　　　　]

グラフ

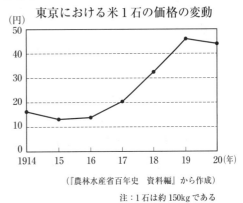

東京における米1石の価格の変動

（『農林水産省百年史　資料編』から作成）

注：1石は約150kgである

ガイド　1914年は**第一次世界大戦**が始まった年，1917年は**ロシア革命**が起こった年，1918年はドイツの**降伏**により第一次世界大戦が終わった年である。

重要 162 [国際協調の動き]

次の問いに答えなさい。

(1)　第一次世界大戦が終わった翌年，戦後処理のためのパリ講和会議が開かれたが，この会議について述べた文として誤っているものはどれか，次のア〜エの中から1つ選び，記号で答えよ。　　　　　　　　　　　　　　　　　　　　　　　　　　[　　　　　　　]

ア　ロシア代表として参加したレーニンは民族自決の考えを提案した。

イ　敗戦国であるドイツは，巨額の賠償金の支払いを命じられた。

ウ　日本は，中国におけるドイツの権益を引き継ぐことを認められた。

エ　平和を守る最初の国際機構として国際連盟の設立が決まった。

(2)　国際連盟についての説明のうち，適切なものはどれか。次のア〜エの中から1つ選び，記号で答えよ。　　　　　　　　　　　　　　　　　　　　　　　　[　　　　　　　]

ア　ニューヨークに本部が置かれ，新渡戸稲造が事務局次長となった。

イ　アメリカのルーズベルト大統領の提案にもとづいて設立された。

ウ　中国，イギリス，フランス，イタリア，日本が常任理事国となった。

エ　ドイツ，ソ連は設立当初除外されたが，その後加盟した。

(3)　国際連盟が設立された翌年，ワシントン会議が開かれた。ワシントン会議の決定にもとづくことがらを述べた文として最も適当なものを，次のア〜エの中から1つ選び，記号で答えよ。　　　　　　　　　　　　　　　　　　　　　　　　　　　　　[　　　　　　　]

ア　日本は，ロシアに樺太(サハリン)の領有を認め，千島全島を日本領とした。

イ　日本は，山東省の権益を中国に返し，海軍の軍備も制限された。

ウ　日本は，旅順・大連の租借の期限を延長することが認められた。

エ　日本は，満州国の不承認と占領地からの引き上げを勧告された。

ガイド　(2)日本は常任理事国になった。提案したアメリカは，議会の反対にあって参加できなかった。
　　　(3)アメリカ，日本，イギリス，フランス，イタリアなど9か国が参加した。

163 ▷ **[20世紀初頭のアジア]**

次の問いに答えなさい。

(1) 次のア～エは，1900年代はじめのころの中国に関するできごとである。古い順に並べかえ，記号で答えよ。　　　　　　　　　　　[　　　→　　　→　　　→　　　]

ア　辛亥革命により中華民国が建国された。

イ　義和団が北京の外国公使館を包囲した。

ウ　日本から二十一か条の要求が出された。

エ　帝国主義に反対する五・四運動が起こった。

(2) 1919年にパリで講和会議が開かれている時期に，朝鮮では，民族自決の考えに影響をうけた人々が，独立と民族の自由を求めて大規模な運動を展開したが，この運動を何というか。

[　　　　　　　　　　　]

(3) 右は，インドで第一次世界大戦後に指導者として活躍した人物の写真である。この人物はだれか。

[　　　　　　　　]

(4) (3)の人物について述べた文とし最も適当なものを，次のア～エの中から1つ選び，記号で答えよ。　　[　　　　]

ア　三民主義をかかげ，近代的国家をつくる運動の中心となった。

イ　完全な自治を求め，非暴力・不服従の抵抗運動を起こした。

ウ　労働者・農民・兵士の代表会議(ソビエト)を指導した。

エ　大規模な公共事業などを行うニューディール政策をとった。

164 ▷ **[近代の日本と国債]**

次の表は，1885年から1915年までの日本の国債残高を表したものです。これを見て，あとの問いに答えなさい。

(1) 明治政府の国家財政は国債に大きく依存していた。表を見ると，1900年から1905年にかけて国債残高の急激な増加が見られる。その理由を，簡潔に説明せよ。

[　　　　　　　　　　　　　　　　　　　　　]

(2) 表に見られるように1915年に国債残高が減少している。当時の日本の政治や経済の様子として，誤っているものを，次のア～エの中から1つ選び，記号で答えよ。　　　　　　　　[　　　　]

ア　第一次世界大戦により，大戦景気がおきた。

イ　中国に対し二十一か条の要求を出した。

ウ　米の値段が急激に下がり，米騒動が広がった。

エ　船舶や鉄鋼などを生産する，重工業が成長した。

表　　　　　**日本の国債残高**

西暦 (年)	国債残高(円)	5年間の 伸び率(%)
1885	231,255,000	
1890	243,236,000	5.2
1895	341,759,000	40.5
1900	486,464,000	42.3
1905	1,870,386,000	284.5
1910	2,650,355,000	41.7
1915	2,489,234,000	− 6.1

(『総務省統計局統計データ』より作成)

重要 165 **[大正時代の社会運動と文化]**

次の問いに答えなさい。

(1) 次の文が示す，大正時代の社会的風潮を何と呼ぶか，語句で答えよ。

[　　　　　　　　]

> 民衆の政治への関心の高まりを背景に，各方面で広まった民主主義や自由主義などを求める社会的風潮。

(2) (1)が広まったころ，民衆の意見を政治に反映させる民本主義を主張した政治学者はだれか。その人物名を答えよ。[　　　　　　　　]

(3) 大正時代の社会運動の様子について述べた文として，誤っているものを，次のア～エの中から1つ選び，記号で答えよ。[　　　　　　　　]

ア　平塚らいてうたちによって，女性の地位向上や参政権の獲得をめざす運動が展開された。

イ　農村では，小作料の引き下げを求める小作争議が繰り広げられ，全国組織も結成された。

ウ　全国水平社が結成され，人間としての平等や差別からの解放をめざす運動がすすめられた。

エ　団結権を認めた労働組合法が制定され，労働条件の改善を求める労働争議が活発化した。

(4) 大正時代のころの生活や文化の説明として，最も適しているものを，次のア～エの中から1つ選び，記号で答えよ。[　　　　　　　　]

ア　都市では，ランプやガス灯が使われ始め，洋服や西洋料理が流行した。

イ　アメリカ人のフェノロサが岡倉天心と協力して日本美術の復興・普及に努めた。

ウ　発行部数が100万部をこえる新聞が出現し，演劇や映画等が大衆の娯楽として普及した。

エ　冷蔵庫などの三種の神器とよばれる電化製品が普及し，人々の生活は向上した。

(5) 次のうち，交通・通信制度の近代化が進む中で，大正時代に日本ではじめて行われたことがらとして適しているものを，ア～エの中から1つ選び，記号で答えよ。[　　　　　　　　]

ア　鉄道が開業された。

イ　郵便制度が始められた。

ウ　電信が始められた。

エ　ラジオ放送が開始された。

ガイド (1)「民主主義」を英語にした言葉が入る。

166 **[原敬内閣と普通選挙法]**

次の問いに答えなさい。

(1) 1918年，原敬が内閣を組織したが，この内閣は，内閣総理大臣やほとんどの閣僚の出身において，これまでの内閣と異なっていた。どのように異なっていたか，「藩閥」，「衆議院」，「立憲政友会」の3つの語句を用いて，簡潔に説明せよ。

[　　　　　　　　　　　　　　　　　　　　　　　　　　　]

(2)　1925年に成立した普通選挙法において，選挙権が与えられる資格はどのようなものだったか，簡潔に書け。

[　　　　　　　　　　　　　　　　　　　　　　　　　　　　　　　　　　　　　　]

(3)　(1)や(2)のころの世界の政治の様子で，正しいものを，次のア〜オの中から2つ選び，記号で答えよ。　　　　　　　　　　　　　　　　　　　[　　　][　　　]

ア　ワシントン会議が開かれ，海軍の軍備の制限とアジア・太平洋地域の平和維持が決められた。

イ　第一次世界大戦後，イギリスとフランスの2国間でベルサイユ条約が結ばれた。

ウ　アメリカ大統領ウィルソンの提案にもとづき，国際連盟が設立され，日本は常任理事国になった。

エ　レーニンを指導者にロシア革命が起こり，世界初の資本主義国家が誕生した。

オ　中国では明が倒れ，三民主義をとなえた袁世凱を臨時大統領として，中華民国が建国された。

> ガイド　(2)1925年の普通選挙法により，有権者数は以前の4倍になった。

重要 167 [世界恐慌]

次の問いに答えなさい。

1929年，ニューヨークでの株価大暴落をきっかけにして世界恐慌が起こった。この恐慌をのりきるために，アメリカのルーズベルト(ローズベルト)大統領が行った政策の名前を何というか，書け。また，その政策の特色を書け。　　　名前[　　　　　　　　　]

特色[　　　　　　　　　　　　　　　　　　　　　　　　　　　　　　　　　　　]

168 [世界恐慌の影響]

次ページのグラフは，1913年から1937年までの世界の工業生産額の総額に占めるイギリス，アメリカ合衆国，ソ連(ロシア)，ドイツそれぞれの工業生産額の割合(%)の推移を示したものです。次の問いに答えなさい。

(1)　次のア〜ウで説明された国に当たるものを，次ページの図の a 〜 c の中からそれぞれ1つずつ選び，記号で答えよ。　　　ア[　　　] イ[　　　] ウ[　　　]

ア　この国は，第一次世界大戦後，世界の工業生産額に占める割合が高まったが，世界恐慌が始まるとその割合は低下した。

イ　この国は，第一次世界大戦前，イギリスを上回る工業生産額であったが，第一次世界大戦の敗戦により多額の賠償金を要求され，世界の工業生産額に占める割合が落ち込んだ。

ウ　この国は，レーニンの指導のもと社会主義国家となり，革命後は世界の工業生産額に占める割合が大きく落ち込んだが，世界恐慌の影響が少なく，その後急速にその割合を高めた。

(2) 右の図より，イギリスも世界恐慌の影響を受けていたことがわかる。世界恐慌に対して，イギリスのとった経済政策を何というか，書け。また，世界恐慌に対して，イギリスと同じ経済政策をとったヨーロッパの国はどこか。その国名を書け。

政策 [   ]

国名 [   ]

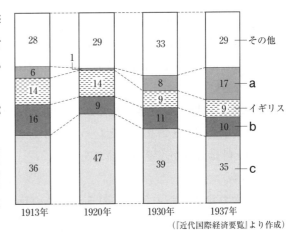

（『近代国際経済要覧』より作成）

(3) 世界恐慌の影響で日本に起こった事象として正しいものを，次のア～エの中から1つ選び，記号で答えよ。 [   ]

ア　特に米の値段が上がり，米の安売りを求める動きが全国に広がった。

イ　外国からの大量の軍事物資の注文により，急速な経済発展をとげた。

ウ　深刻な不況となり，失業者が増大し，ストライキなどの労働争議が増えた。

エ　世直しを期待して，一揆や「ええじゃないか」と言って踊りまわるさわぎが起こった。

ガイド　(2)本国と植民地の結びつきを強め，他国の商品が自分たちの経済圏に入らないようにした。

---

169 ▷ [大正後期～昭和前期の経済]

次のグラフを見て，あとの問いに答えなさい。

右のグラフは，1920年から1940年までの，日本の製造工業生産額と労働争議件数の推移を示したものである。グラフを参考にして，この時期の経済などの様子について正しいものを，次のア～エの中から1つ選び，記号で答えよ。 [   ]

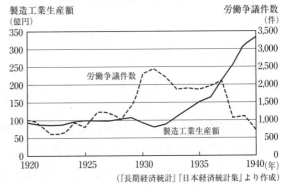

グラフ　製造工業生産額と労働争議件数の推移

（『長期経済統計』『日本経済統計集』より作成）

ア　第一次世界大戦直後，産業革命の時代をむかえた日本は，紡績業，製糸業などの軽工業を中心に大幅に製造工業生産額を伸ばした。

イ　アメリカでは，1920年代末に株式市場が暴落し，深刻な不況に陥った。この経済の混乱は世界に広まり，日本の経済も打撃を受けて労働争議が多く発生した。

ウ　1930年代半ばの日本は，イギリスやフランスなどがとった経済政策の影響を受けたために輸出が伸びず，製造工業生産額も低迷したままであった。

エ　1930年代末には世界は国際協調の時代に入り，日本の製造工業は発展した。しかし，物価も上昇したため，労働争議が増加した。

170 [1930年代の政治]

次の図は，1937年に発行された雑誌に掲載された絵です。この絵は，軍人の靴と国会議事堂を描くことによって，当時の政治の状況を象徴的に示しています。これに関して，あとの問いに答えなさい。

(1) 1936年に陸軍の青年将校らが，首相官邸などを襲撃し，国会議事堂周辺を占拠するという事件が起こった。この事件は何と呼ばれるか。その呼び名を書け。

[　　　　　　　　　]

(2) 日本で起こったできごとのうち，この雑誌が発行された1937年より前に起こったものはどれか。次のア～エの中から1つ選び，記号で答えよ。[　　　　　　]

ア 国家総動員法が制定される。

イ 治安維持法が制定される。

ウ 日独伊三国同盟が結ばれる。

エ 大政翼賛会が結成される。

ガイド (1)事件のおきた日付のついた呼び名である。

重要 171 [日中戦争]

日中戦争について，次の問いに答えなさい。

(1) 日中戦争のきっかけになった日中両軍の衝突がおきた場所を，右の略地図中のア～エの中から1つ選び，記号で答えよ。また，この衝突事件を何というか，答えよ。

場所[　　　　　　]

事件名[　　　　　　]

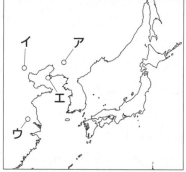

(2) この時期の日本のできごととして適切でないものを，次のア～エの中から1つ選び，記号で答えよ。

[　　　　　　]

ア 男子普通選挙実現と同時に治安維持法が成立した。

イ 日独伊三国同盟を結び，結束を強化した。

ウ 政党政治を倒そうとする五・一五事件が起こった。

エ 国際連盟を脱退して，国際的に孤立した。

(3) 日中戦争が長期化すると，日本では戦時体制が強められ挙国一致の政治体制がつくられていった。挙国一致の政治体制をつくるため，どのような政治的な動きがあったか。次の3つの語句を用いて書け。

解散　　結成　　議会

[

重要 172 〉[第二次世界大戦]
次の問いに答えなさい。

次のア～エは，第二次世界大戦のころのできごとである。古い順に並べ替え，記号で答えよ。

[　　→　　→　　→　　]

ア　アメリカ軍が沖縄に上陸を始めた。
イ　太平洋戦争が始まった。
ウ　ポツダム宣言が発表された。
エ　日独伊三国同盟が結ばれた。

173 〉[戦時下の生活]
次の問いに答えなさい。

千春さんは，太平洋戦争のころに撮影された写真から，当時の学生や子どもたちがどのような状況にあったか説明しようと考えた。下の①・②の写真からわかることを，それぞれ30字程度で説明せよ。

①

学徒出陣壮行式
（1943年10月21日明治神宮外苑）

②

集団疎開の列車に乗る子どもたち
（1945年3月）

①[　　　　　　　　　　　　　　　　　　　　　　　　　]
②[　　　　　　　　　　　　　　　　　　　　　　　　　]

174 〉[日本への降伏の要求]
次の問いに答えなさい。

次の資料は，太平洋戦争中に出されたある宣言の内容である。この宣言を何というか，書け。

[　　　　　　　　　]

十三　われわれは，日本政府がただちに軍隊の無条件降伏を宣言し，誠意ある保障をすることを日本政府に要求する。（以下略）

（『日本外交年表竝主要文書』から部分要約）

ガイド　1945年7月に出されたアメリカ・イギリス・中国の共同宣言である。日本は8月14日に受け入れた。

解答 別冊 p.34

最高水準問題

175 次の問いに答えなさい。

(1) 次の文章は日露戦争前後のヨーロッパの状況について述べたものである。空欄(**a**)～(**c**)に当てはまる国名を，あとのア～オの中からそれぞれ1つずつ選べ。　　　　(愛媛・愛光高)

a[　　　　] b[　　　　] c[　　　　]

> ヨーロッパでは，3B政策をとる(**a**)と3C政策をとる(**b**)とが対抗していた。日露戦争が終わり，(**c**)がバルカン半島で南下政策をとると，同じくバルカン半島をめざしていた(**a**)と対立した。その結果，日露戦争前まで対立していた(**b**)と(**c**)が(**a**)を共通の敵として接近し，協商関係を結んだ。

ア　オーストリア　イ　イギリス　ウ　ロシア　エ　ドイツ　オ　フランス

難 (2) 第一次世界大戦について述べた次の文のうち，誤っているものを，次のア～エの中から1つ選び，記号で答えよ。　　　　(大阪・早稲田摂陵高)　[　　　　]

ア　きっかけはセルビア人青年によるオーストリア皇太子夫妻の暗殺であった。

イ　戦争は長引き，飛行機・戦車・潜水艦などの新兵器や毒ガスも用いられた。4年にわたる大戦で，多数の死傷者を出した。

ウ　アメリカは戦争に必要な物資を連合国に輸出し，多額の資金援助を行ったが，戦争が終結するまで出兵しなかった。

エ　戦争は1918年にドイツが連合軍との休戦条約に調印し，連合国側の勝利で終わった。ドイツは翌年に結ばれたベルサイユ条約によってすべての植民地と本国の一部を失い，巨額の賠償金を支払うことになった。

(3) 第一次世界大戦末期の1918年に米価が急激に値上がりしたため，漁村の主婦たちが米の県外への積み出しに反対し，安売りを要求した。これがまたたくまに全国に広がり，内閣が交代する騒ぎになった。この事件の発端となった県名を答えよ。　　　　(福岡・西南学院高改)

[　　　　　　　]

176 次の文章を読んで，あとの問いに答えなさい。　　　　(愛媛・愛光高改)

20世紀に入ると，ヨーロッパ諸国が2つの陣営に分かれて対立し，「ヨーロッパの火薬庫」とよばれたバルカン半島で起こった　①　事件がきっかけとなり，A第一次世界大戦が始まった。大戦が始まると，日本はヨーロッパで戦争が行われている間にB中国に力をのばそうと考え，　②　を理由にドイツに宣戦した。

(1) 文章中の空欄　①　・　②　に最も適当な語句を記入せよ。

①[　　　　] ②[　　　　]

(2) 下線部Aの講和会議として開かれたパリ講和会議では，世界平和を守り，国際協力を進めるために，国際連盟の設立が決定された。国際連盟について，誤っているものを，次ページのア～エの中から1つ選び，記号で答えよ。　　　　[　　　　]

ア　1920 年に設立され，本部はスイスのジュネーヴに置かれた。

イ　アメリカ大統領ウィルソンの唱えた 14 か条の原則に基づいて設立された。

ウ　敗戦国のドイツは設立当初は参加していなかった。

エ　戦勝国の日本・アメリカ・イギリス・フランスが常任理事国として参加した。

(3)　下線部Bについて，日本は中国に対して二十一か条の要求をつきつけたが，この要求の内容として誤っているものを，次のア～エの中から 1 つ選び，記号で答えよ。　　　　　　[　　　　　]

ア　ドイツが山東省に持っているいっさいの利権を日本に譲り渡すこと。

イ　日本の韓国における支配権を認めること。

ウ　南満州鉄道の租借の期限を 99 か年延長すること。

エ　中国沿岸の港湾や諸島を他国に譲ったり，貸したりしないこと。

177　次の文章を読んで，あとの問いに答えなさい。　　　　　　　　　　（東京・明星高改）

　工業化がすすんだ 19 世紀後半以降のヨーロッパでは，①[　　　　　　　　　]主義にもとづいて，理想の世界をつくろうとする運動がさかんになった。それは第一次世界大戦をきっかけにロシアで実現した。ロシアでは第一次世界大戦が長びくにつれて国民の生活は苦しいものになり，戦争に反対し，皇帝の専制政治を改めようとする動きが激しくなった。(a)1917 年 3 月の食糧暴動をきっかけに労働者や兵士が②[　　　　　　　　]という自治組織を結成して立ち上がると，皇帝は退位して議会の代表者たちが臨時政府をつくった。しかし，臨時政府はその後も戦争を続けたので，「すべての権力を②へ」と訴えた③[　　　　　　　　]の指導で②政府が成立した。

　その後，政府は，地主の土地を農民に分け与え，資本家の工場や銀行の国有化政策をすすめ，1922 年，世界最初の①主義国家として成立した。そして，(b)この国は，③のあとを継いだ④[　　　　　　　]により，計画経済のもと，五か年計画を立てて重化学工業を中心とする急速な工業化に着手し，また，農村では強制的に農業の集団化をすすめた。

(1)　文中の①～④に適する語句を答えよ。

(2)　下線部(a)について，この事件が起こった都市の当時の地名として正しいものを，次のア～エの中から 1 つ選び，記号で答えよ。　　　　　　　　　　　　　　　　[　　　　　]

ア　モスクワ　　イ　ペトログラード　　ウ　ウラジオストク　　エ　サンクトペテルブルグ

(3)　下線部(b)について，「この国」の正式な国名を答えよ。

　　　　　　　　　　　　　　　　　　　　　　　　[　　　　　　　　　　　　　　　]

解答の方針

175　(1)3B 政策の 3B とはベルリン，ビザンティウム（イスタンブル），バグダッドのこと。3C 政策の 3C とはカイロ，ケープタウン，カルカッタ（コルカタ）のこと。

176　(1)②1902 年に結んだ条約である。どちらか一方が 2 国以上と開戦した場合は共同で戦うことが決められていた。

178 次の文章を読んで，あとの問いに答えなさい。　　　　　　　　（大阪桐蔭高改）

　日本の政治は，日露戦争のころから政党内閣と藩閥勢力が交互に担っていた。藩閥勢力は立憲政治を守らず政策を推し進めていこうとする超然主義の姿勢を崩さず，これに反発する知識人や政治家によって「憲政擁護」を求める　あ　が起こった。この運動は都市民衆にも広がり，A 1913年に当時の藩閥内閣は総辞職するに至った。

　その後の内閣もしばらくは政党内閣というにはほど遠く，ようやくB 本格的な政党内閣が誕生したのは，　い　による米の買占めが原因で起こったC 米騒動で1918年に内閣が倒れたのちであった。第一次世界大戦と前後して，日本では民主主義の風潮が大きく前進しD 大正デモクラシーといわれる時代を迎えた。

(1)　空欄　あ　にあてはまる語句を答えよ。　　　　　　　　　　　　　　［　　　　　　　　　］

(2)　下線部Aについて，ここで総辞職した内閣として正しいものを，次のア〜エの中から1つ選び，記号で答えよ。　　　　　　　　　　　　　　　　　　　　　　　　　　　　［　　　　　　　　　］

　　ア　桂太郎内閣　　イ　大隈重信内閣　　ウ　寺内正毅内閣　　エ　加藤高明内閣

(3)　下線部Bについて，次の問いに答えよ。

　①　この内閣の総理大臣について正しいものを，次のア〜エの中から1つ選び，記号で答えよ。

　　　　　　　　　　　　　　　　　　　　　　　　　　　　　　　　　　　［　　　　　　　　　］

　　ア　「鉄血宰相」と呼ばれ，歓迎された。

　　イ　「平民宰相」と呼ばれ，歓迎された。

　　ウ　「ワンマン宰相」と呼ばれ，歓迎された。

　　エ　「ライオン宰相」と呼ばれ，歓迎された。

　②　この内閣の中心となった政党を答えよ。　　　　　　　　　　　　　［　　　　　　　　　］

(4)　空欄　い　にあてはまる語句を，次のア〜エの中から1つ選び，記号で答えよ。

　　　　　　　　　　　　　　　　　　　　　　　　　　　　　　　　　　　［　　　　　　　　　］

　　ア　シベリア出兵　　イ　山東出兵　　ウ　朝鮮出兵　　エ　台湾出兵

(5)　下線部Cについて，米騒動はその後の民衆運動に大きな影響を与えた。1921年に結成され，ストライキなどの直接行動で要求を通そうとした労働団体を答えよ。　　　　［　　　　　　　　　］

(6)　下線部Dについて，デモクラシーは今日「民主主義」と翻訳されているが，これを「民本主義」と表した人物を答えよ。　　　　　　　　　　　　　　　　　　　　　　　　［　　　　　　　　　］

179 次の問いに答えなさい。

(1)　第一次世界大戦後の社会運動について，誤っているものを，次のア〜エの中から1つ選び，記号で答えよ。　　　　　　　　　　　　　　　　（福岡・久留米大附設高）［　　　　　　　　　］

　　ア　大戦中に労働者は増え，戦後の不景気で労働争議がたびたび起こり，1920年にはメーデーが初めて行われた。

　　イ　小作料を引き下げる要求をかかげて各地で小作争議が起こり，1922年日本農民組合が結成された。

　　ウ　部落差別を受けている人々が，人間の平等と自由を求めて，1922年，全国平民社を創設した。

　　エ　1920年，女性の解放を目指して市川房枝らは新婦人協会を設立して女性の政治参加を要求した。

(2) 国家が主権の主体であり，天皇は国家の最高機関の1つであるとする憲法学説を唱え，後に国家主義者らによって批判された人物名を答えよ。　　　　　　(大阪・大谷高) [　　　　　　]

(3) 「大正デモクラシー」ともっとも関係の薄い団体を，次のア～エの中から1つ選び，記号で答えよ。　　　　　　　　　　　　　　　　　　　　　　[　　　　　　]

　ア　立憲政友会　　イ　大政翼賛会　　ウ　新婦人協会　　エ　全国水平社

(4) 江戸時代以来，人口で日本最大の都市は江戸(東京)である。ただし，1920年代の一時期，東京(当時は東京市)の人口は大阪市に越されたことがあった。これは東京の人口が減少したためであるが，その原因として最も適当なものを，次のア～エの中から1つ選び，記号で答えよ。　(愛知・東海高)

　ア　地震　　イ　飢饉　　ウ　戦災　　エ　疫病　　　　　　　　　　　[　　　　　　]

180 次の図を見て，問いに答えなさい。

　次の【図1】～【図4】は現在日本で使用されている主な紙幣である。これに関連するあとの文ア～エの中から，誤りを含むものを1つ選び，記号で答えよ。　　　　(大阪星光学院高) [　　　　　　]

【図1】　　　　　　　【図2】　　　　　　　【図3】　　　　　　　【図4】

　ア　緒方洪庵の門下生で，のちに慶應義塾を創設した【図1】の人物は，書物や講演会などを通じて新しい知識や考え方を広めた。

　イ　『たけくらべ』などの作者である【図2】の人物は，岩倉使節団に日本最初の女子留学生として参加し，のちに女子教育の発展に力をつくした。

　ウ　【図3】の絵は『源氏物語』を題材としたものである。紫式部によって書かれた『源氏物語』は，かな文字を使った，国風文化を代表する作品のひとつである。

　エ　細菌学者である【図4】の人物は，渡米して伝染病の研究で功績をあげたのち，黄熱病の研究をアフリカですすめたが，同病に感染して亡くなった。

解答の方針

178　(3)②1900年に伊藤博文がつくった政党である。
　　(5)1912年に設立された友愛会から発展して，闘争的な労働運動を展開した。
179　(2)この憲法学説は天皇機関説とよばれている。
　　(4)1923年に起こったできごとである。

181　次の文を読んで，あとの問いに答えなさい。　　　　　　　　　　（佐賀・東明館高改）

　1931年，(a)満州にいた日本軍は，(b)奉天郊外で鉄道を爆破し，これを中国の仕業(しわざ)にして中国軍を攻撃し，翌年(c)満州国をつくった。

(1)　文中の下線部(a)について，満州とはどの地域をさすか。右の地図中の①〜⑤の中から1つ選び，記号で答えよ。

　　　　　　　　　　　　　　　　　[　　　　　　]

(2)　文中の下線部(b)について，この爆破事件が起きた奉天郊外の地名を漢字で答えよ。

　　　　　　　　　　　　　　　　　[　　　　　　]

(3)　文中の下線部(c)について，満州国の執政となった清朝最後の皇帝の人名を漢字で答えよ。

　　　　　　　　　　　　　　　　　[　　　　　　]

182　次の史料とそれぞれの説明文を読んで，あとの問いに答えなさい。ただし，史料はわかりやすく書きかえている。　　　　　　　　　　（愛媛・愛光高改）

「第二条　ドイツおよびイタリアは，日本が東アジアにおいて新しい秩序をつくるに際して，指導的な地位を占めることを認め，これを尊重する。第三条　……さらに三国のうちいずれか一国が，①現在戦われているヨーロッパの戦争，または日中戦争にまだ参加していない一国によって攻撃されたときは，三国は，あらゆる政治的，経済的，軍事的方法で相互に援助することを約束する。」

　これは，1940年に日本が締結した　　A　　の一部を示したものである。国際的に孤立しつつあった日本は，この同盟により　B　諸国と結びつきを強めることとなり，さらに，このころ重要資源を求めて②南進政策を進めていった。

(1)　下線部①について，これらの戦争の動きについて誤っている文を，次のア〜エの中から1つ選び，記号で答えよ。　　　　　　　　　　　　　　　　　　[　　　　　]

　ア　北京郊外の盧溝橋で日中両軍の衝突が起こり，その後，中国全土での戦争に発展していった。

　イ　日本は首都南京を占領したが，国民政府は，その後，首都を重慶に移して抗戦した。

　ウ　ドイツがポーランドに侵入してこれを併合すると，ドイツとソ連との間に不可侵条約が結ばれた。

　エ　ドイツはフランスを破ってパリを占領し，さらにイギリス本土にも爆撃を加えた。

(2)　下線部②について，日本が最初に軍を進めた場所はどこか。現在の国名を，次のア〜エの中から1つ選び，記号で答えよ。　　　　　　　　　　　　　　　　[　　　　　]

　ア　タイ　　イ　ミャンマー　　ウ　フィリピン　　エ　ベトナム

(3)　説明文中の　　A　　にあてはまる語句を答えよ。　　　[　　　　　　]

(4)　　B　　には，1930年代に世界各地に広がった民主主義や自由主義を否定し，軍国主義的な独裁を行う運動や政治，思想を表す言葉が入る。何というか，答えよ。

　　　　　　　　　　　　　　　　　[　　　　　　]

183 次の問いに答えなさい。

(難)(1)　ドイツのヒトラー政権について述べた文として誤っているものを，次のア〜エの中から1つ選び，記号で答えよ。　　　　　　　　　　　　　　　　　　　　（奈良・東大寺学園高）[　　　　　]

　　ア　チェコスロヴァキアを併合したため，国際連盟から除名された。

　　イ　東方の安全を確保するため，ソ連との間に独ソ不可侵条約を結んだ。

　　ウ　ポーランドに進撃して，第二次世界大戦の口火を切った。

　　エ　日本，ドイツ，イタリアの間の軍事同盟である日独伊三国同盟を結んだ。

(2)　次の条約を結ばれた順に並べよ。　　　　　　[　　　　→　　　　→　　　　→　　　　]

　　ア　ベルサイユ条約　　　　　イ　ワシントン海軍軍縮条約

　　ウ　ロンドン海軍軍縮条約　　エ　日英同盟

(3)　次のことがらを年代順に並べよ。　　（愛知・東海高）[　　　　→　　　　→　　　　→　　　　]

　　ア　五・四運動　　イ　二十一か条要求　　ウ　盧溝橋事件　　エ　日本の国際連盟脱退

(難)(4)　次の【　　　】に関する出来事が年代順に正しく並んでいるものはどれか，次のア〜エの中から1つ選び，記号で答えよ。　　　　　　　　　　　　　　　（福岡・久留米大附設高）[　　　　　]

　　ア　【首相襲撃事件】…五・一五事件→浜口首相襲撃事件→二・二六事件

　　イ　【中国との衝突】…満州某重大事件→柳条湖事件→盧溝橋事件

　　ウ　【対外関係】…三国防共協定→日ソ中立条約→三国軍事同盟

　　エ　【連合国の動き】…ヤルタ会議→カイロ会談→ポツダム会談

(5)　日中戦争の始まった翌年，戦争に必要なすべての物資と労働力を，政府が議会の承認なしに統制できるとした法律が成立した。この法律名を答えよ。　　（愛媛・愛光高）[　　　　　　　　　　]

(難)(6)　右の写真は1942年に日本政府が発行した紙幣で，占領地に駐留する軍の物資調達や給与の支払いなどの費用をおぎなうために発行されたもののひとつである。このような戦地・占領地で発行された特殊な紙幣を何というか。　　（大阪星光学院高）[　　　　　　　　]

(7)　第二次世界大戦中，ソ連が，日ソ中立条約を破って対日参戦を決定した秘密会議がもたれた場所を，次のア〜エの中から1つ選び，記号で答えよ。　　　　　　（大阪・大谷高）[　　　　　]

　　ア　ポツダム　　イ　カイロ　　ウ　ヤルタ　　エ　ニューヨーク

解答の方針

181 (3)清朝では**宣統帝**とよばれた人物。日本軍に擁立され，1934年には満州国皇帝を称した。

183 (5)1938年に成立した。

9 新時代の日本と世界

184 [戦後改革]

次のグラフについて，あとの問いに答えなさい。

右のグラフは，1938年と1950年の自作地と小作地の割合をそれぞれ示している。このグラフから読みとれる変化について書き，さらにその変化が生じた理由を，原因となった政策の名称と内容にふれながら書け。その際，次の語をすべて用いること。

語 | 地主　小作人

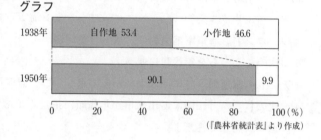

グラフ

1938年　自作地 53.4　小作地 46.6
1950年　90.1　9.9

0　20　40　60　80　100（%）

（『農林省統計表』より作成）

[　　　　　　　　　　　　　　　　　　　　　　　　　　　　　　　]

重要 185 [選挙制度と有権者]

次のグラフは過去に行われた衆議院議員選挙における人口総数に対する有権者の割合を調べてあらわしたものです。あとの問いに答えなさい。

このグラフを見て，次の①，②に着目した。それぞれの違いに関係のあるものを，あとのア〜オから1つずつ選び，記号で答えよ。

①[　　　　　] ②[　　　　　]

| ① | 1890年と1928年の選挙における有権者の割合の違い |
| ② | 1928年と1946年の選挙における有権者の割合の違い |

グラフ

1890年の選挙　　有権者
1928年の選挙　有権者
1946年の選挙　有権者
2000年の選挙　有権者

0　20　40　60　80　100（%）

ア　性別のみによる選挙権の違い　　　イ　性別と年齢による選挙権の違い
ウ　年齢のみによる選挙権の違い　　　エ　年齢と財産(納税額)による選挙権の違い
オ　財産(納税額)による選挙権の違い

186 [日本国憲法]

次の問いに答えなさい。

1946年，新しい憲法が制定され，日本の国のあり方が大きく変わった。主権についてはどのように変わったか，以前と比べて書け。[　　　　　　　　　　　　　　　　　]

187 〉[1960年代の日本]

次の略年表をみて，あとの各問いに答えなさい。

1964	東京オリンピックが開催される

　　略年表中の下線部に関連して，1960年代の日本について説明したものとして，最も適切な
ものを，次のア〜エの中から1つ選び，記号で答えなさい。　　　　　　　　　　[　　　　　]

　ア　産業や経済を独占してきた財閥が解体され，経済の民主化が進んだ。

　イ　朝鮮戦争に必要な軍事物質の生産を引き受けたことで，経済の復興が進んだ。

　ウ　自動車などの工業製品の輸出が増加し，アメリカとの貿易摩擦を引き起こした。

　エ　公害が次々と発生し，政府は公害対策基本法を制定して，問題の解決に努めた。

重要 188 〉[独立の回復]

次のカードは，日本の内閣総理大臣であった吉田茂の在任中のできごとをまとめたものです。
これを見て，あとの問いに答えなさい。

(1)　下の資料は吉田茂が調印した条約の一部である。これについ

　　て，①・②に答えよ。

　①　この条約を何というか。

　　　　　　　　　　　[　　　　　　　　　　　　]

吉田茂
○日本国憲法の公布
○独占禁止法の公布
○警察予備隊の設置

　②　この条約の中で，日本を独立国として認めることを示した

　　条文として最も適切なものを，ア〜エの中から1つ選び，記号で答えよ。　[　　　　　]

ア　日本国と各連合国との間の戦争状態は，第23条の定めるところによりこの条約が日本
　　国と当該連合国との間に効力を生ずる日に終了する。　　　　　　　　　　（第1条a）
とうがい

イ　連合国は日本国及びその領水に対する日本国民の完全な主権を承認する。　（第1条b）
りょうすい

ウ　日本国は，朝鮮の独立を承認して，済州島，巨文島及び鬱陵島を含む朝鮮に対するす
　さいしゅうとう　　こぶんとう　　うつりょうとう
　　べての権利，権原及び請求権を放棄する。　　　　　　　　　　　　　　　（第2条a）
　けんげん

エ　日本国は，千島列島並びに…（中略）…樺太の一部及びこれに近接する諸島に対するす
　　べての権利，権原及び請求権を放棄する。　　　　　　　　　　　　　　　（第2条c）
　けんげん

(2)　カード中の下線部は，現在，何という組織になっているか，書け。

　　　　　　　　　　　　　　　　　　　　　[　　　　　　　　　　　　]

ガイド　吉田茂は占領下の日本で内閣総理大臣を長期間にわたって務めた人物。政治の安定や経済の復興に尽
　　　力し，1950年に朝鮮戦争が起こると警察予備隊（1952年に保安隊と改称）を発足させ，1951年に連合
　　　国との講和会議に臨み，日本は領土を削られたものの独立を回復して，占領状態を終結させた。

189 〉**[国連加盟]**

年表を見て，あとの問いに答えなさい。

(1) 右の年表中の□□□□に入る，ソ連と
　　の国交を回復したものを何というか，答
　　えよ。　　　　　[　　　　　　　　]

(2) 右の年表を見て，日本の国際連合への
　　加盟が，独立を回復してからすぐには実
　　現しなかった理由を，冷戦のもとでの日
　　本の国際的な立場にふれながら，簡潔に
　　答えよ。

[

]

年	で　き　ご　と
1950	朝鮮戦争が始まった。
1951	サンフランシスコ平和条約が結ばれた。 日米安全保障条約が結ばれた。
1956	□□□□が結ばれた。 日本の国際連合への加盟が実現した。

ガイド (2)サンフランシスコ平和条約と同時に日米安全保障条約が結ばれたことに着目する。さらに，当時
のアメリカとソ連がどのような関係であったか考える。

重要 190 〉**[経済の発展]**

日本では，20世紀後半に工業が著しく発達し，現在に至っています。あとの問いに答えなさい。

(1) 右の**資料**は，日本における主な家庭用電気器
　　具と乗用車の普及率を表したものである。資料
　　中の**A**は何という家庭用電気器具の普及率を表
　　しているか，次のア～エの中から1つ選び，記
　　号で答えよ。　　　　　[　　　　]
　　ア　エアコン
　　イ　電気洗濯機
　　ウ　白黒テレビ
　　エ　電気掃除機

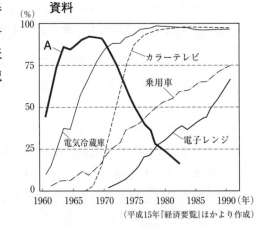

資料

(平成15年『経済要覧』ほかより作成)

(2) 1960年から1975年までの時期に関して，①・
　　②に答えよ。

　① このころに日本経済が大きく発展し，人々の所得が増え，家庭用電気器具の普及率が急
　　　激に高まった。このように経済活動が大きく伸びたことを何というか，書け。

　　　　　　　　　　　　　　　　　　　　　　　　[　　　　　　　　　　]

　② この時期に世界で起こったできごとはどれか，次のア～エの中から1つ選び，記号で答
　　　えよ。　　　　　　　　　　　　　　　　　　[　　　　]
　　　ア　ソビエト連邦崩壊　　イ　ベトナム戦争
　　　ウ　朝鮮戦争　　　　　　エ　EU（欧州連合）発足

重要 191 〉[戦後の外交]

次の問いに答えなさい。

　戦後の日本の外交に関して述べた，次のa～dの文について，年代の古い順に並べかえたときに正しいものを，あとのア～エの中から1つ選び，記号で答えよ。　　　　　[　　　　　]

a　日韓基本条約を結んで，韓国との国交を正常化した。

b　アメリカなど48か国とサンフランシスコ平和条約を締結した。

c　日ソ共同宣言が出され，ソ連の支持も得て国際連合に加盟した。

d　日中共同声明による国交の正常化に続き，日中平和友好条約を結んだ。

　　ア　a→b→d→c　　　イ　a→c→b→d
　　ウ　b→a→d→c　　　エ　b→c→a→d

192 〉[1972年のできごと]

次の資料を見て，問いに答えなさい。

　右の資料は，1972年に起こったできごとにより，ドルを円に両替するために，人々が銀行の前に並んでいる様子である。そのできごとについて，簡単に説明せよ。

[

]

ガイド　写真中に見える「琉球銀行」や「通貨交換所」という看板の文字に注目しよう。

193 〉[日本の経済成長]

次のグラフについて，問いに答えなさい。

　右のグラフは，1970年から1975年までの経済成長率と，1970年を100とする指数で表したある地下資源の輸入価格の変化を示している。この輸入価格の急激な変化が経済成長に打撃を与えたできごとを何というか，語句で答えよ。

[　　　　　　　　　　]

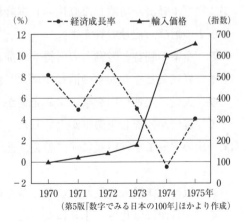

(第5版『数字でみる日本の100年』ほかより作成)

ガイド　現在の日本でも，エネルギー源として欠かすことのできない地下資源である。日本ではほとんど産出せず，おもに西アジアから輸入されている。

194 〉[ドイツの変化]

次の資料について，あとの問いに答えなさい。

(1)　ドイツが**A**から**B**に変化するきっかけとなった，ベルリンで起こった象徴的なできごとは何か。簡潔に書け。

[ ]

 A 1985年当時のドイツ

 B 1995年当時のドイツ

(2)　ドイツが**A**から**B**に変化した時代の国際情勢について，「冷戦」という語を用いて，簡潔に書け。

[ ]

ガイド　東ドイツは社会主義国，西ドイツは資本主義国であったことから考える。

195 〉[戦後の世界と日本]

次の問いに答えなさい。

(1)　次のア～エのできごとを古い順に並べたとき，2番目になるものを1つ選び，記号で答えよ。　　　　　　　　　　　　　　　　　　[ ]

ア　日韓基本条約が結ばれる。　　　　イ　ベトナム戦争が終わる。

ウ　EU（ヨーロッパ連合）が発足する。　エ　中華人民共和国が成立する。

(2)　第二次世界大戦後は「冷戦」と呼ばれる，新しい戦いが始まった。「冷戦」時代に起きた次の事件を，起きた年代の早いものから順に並べよ。　　[　→　　→　]

ア　先進国首脳会議が始まった。

イ　日本が国際連合に加盟した。

ウ　朝鮮戦争が始まった。

(3)　バブル経済が崩壊した直後の日本経済の様子として最も適当なものを，次のア～エの中から1つ選び，記号で答えよ。　　　　　　　　　　　　[ ]

ア　企業の利益と労働者の所得が増加した。

イ　好景気となり人々の消費が増大した。

ウ　大量の土地や株を購入する企業が多くなった。

エ　経済が停滞し失業率が上昇した。

(4)　次のア～エを古い順に並べ替え，記号で答えよ。

[　→　　→　　→　]

ア　阪神・淡路大震災が起こり，多くの人々が被災した。

イ　国鉄が民営化されJRになった。

ウ　大阪で日本万国博覧会が開かれた。

エ　東海道新幹線が開通した。

最高水準問題

196 次の文章を読んで，あとの問いに答えなさい。 〔茨城高〕

1945年，連合国は二度の世界大戦が起きたことを反省し，戦後の平和を維持する機関として，国際連合をつくり，　X　に本部をおきました。しかし，「超大国」として大きな力を持つようになった（　A　）と（　B　）が対立するようになり，政治と経済のしくみが大きく違うお互いの陣営に，世界の国々を引き入れようと競い合うようになりました。こうして，（　A　）が東ヨーロッパ諸国を支配し，（　B　）が西ヨーロッパ諸国を支援したため，ヨーロッパは東西に分断されました。このことから，（　A　）を中心とする東側陣営，（　B　）を中心とする西側陣営が形成されることになりました。特に（　C　）は，東側を（　A　）が，西側を（　B　）・イギリス・フランスが占領していたため，1つの国が2つに分断されてしまいました。さらにその10年あまり後になると，（　C　）の首都であった都市は「壁」により東西に分断されることになりました。一方，アジアに目を移すと，中国，朝鮮半島において東側陣営の拡大が見られます。1949年には毛沢東の率いる中国共産党は国民政府を破り，（　D　）を成立させました。また，朝鮮半島では，1948年には北緯38度線を境に北には朝鮮民主主義人民共和国，南には大韓民国が成立し，1950年からは朝鮮戦争が始まりました。さらに，1954年以降南北に分かれていた（　E　）では（　B　）の介入により戦争が激しくなり，ようやく1976年に南北の統一がなされました。

(1) （　A　）～（　E　）に最も適する国名を，次のア～クの中から1つずつ選び，記号で答えよ。

A [　　　] B [　　　] C [　　　] D [　　　] E [　　　]

ア　中華人民共和国　　イ　スペイン　　ウ　ドイツ　　エ　中華民国
オ　アメリカ　　カ　ベトナム　　キ　タイ　　ク　ソ連

(2) 　X　に最も適する都市名を，次のア～オの中から1つ選び，記号で答えよ。

[　　　]

ア　ニューヨーク　　イ　パリ　　ウ　ロンドン　　エ　サンフランシスコ　　オ　ジュネーヴ

197 次の文章を読んで，あとの問いに答えなさい。 〔東京・筑波大附高〕

第二次世界大戦後，連合国軍の占領下に置かれた日本では，①民主化をめざす改革が進められた。他方，世界ではアメリカとソ連が対立するようになり，この米ソ②冷戦は世界各地に長く影響を及ぼすこととなった。そうした中，朝鮮戦争が始まるとアメリカは日本との講和を急いだ。1951年，日本は連合国側と③サンフランシスコ平和条約を結び，翌年占領状態を終わらせた。

(1) 下線部①について，連合国軍の占領下で行われた施策の説明として正しいものを，次ページのア～オの中からすべて選び，記号で答えよ。 [　　　]

解答の方針

196 (1)東側は社会主義陣営，西側は資本主義陣営。
　(2)アメリカの都市である。

ア 基本的人権の尊重や平和主義などを定めた日本国憲法が施行された。

イ 教育の機会均等と6年間の義務教育などを定めた教育基本法が制定された。

ウ 農地改革が行われて，新たに地主・小作関係が導入された。

エ 第二次世界大戦中に要職にあった人が公職から追放された。

オ 経済復興をはかるために独占禁止法が定められ，財閥が維持された。

難 (2) 下線部②について，冷戦に関わる次のできごとa〜cを年代の古い順に正しく並べたものを，下のア〜カの中から1つ選び，記号で答えよ。 [　　　　]

a 冷戦が深刻化する中で，アメリカや西ヨーロッパ諸国が北大西洋条約機構(NATO)を結成した。

b ソ連がキューバにミサイル基地を建設しようとし，米ソ間の緊張が高まった。

c 核兵器開発競争が続く中で，アメリカがビキニ環礁で水爆実験を行い，日本の漁船が被曝(ひばく)した。

ア a→b→c　　イ a→c→b　　ウ b→a→c

エ b→c→a　　オ c→a→b　　カ c→b→a

(3) 下線部③について，ソ連はこの条約に調印しなかったが，その5年後に日本とソ連の国交は回復された。両国の国交回復にあたって出された外交文書は何と呼ばれているか，答えよ。

[　　　　　　　　]

---

198 日本の経済の発展や産業の発達にかかわることがらについて，次の問いに答えなさい。(大阪府)

第二次世界大戦後，日本は，混乱の中から復興し，後に経済の急速な発展を成し遂げた。

20世紀後半，日本は，世界有数の経済大国へと急速に成長したが，経済の低迷も経験した。次の(i)〜(iii)は，20世紀後半に日本で起こったできごとについて述べた文である。(i)〜(iii)をできごとが起こった順に並べかえると，どのような順序になるか。あとのア〜カの中から正しいものを1つ選び，記号で答えなさい。

[　　　　　　　　]

(i) 原油価格が高騰し，石油危機と呼ばれる経済の混乱が起こった。

(ii) 地価や株価などが急激に上昇するバブル経済が崩壊した。

(iii) 東京・新大阪間に東海道新幹線が開通した。

ア (i)→(ii)→(iii)　　イ (i)→(iii)→(ii)　　ウ (ii)→(i)→(iii)

エ (ii)→(iii)→(i)　　オ (iii)→(i)→(ii)　　カ (iii)→(ii)→(i)

---

199 次の史料とそれぞれの説明文を読んで，あとの問いに答えなさい。ただし，史料はわかりやすく書きかえている。

(愛媛・愛光高)

「日本と講和をする準備がある。……何しろ講和を急ぎたい。①東側陣営の国がアジアで勢力を広げているのが心配だ。日本をアジアの共産主義に対する壁にしたいものだ。そのためには，②講和を急いで，日本を西側陣営に入れる必要がある。」

これはアメリカの政府高官であったダレスの言葉である。当時，ヨーロッパの冷戦がアジアにもおよんできたため，アメリカは日本の占領政策を早く終わらせて，日本をアメリカの味方につけようと考えるようになった。

(1) 下線部①について，このことには中国に社会主義国が成立したことも関係しているが，その成立のいきさつを述べた，次の文の空欄（　Ａ　）・（　Ｂ　）に適当な語句を入れよ。

A [　　　　　　　　　　]
B [　　　　　　　　　　]

　　中国では，日本の敗戦後，国民政府と共産党との間で内戦が起こった。その結果，（　Ａ　）が率いた共産党が勝利して共和国が成立した。一方で，敗れた国民政府は，（　Ｂ　）に逃れた。

(2) 下線部②について，1951年に日本はサンフランシスコ平和条約を結び，独立を果たすことができた。これに関連して述べた，次のア〜エの中から誤っているものを1つ選び，記号で答えよ。

[　　　　　　　]

ア　講和を前にして，日本国内では，すべての対戦国と講和すべきという全面講和論も主張された。
イ　平和条約により，日本はアメリカをはじめとする多くの国に賠償を支払うことになった。
ウ　独立後も，沖縄は引き続きアメリカの管理下におかれることになった。
エ　中国は講和会議に招待されなかったが，その後，1978年になって日中平和友好条約が結ばれた。

200 次の文章を読んで，あとの問いに答えなさい。 （鹿児島・ラ・サール高）

　第二次世界大戦後の日本の国際社会への復帰は，1951年のサンフランシスコ講和会議をきっかけに進むことになった。しかし，この会議には中国も朝鮮も招かれず，ソ連も条約に反対し，調印しなかった。その後，日本はこれらの国々との国交樹立に努力し，1956年，（　①　）に調印し，[　Ａ　]との国交が回復した。また，1965年には（　②　）が成立し，[　Ｂ　]との国交が正常化したが，[　Ｃ　]とはいまだに国交が開かれていない。中国との国交が回復したのは，（　③　）年，田中角栄首相が中国を訪問し，過去の戦争についての反省を明らかにし，中国を代表する政権が中華人民共和国であることを認める（　④　）に調印してからであった。

(1) （　①　）〜（　④　）に適切な語句を，あとのア〜キの中から選び，記号で答えよ。

①[　　　　] ②[　　　　]
③[　　　　] ④[　　　　]

ア　日中平和友好条約　　　イ　日韓基本条約　　　ウ　日ソ共同宣言　　　エ　日中共同声明
オ　1970　　　　　　　　カ　1972　　　　　　　キ　1978

(2) [　Ａ　]〜[　Ｃ　]に適切な国名を答えよ。ただし，[　Ｃ　]は正式な国名で答えよ。
A [　　　　　　　] B [　　　　　　　] C [　　　　　　　]

解答の方針

197 (2)a．北大西洋条約機構(NATO)は，共産国に対抗するために結成された，集団で安全を守る組織。
　　　c．このののち，原水爆禁止世界大会が開かれた。

201 次の文章を読んで，あとの問いに答えなさい。 (愛媛・愛光高)

　第二次世界大戦後，①東西冷戦が激化するなか，日本はサンフランシスコ講和会議で独立を認められると同時に日米安全保障条約を結んだ。この日米安全保障条約は，1960年に［　**A**　］内閣によって改定されたが，アメリカ軍の行動によっては日本が戦争にまきこまれる危険があると考えられ，改定に反対する運動が高まった。とくに条約の批准（ひじゅん）を決める衆議院の審議で強行採決が行われたときには，学生を中心とするデモ隊が連日国会周辺をとりまき，警官隊と衝突したりした。そのため，混乱の責任をとって内閣は総辞職し，新たに②池田勇人内閣が成立した。

(1)　空欄Aにあてはまる人名を答えよ。　　　　　　　　　　　　　［　　　　　　　　　　］

(2)　下線部①に関連して，次の冷戦に関連するできごとを起こった順番に並べかえよ。

　　　　　　　　　　　　　　　　　　　　［　　　　→　　　　→　　　　→　　　　］

　　ア　アジア＝アフリカ会議の開催　　イ　ベルリンの壁崩壊
　　ウ　キューバ危機　　　　　　　　　エ　朝鮮戦争の開始

(3)　下線部②について，この内閣は政治的対決を避けながら経済成長を優先させる政策をとった。この政策を何というか，漢字6字で答えよ。　　　　　　　　　　　［　　　　　　　　　　］

202 次の文章を読んで，あとの問いに答えなさい。 (東京・筑波大附高)

　①1975年に日本を含む6か国の首脳により始められたサミットは，その後，年1回開催されることが定例化し，翌76年からは7か国の首脳，77年からはEC（現在はEU）の欧州委員会委員長が参加し，1990年代後半からは8か国の首脳が参加するようになった。初期のサミットは世界経済問題に対して協力して取り組んでいこうとするものであったが，②1980年代に入ると政治色が強まり，近年は地球的規模の課題についても議論されるようになっている。

(1)　下線部①について，第1回サミット開催の引き金となったできごとの説明として適切なものを，下の【できごとの説明】ア～カから1つ選び，記号で答えよ。　　　　　［　　　　　　］

(2)　下線部②について，1980年代に入ってサミットの政治色が強まるきっかけとなったできごとの説明として適切なものを，下の【できごとの説明】ア～カから1つ選び，記号で答えよ。

　　　　　　　　　　　　　　　　　　　　　　　　　　　　　　　　　　［　　　　　　］

【できごとの説明】
　ア　東西ベルリンを隔てていた「ベルリンの壁」が崩壊した。
　イ　ソ連軍がアフガニスタンに侵攻した。
　ウ　アフリカで1年間に17の国々が独立した。
　エ　ニューヨーク証券取引所の株価が暴落して世界恐慌が起こった。
　オ　第4次中東戦争をきっかけに石油危機が起こった。
　カ　アメリカで同時多発テロが起こった。

解答の方針

202 (2)1979年に起こったできごとが関係している。

---

1 次の設問に答えなさい。なお，文中に引用した資料は必要に応じて改めています。

(茨城・江戸川学園取手高)((4)10点，他各5点，計35点)

(1) 19世紀のアジアについて述べた文として，誤っているものを，次の①〜④の中から1つ選び，記号で答えよ。

① 19世紀半ばに，インドではインド大反乱がおきた。

② アヘン戦争に敗北した清は南京条約を締結した。

③ 洪秀全によって太平天国がつくられた。

④ 朝鮮半島では三・一独立運動が展開された。

(2) 次の資料は，日本に医学を伝えに来ていたお雇い外国人のベルツの日記の一部である。この日記の出来事はいつのことか。年号を西暦で答えなさい。

> 二月九日(東京)　東京全市は，十一日の憲法発布をひかえてその準備のため，言語に絶した騒ぎを演じている。到るところ，奉祝門，照明，行列の計画。だが，こっけいなことには，誰も憲法の内容をご存じないのだ。

(3) 日本は，1933年3月に国際連盟を脱退する。これは，右の年表の①〜④の時期のどれにあたるか。記号で答えよ。

(4) 次の**資料Ⅰ**は，ビゴーの描いた「1897年の日本」である。これは，日本のどのような状況を表しているか。**資料Ⅱ**を踏まえて説明せよ。

昭和恐慌
↓　①
柳条湖事件
↓　②
五・一五事件
↓　③
二・二六事件
↓　④
盧溝橋事件

資料Ⅰ

(『続ビゴー日本素描集』)

資料Ⅱ

1877	イギリス領インド成立
1884	清仏戦争
1887	フランス領インドシナ連邦成立
1891	ロシアによるシベリア鉄道の起工
1895	イギリス領マレー連合州成立
1898	アメリカ，フィリピン，グアムの領有

(5) 第二次世界大戦について述べた文として，正しいものを，次の①〜④のうちから1つ選べ。

① 新兵器として戦車や航空機，毒ガスが登場した。

② ヤルタ会談でドイツ降伏後の戦争方針が決められた。

③ 日独伊三国同盟を結んだドイツは，ポーランドに侵攻した。

④ 開戦前，日本国内では社会主義者の幸徳秋水らが非戦論を唱えて戦争に反対した。

(6) 1950年代の日本について述べた文として，誤っているものを，次の①～④のうちから1つ選べ。

① 朝鮮戦争が始まった結果，警察予備隊が創設された。

② 日本社会党と自由民主党が結成され，55年体制が成立した。

③ ソ連と国交を回復した結果，国際連合への加盟が認められた。

④ GNPが資本主義国の中で，第2位となった。

(1)		(2)		年	(3)	

(4)

(5)		(6)	

2 次の文章は，日本の水産業のあゆみについて述べたものです。これを読み，あとの問いに答えなさい。

(東京・開成高)（各5点，計15点）

　明治時代になると，①諸産業は欧米の技術を取り入れて大きく発展した。水産業も例外ではない。②ポーツマス条約で沿海州とカムチャッカの漁業権を日本が獲得すると，北洋漁業とよばれる遠洋漁業が拡大した。昭和時代のはじめに発表された③『蟹工船』には，北洋漁業の過酷な労働が労働者の視点で描かれている。

(1) 下線部①に関して，明治時代の諸産業の発展について述べた文として正しいものを，次のア～エの中から1つ選び，記号で答えよ。

ア　富岡製糸場では，ドイツ人技師の技術指導を得て綿糸を生産した。

イ　大阪紡績会社では，輸入した蒸気機関を用いて生糸を生産した。

ウ　欧米の製鉄業の技術を取り入れ，官営の八幡製鉄所が建設された。

エ　欧米式の工作機械を用いて，長崎造船所では航空母艦が建造された。

(2) 下線部②に関して，ポーツマス条約について述べた文として正しいものを，次のア～エの中から1つ選び，記号で答えよ。

ア　この条約はイギリスの仲介で結ばれた。

イ　この条約で日本は長春以南の鉄道利権を獲得した。

ウ　この条約で日本は山東省の利権を獲得した。

エ　この条約でロシアは清における日本の優越権を認めた。

(3) 下線部③に関して，『蟹工船』の作者として正しいものを，次のア～エの中から1つ選び，記号で答えよ。

ア　芥川龍之介　　イ　小林多喜二　　ウ　志賀直哉　　エ　谷崎潤一郎

(1)		(2)		(3)	

3 日本における教育について述べた次の文章を読み，あとの問いに答えなさい。　（長崎・青雲高）

((1)・(2)・(5)・(8)・(10)各4点，他各5点，計50点)

　明治年間の日本の近代的な教育制度の整備は，初等教育の普及と，高等教育の充実の二つの側面ですすめられた。日本では江戸時代からすでに教育活動がさかんであり，寺子屋では多くの庶民が読み・書き・そろばんを学び，当時の識字率（しきじりつ）は世界有数であったとされる。①明治の日本が各分野での急速な近代化を実現できた背景には，このような教育水準の高さがあったとする見方もある。1872年，政府は学制を頒布（はんぷ）して国民皆学の方針を示したが，小学校の就学率は政府の期待に反して伸び悩んだ。一方，高等教育に関しては，1877年に旧幕府の教育機関を統合する形で東京大学が創設された。政府は，②大日本帝国憲法公布の翌年，　③　を発布して忠君愛国を柱とする国民教育の方針を示した。さらに，1900年に小学校の授業料が無償となったこともあり，明治中ごろには就学率が上昇し，④日露戦争後には小学校の就学率が男女ともに97％を超えた。大正年間には，⑤立憲政友会総裁の原敬を首相とする，日本初の本格的な政党内閣が成立した。原内閣は政友会の政綱のひとつである「教育の改善」を実行に移し，大学令を公布して私立大学などの設置を認めた。これにより明治中期に約3千人であった大学生の数は，大正末年までに4万人近くにまで増加した。昭和に入り，⑥日中戦争が始まって国民全体が戦争に協力する体制が整えられると，1941年に小学校は国民学校と改称され，初等教育は「挙国一致」の体制に組みこまれた。その後，太平洋戦争の戦局が悪化すると，⑦大学生の徴兵猶予が停止され，多くの学生が戦場へと送り出されていった。⑧敗戦によって日本が連合国軍の占領下に入ると，GHQは「教育の自由主義化」を含む五大改革指令を発した。これにより，1947年に制定された　⑨　には，「平和で民主的な国家及び社会の形成者として……心身ともに健康な国民の育成」が教育の目的であると明記された。その後，⑩高度経済成長を経て上級学校への進学率が高まり，平成年間には大学進学率は50％を突破した。

(1)　下線部①に関して，明治はじめごろの社会の動きについて述べた文として正しいものを，次のア～エの中から1つ選び記号で答えよ。

　ア　政府は官営富岡製糸場を設立し，輸出品として綿糸を生産した。

　イ　郵便・電信・ラジオ放送の開始など，近代的な通信網が整備された。

　ウ　中江兆民は『学問のすゝめ』を著し，のちの自由民権運動に影響を与えた。

　エ　都市と開港地を結ぶ鉄道が開業し，沿岸では蒸気船の運航も始まった。

(2)　下線部②について述べた文として正しいものを，次のア～エの中から1つ選び記号で答えよ。

　ア　大久保利通がヨーロッパに留学して，憲法案の起草にあたった。

　イ　天皇は主権を有する国家元首として，軍隊の指揮権などの権限をもった。

　ウ　帝国議会は，衆議院と参議院の二院で構成されることが規定された。

　エ　国民は臣民と位置づけられ，社会権などが臣民の権利として明記された。

(3)　空欄　③　にあてはまる語句を答えよ。

(4)　下線部④に関して，日露戦争の講和条約の名称を答えよ。

(5) 下線部⑤に関して，原敬の首相就任よりもあとのできごとを，次のア～エの中から1つ選び記号で答えよ。

ア　第一次護憲運動が民衆運動に発展した。

イ　吉野作造が民本主義を主張する論文を発表した。

ウ　米の安売りを求める運動が全国で暴徒化した。

エ　男子普通選挙の実施を定めた法律が成立した。

(6) 下線部⑥に関して，次の(i)・(ii)に答えよ。

(i) 日中戦争の拡大と長期化にあたり，政府が議会の承認なく人的・物的資源を戦争のために統制・運用する法律が1938年に制定された。この法律名を答えよ。

(ii) 1940年には，すべての政党は解散のうえ，近衛文麿首相を総裁とする政治組織に統合された。この組織の名称を答えよ。

(7) 下線部⑦を何というか，漢字4字で答えよ。

(8) 下線部⑧に関して述べた文として正しいものを，次のア～エの中から1つ選び記号で答えよ。

ア　日本はサイパン島の陥落をきっかけに，ポツダム宣言の受諾を決意した。

イ　日本の領土は，北海道，本州，四国，九州，沖縄に限定された。

ウ　アメリカは占領下の日本との間に安全保障条約を結び，これと同時に自衛隊を創設させた。

エ　吉田茂内閣のもとでサンフランシスコ平和条約が発効し，日本は主権を回復した。

(9) 空欄　⑨　にあてはまる法律名を答えよ。

(10) 下線部⑩について述べた文として正しいものを，次のア～エの中から1つ選び記号で答えよ。

ア　東日本大震災をきっかけに，原子力から石油へのエネルギー転換がすすんだ。

イ　国民所得は増大したが，過密・過疎や公害が社会問題化した。

ウ　パソコンや衛星放送受信機などの情報通信機器が，各家庭に普及した。

エ　湾岸戦争にともなう石油危機の発生により，高度経済成長は終わった。

(1)		(2)		(3)		(4)	
(5)		(6) (i)			(ii)		
(7)		(8)		(9)		(10)	

⏱ 時間50分　得点

🚩 目標70点　／100

1 彩さん，令さん，匠くん，学くんは，歴史の授業で図書館にある新聞記事を調べて，「民衆の力と政治」をテーマに話し合っています。次の【A】・【B】の新聞記事について話し合った文を読み，以下の設問に答えなさい。なお新聞記事については，読みやすいように表現を改めたり，省略したりしています。

(愛媛・愛光高)(各4点，計20点)

【A】

> 十三日夕方より日比谷公園内は散策の人でにぎわっており，日没後には学生風や職人風の男が「米が高い」などと叫んでいたが，八時ごろに一人の学生がベンチに立ち上がり「この米高をどうする」と叫んだころには群衆は五千人を数えた。そこに数十名の警官が群衆を遠巻きに囲んだ。そのころ音楽堂ではかわるがわる十数名の演説が行われていた。群衆は演説のたびに歓声をあげた。その間に「[　a　]内閣は総辞職して罪を天下に謝罪せよ」と書かれた印刷物がまかれた。
>
> (「報知新聞」1918年8月14日)

匠くん：富山から始まった米騒動が東京にまでおよんで，[　a　]内閣の総辞職を要求する印刷物が配られたことが書かれているね。

学くん：前後の記事を見ていると，米に関連したところばかりが襲われているわけではないね。例えば東京ではビアホールや株式取引所，大阪では喫茶店や楽器店の建物が破壊されているし，神戸では県庁が襲われ，県が所有している自動車が奪われて海に捨てられたと書いてあったよ。なんだかどこでもいいみたいだね。

彩さん：大戦中にはそもそも物価が上昇していて，人々の不満が高まっていたらしいわよ。そこに米価まで急に上がって，不満が爆発したのね。だからいろいろな所が襲われたんじゃないかしら。

令さん：なんにせよ，この暴動が原因となって[　a　]内閣が退陣したんだね。そうして原敬内閣が成立して，(ア)人々の願う本格的な政党内閣が実現したのね。

(1) 空欄[　a　]に当てはまる人物として適当なものを，次のア～エの中から1つ選べ。

ア　高橋是清　　イ　加藤高明　　ウ　寺内正毅　　エ　浜口雄幸

(2) 下線部(ア)について説明した次の文の空欄〈　X　〉に入る人名には，下のⅠ・Ⅱの2つが考えられます。Ⅰ・Ⅱの人名と空欄〈　Y　〉に入る語句①～④の組み合わせとして正しいものを，次のア～クの中から1つ選べ。

> 明治から大正にかけての時期にはデモクラシーの思想が広まっていた。政党内閣の実現や，その理論的根拠を説いたものとして〈　X　〉の〈　Y　〉などがあげられる。

〈　X　〉　Ⅰ　吉野作造　　Ⅱ　美濃部達吉

〈　Y　〉　①　天皇機関説　　②　天賦人権論　　③　民本主義　　④　社会契約説

ア　Ⅰ-①　Ⅱ-③	イ　Ⅰ-②　Ⅱ-④	ウ　Ⅰ-③　Ⅱ-①
エ　Ⅰ-④　Ⅱ-②	オ　Ⅰ-①　Ⅱ-②	カ　Ⅰ-②　Ⅱ-①
キ　Ⅰ-③　Ⅱ-④	ク　Ⅰ-④　Ⅱ-③	

【B】

> 六・一五行動日の十五日夕，国会請願デモに押し掛けた全学連主流派約七千人は衆院南通用門に殺到，門にツナをかけてこじあけるなど再三国会構内への突入をはかり，これを阻止する警官と乱闘した。同六時過ぎには警官隊のトラックに火のついた紙ツブテを投げ，国会のサクを引き抜いて乱入しようとし，警官隊も放水車で水をまくなど大乱闘となり，そのあと，国会周囲の鉄条網が一部破られ，これを突破口に学生たちはなだれを打って構内に乱入した。
>
> 　　　　　　　　　　　　　　　　　　　　　　　　　　（「朝日新聞」1960年6月16日）

学くん：国会に学生を中心とするグループが殺到して，構内を占拠し，抗議集会を開いたらしい。その際に警察と衝突して，この日のデモでは東大生に死者が出たんだって。

彩さん：なんでこんなに激しいデモが起こったのかしら。

令さん：この学生たちは，当時の[　b　]内閣が締結した(イ)新安保条約に反対していたんだけど，与党が衆議院でこの条約承認の強行採決に踏み切ると，反対デモが激しくなったみたい。

匠くん：結局，この条約は参議院では承認の議決が行われなかったけれども，(ウ)憲法の規定で，このデモの5日後，6月20日に国会の承認となったらしいよ。[　b　]内閣は，この間の混乱の責任を取るという形で7月15日に退陣したんだ。

(3)　空欄[　b　]に当てはまる人物として適当なものを，次のア〜エの中から1つ選べ。

　　ア　吉田茂　　イ　鳩山一郎　　ウ　岸信介　　エ　池田勇人

(4)　下線部(イ)について，学生たちが新安保条約に反対した理由には，これにより冷戦に日本が巻きこまれる可能性があると考えられたこともありました。これに関連して，冷戦期に起こった次のできごとについて，古いものから年代順に正しく配列したものを，次のア〜カの中から1つ選べ。

　　Ⅰ　キューバ危機　　　Ⅱ　アフガニスタン侵攻　　　Ⅲ　ベトナム戦争

　　ア　Ⅰ－Ⅱ－Ⅲ　　　イ　Ⅰ－Ⅲ－Ⅱ　　　ウ　Ⅱ－Ⅰ－Ⅲ

　　エ　Ⅱ－Ⅲ－Ⅰ　　　オ　Ⅲ－Ⅰ－Ⅱ　　　カ　Ⅲ－Ⅱ－Ⅰ

(5)　下線部(ウ)は衆議院の優越とよばれる規定によるものです。日本国憲法では他にもいくつかの点で衆議院の優越が認められています。次のうちで衆議院の優越の例として誤っているものを次のア〜エの中から1つ選べ。

　　ア　内閣総理大臣指名において衆参両院で異なる議決がなされ，両院協議会で成案が得られない場合，衆議院の議決が国会の議決となる。

　　イ　法案の議決において衆参両院で異なる議決がなされ，両院協議会で成案が得られない場合，衆議院の議決が国会の議決となる。

　　ウ　予算の先議権が衆議院に認められている。

　　エ　内閣不信任決議は衆議院にのみ認められている。

(1)		(2)		(3)		(4)		(5)	

2 次の文章を読んで，あとの問いに答えなさい。　　（大阪・履正社高）((1)各 3 点，他各 5 点，計 45 点)

　　1945 年 8 月から，アメリカを中心とする連合国軍により日本の占領が始まった。a沖縄や小笠原諸島はアメリカの軍政下におかれ，日本本土は，bGHQ のもとに日本政府が政治を行う，（　Ａ　）統治の方式がとられた。

　　GHQ は，日本の民主化のためにc一連の改革を進めるとともに民主化の基本として，日本政府に憲法の改正を命じた。そして日本政府は，GHQ が作成した原案をもとに憲法改正案をつくり，国会での審議を経て，一部修正・可決され，日本国憲法が成立した。

　　しかし，第二次世界大戦後，世界はすぐにアメリカを中心とする西側とソ連を中心とする東側のd対立が激しくなった。この対立はアジアにもおよび，1949 年 10 月に（　Ｂ　）が成立し，1950 年には（　Ｃ　）が勃発した。このような状況のなかで，アメリカは，日本に対して共産主義の広がりを阻止する役割を期待し，日本の経済の復興と自立を強く求めるようになった。1950 年には，日本政府に（　Ｄ　）をつくらせた。そして，1951 年，日本は独立を達成すると同時にアメリカを中心とする西側陣営に位置することを明確に世界に示した。

　　1956 年にはソ連と国交を回復し，その後Ｂとも国交を正常化した。1978 年には（　Ｅ　）もＢとのあいだに結ばれ，日本とＢの交流は一層深まっている。現在，日本は，経済的にも政治的にも大国として，国際社会でのe大きな役割を期待されている。

(1)　空欄（　Ａ　）～（　Ｅ　）にあてはまる語句を，次のア～コの中からそれぞれ 1 つ選び，記号で答えよ。ただし，同じ番号には同じ語句が入る。
　　ア　大韓民国　　イ　警察予備隊　　ウ　直接　　エ　朝鮮戦争　　オ　朝鮮民主主義人民共和国
　　カ　日中平和友好条約　　キ　間接　　ク　自衛隊　　ケ　イラク戦争　　コ　中華人民共和国

(2)　下線部 a について，沖縄が日本に返還されたのは何年か。

(3)　下線部 b について，この略称の正式名称を何というか。漢字で答えよ。

(4)　下線部 c について，①，②の問いに答えよ。
　①　労働者の基本的権利を具体化するために 1947 年に制定された法律を，漢字で答えよ。
　②　教育の機会均等や男女共学の原則をうたった，1947 年に制定された法律を，漢字で答えよ。

(5)　下線部 d について，この 2 つの世界の対立を何というか。漢字で答えよ。

(6)　下線部 e について，平和維持活動に自衛隊が参加できるように，1992 年に成立した法律を何というか，答えよ。

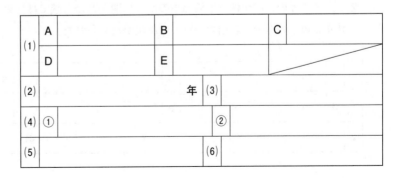

(1)	A		B		C	
	D		E			
(2)			年	(3)		
(4)	①			②		
(5)				(6)		

3 次の文を読んで，あとの問いに答えなさい。

（広島城北高）

((1)各4点，(2)3点，(3)・(4)各2点，計35点)

A　アメリカなど48か国とのあいだで，（　a　）条約を結んだ日本は独立を回復するとともに，西側陣営の一員となった。

B　アメリカで始まった，世界的な不景気と経済の混乱から立ち直るため，当時のアメリカ大統領（　b　）は，積極的な経済政策をとった。

C　アメリカは8月6日には広島に，9日には（　c　）に原子爆弾を投下して，一瞬のうちにまちが破壊され多くの人が死傷した。

D　（　d　）の植民地であったアメリカでは，新しい税金を課せられたことに対して反発が強まり，独立宣言が発表された。

E　（　e　）の援助を受けたコロンブスは，当時の最新の知識に基づいて，インドをめざしたところアメリカ大陸に到達した。

F　アメリカ大統領の仲介により，日露両国の代表は講和会議を開き，ポーツマス条約を結んだ。

G　ニューヨークや首都ワシントンなどをねらった同時多発テロにより，約3千人の死者・行方不明者が出た。

H　アメリカ大統領（　f　）の提案で，世界平和を守るための国際組織として国際連盟が設立された。

(1)　文章中の空欄（　a　）～（　f　）にあてはまる語句を，それぞれ答えよ。ただし，（　d　）・（　e　）には国名が入る。

(2)　Bの下線部について，アメリカの大統領が採用した一連の政策の内容として誤っているものを，次のア～エの中から1つ選び，記号で答えよ。

　ア　各家庭に給付金を支給し，消費活動を刺激する。

　イ　河川流域の総合開発など公共事業を行う。

　ウ　労働組合の結成を認め，労働者の賃金を上げる。

　エ　小麦などの農産物を国が買い上げる。

(3)　次の文X・Yと同じ年のできごとをA～Hの中から選び，それぞれ記号で答えよ。

　　X　日米安全保障条約に基づき，アメリカ軍の基地を日本におくことを認めた。

　　Y　ニューヨークを本部とする国際連合が成立した。

(4)　A～Hの文を年代順に並べたとき，次の文Zはどれとどれの間に入るか，その前後の記号を答えよ。

　　Z　アメリカのよびかけで軍備縮小のために開かれた会議では，太平洋地域の現状維持，中国の独立と領土の保全，各国の海軍力の制限が決められた。

(1)	a		b		c	
	d		e		f	
(2)		(3)	X		Y		(4)	前		後	

1 次の年表をみて，(1)～(5)に答えなさい。 (埼玉県) ((1)8点，(3)10点，他各5点，計33点)

西暦(年)	できごと
1858	・日米修好通商条約が結ばれる
	A
1889	・大日本帝国憲法が発布される
	B
1917	・ロシア革命が起こる……………………………………C
1929	・世界恐慌が起こる
	D
1951	・サンフランシスコ平和条約が結ばれる
1973	・石油危機が起こる
	E
1991	・ソ連が解体する

(1) 次のア～エは，年表中**A**の時期のできごとについて述べた文です。年代の古い順に並べかえ，その順に記号で書け。

ア 岩倉具視や木戸孝允，大久保利通などを中心とする政府の使節団が，欧米に派遣された。

イ 西郷隆盛を中心として，鹿児島の士族などが西南戦争を起こした。

ウ 生麦事件の報復のため起こった薩英戦争で，イギリス艦隊が鹿児島を攻撃した。

エ 江華島事件を口実に，政府は朝鮮と日朝修好条規を結び，朝鮮を開国させた。

(2) 次の文章は，年表中**B**の時期における日本の外交についてまとめたものです。 X にあてはまる人物名を書け。

> 近代国家を目ざす日本にとって，外交上の重要な課題は，幕末に欧米諸国と結んだ不平等条約を対等なものに改正することであった。日本が立憲政治を実現するなど，近代国家のしくみを整えたことを背景に，イギリスが，日本との条約改正に応じた。1894年， X が外相のときに，日英通商航海条約が結ばれ，領事裁判権が撤廃された。

(3) 次の**資料**は，米騒動の様子をえがいたものの一部です。米騒動が起きた理由を，年表中**C**のロシア革命への干渉戦争の名称を用い，**表**から読みとれる米の価格の変化に着目して書け。

資料

表 米1石あたりの価格の変化（単位：円）

年	月	価格	年	月	価格
1917	9	21.33	1918	3	26.60
	10	23.61		4	27.38
	11	23.93		5	27.46
	12	23.86		6	28.34
1918	1	23.84		7	30.39
	2	24.94		8	38.70

(4) 次の文章は，年表中Dの時期のできごとについてまとめたものです。 Y にあてはまる語と Y の地図中の位置の組み合わせとして正しいものを，あとのア～カの中から1つ選び，記号で答えよ。

　国際連盟は，1933年に開かれた総会で，満州国を認めず，日本軍の占領地からの撤兵を求める勧告を採択した。その後，日本は，国際連盟を脱退した。

　1937年7月，北京郊外の Y 付近で，日本軍と中国軍の武力衝突が起こった。この Y 事件をきっかけに，日中戦争が始まった。

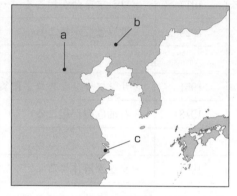

ア　Y－盧溝橋　位置－a　　イ　Y－盧溝橋　位置－b　　ウ　Y－盧溝橋　位置－c

エ　Y－柳条湖　位置－a　　オ　Y－柳条湖　位置－b　　カ　Y－柳条湖　位置－c

(5) 年表中Eの時期における日本の社会や経済の様子を述べた文として正しいものを，次のア～エの中から1つ選び，その記号を書け。

　ア　大気汚染や水質汚濁などの公害問題が深刻化し，公害対策基本法が制定された。

　イ　バブル経済と呼ばれる，投機によって株式と土地の価格が異常に高くなる好景気が発生した。

　ウ　労働争議が増加し，12歳未満の就労禁止，労働時間の制限などを定めた工場法が制定された。

　エ　朝鮮戦争が始まると，大量の軍需物資が日本で調達され，好景気になった。

(1)	→ → →	(2)	
(3)			
(4)		(5)	

2 平成の 30 年間に関する次の表を見て，あとの問いに答えなさい。　　　　　　　（京都女子高）

((1)各 2 点，(2)〜(8)各 5 点，他各 4 点，計 67 点)

年代	できごと（世界）	できごと（日本）
1989（平成元）	ベルリンの壁崩壊……………………①	消費税導入…………………………⑨
1990（平成 2）	イラクがクウェート侵攻…………②	バブル経済崩壊……………………⑩
1991（平成 3）	ソ連解体……………………………③	
1993（平成 5）	EU 発足 ……………………………④	
1997（平成 9）		臓器移植法成立……………………⑪
2000（平成 12）		介護保険制度開始…………………⑫
2001（平成 13）	同時多発テロ………………………⑤	
2003（平成 15）		個人情報保護法成立………………⑬
2006（平成 18）	北朝鮮が初の核実験………………⑥	
2007（平成 19）		国民投票法成立……………………⑭
2010（平成 22）	アラブの春…………………………⑦	
2016（平成 28）		日本銀行がマイナス金利導入……⑮
2018（平成 30）	韓国と北朝鮮の首脳会議…………⑧	

(1)　①について，実際に軍事力を行使する戦争にまでは至らないが，政治・軍事・経済面で対立していた状況を何というか，漢字 2 字で答えよ。

(2)　②について，この侵攻をきっかけとし，翌年の 1 月に始まった戦争は何か，漢字で答えよ。

(3)　③について，ソ連共産党最後の書記長は誰か，カタカナで答えよ。

(4)　④について，利害関係が一致する近隣の国や地域が，関係を強化することによって利益を追求するという考え方は何か，カタカナで答えよ。

(5)　⑤をきっかけとして，アメリカを中心とする諸国連合が攻撃をした国はどこか，国名を答えよ。

(6)　⑥について，1957 年に設立された，原子力平和利用のための国際機構は何か，アルファベットの略称を答えよ。

(7)　⑦について，2011 年にムバーラク大統領が退陣した国はどこか，国名を答えよ。

(8)　⑧について，この会談が行われた軍事境界線上にある場所はどこか，漢字で答えよ。

(9)　⑨について，間接税として正しくないものを，次のア〜エの中から 1 つ選び，記号で答えよ。
　ア　相続税　　イ　揮発油税　　ウ　酒税　　エ　たばこ税

(10)　⑩について，バブル経済崩壊の影響として正しくないものを，次のア〜エの中から 1 つ選び，記号で答えよ。
　ア　金利引き上げへの転換　　イ　株価・不動産価格の暴落
　ウ　不良債権の増加　　エ　海外直接投資の増加

(11)　⑪について，臓器移植医療のシンボルマークとして正しいものを，次のア〜エの中から 1 つ選び，記号で答えよ。

ア 　イ 　ウ 　エ

(12)　⑫について，介護保険制度の内容として正しくないものを，次のア〜エの中から 1 つ選び，記号で答えよ。

　　ア　介護保険の運営主体は市町村や特別区である。

　　イ　満 40 歳以上の国民に加入を義務付け保険料を徴収する。

　　ウ　給付サービスとして訪問介護やデイサービスなどがある。

　　エ　利用者の自己負担は所得に関係なく 1 割である。

(13)　⑬について，この法律の憲法上の根拠とされる権利として正しいものを，次のア〜エの中から 1 つ選び，記号で答えよ。

　　ア　幸福追求権　　イ　平和的生存権　　ウ　参政権　　エ　表現の自由

(14)　⑭について，憲法改正に関する記述として正しいものを，次のア〜エの中から 1 つ選び，記号で答えよ。

　　ア　各議院の総議員の 3 分の 2 以上の賛成で国会が発議する。

　　イ　各議院の出席議員の 3 分の 2 以上の賛成で国会が発議する。

　　ウ　各議院の総議員の過半数の賛成で国会が発議する。

　　エ　各議院の出席議員の過半数の賛成で国会が発議する。

(15)　⑮について，金融政策と，その影響に関する一般的な内容として正しくないものを，次のア〜エの中から 1 つ選び，記号で答えよ。

　　ア　売りオペレーションは通貨量を増加させる効果を持つため，不況時に行われる。

　　イ　「マイナス金利政策」の影響として金融機関の収益は悪化する。

　　ウ　金融緩和とは金利を下げることであり，その結果として企業による資金の借り入れは増加する。

　　エ　金融引き締めとは金利を上げることであり，その結果として企業の投資意欲は減退する。

(1)		(2)		戦争	(3)		
(4)		(5)			(6)		
(7)		(8)			(9)		
(10)		(11)		(12)		(13)	
(14)		(15)					

分野別の問題

ここでは，歴史の学習をひととおり終えてからの，総復習と高校入試の準備のための「最高水準問題」ばかりで編集しています。

100%正解をめざしてがんばりましょう。

10 政治・外交関係の問題

203 次の文章の空欄に適語（数字を含む）を記入しなさい。 （京都・同志社高）

①[ ]世紀に，内陸②[ ]からヨーロッパにまたがる征服活動により成立した③[ ]帝国は，ユーラシア大陸の東の縁にあたる日本にも押し寄せてきた。種々の要因がかさなって，2度におよぶ③の侵略は失敗に終わった。この2度の侵略を④[ ]とよんでいる。

④の影響としては，まず鎌倉幕府の⑤[ ]の経済的困窮化が加速されたことがあげられる。外敵の軍事的侵略をきっかけに，鎌倉幕府が外交など京都朝廷の権限を吸収し始めたことも見過ごせない。

朝廷権力の衰えに危機感を強めた⑥[ ]天皇は，倒幕を計画し，失敗を乗りこえて建武政権の樹立に成功する。この政権の失政による人々の不満を背景に，倒幕の最大の功労者であった⑦[ ]は反乱に立ち上がり，日本社会は半世紀をこえる大内乱に突入した。これを⑧[ ]の内乱あるいは動乱とよんでいる。

この内乱は⑨[ ]年，⑩[ ]幕府3代将軍⑪[ ]の主導による⑧合一によって終止符が打たれる。なおこの年，隣国でも⑫[ ]王朝が李成桂によって滅ぼされ，⑬[ ]王朝が成立している。この⑬王朝は，⑭[ ]戦争後の⑮[ ]年，日本によって⑯[ ]化されるまで存続した。

⑧の内乱が日本の歴史の重要な画期であると指摘したのは，東洋史研究者の内藤湖南であった。5世紀以来の統治者集団である⑰[ ]政権は，百済が完全に滅んだ⑱[ ]年の白村江敗戦や，672年の壬申の乱をへて律令国家形成に向かった。天皇を中心とする貴族たち支配者集団は，⑲[ ]世紀の治承・寿永内乱（源平騒乱）後も公家勢力として権力の座にとどまった。⑧の内乱により，権力が公家たちから武家の手に移ったことや，惣村とよばれる地域住民の⑳[ ]組織が芽生えたことなど，確かに大きな変化がこの列島で起こっている。

⑩幕府は，内部抗争によって1467年に始まった㉑[ ]のため，権威が失墜し，民衆の㉒[ ]なども頻発して，混乱期が続いた。「天下布武」を掲げ，侍支配の再建をめざした㉓[ ]は，一向㉒に勝利したが，天下統一を目前に倒れた。彼の後を継いだ豊臣秀吉は，惣無事令をだして私戦・私闘を禁止し，太閤検地を梃子に農民⑳の弱体化をはかった。

秀吉による⑬王朝への侵略とその失敗は，彼の死後豊臣政権の分裂をまねき，1600年に行われた㉔[ ]をへて徳川家康による㉕[ ]幕府の成立をみることになる。家康は1615年，㉖[ ]の豊臣氏を滅ぼし，これ以後19世紀の半ばまで，百姓㉒は続発するものの，大名間の軍事抗争はなくなる。これを元和偃武とよんでいる。

徳川家康が奨励したこともあって初期の幕府は，㉗[ ]貿易を行っており，ルソン，シャムなど㉘[ ]の各地には日本人町がさかえていた。しかし幕府の「鎖国」政策

により日本人の渡航が禁止されると各地の日本人町は衰退していった。幕府は，1639年にポルトガル船の来航を禁止し，ついで㉙[　　　　　　　　　]商館を㉚[　　　　　　　　　]の出島に移住させた。「鎖国」とはいえども日本は世界とまったく遮断されていたわけではなく，対馬藩を通して⑬と，薩摩藩を通して㉛[　　　　　　　]と，のちには松前藩を通して㉜[　　　　　　　]とも交流があったことを忘れてはならない。㉝[　　　　　　　]年，ペリーが浦賀に来航し，国交を求めたことにより，日本は大激動期に入り，元和偃武も終焉をむかえる。

204 次のそれぞれの文を読んで，あとの問いに答えなさい。 （奈良・帝塚山高）

あ　この**法令**によって，政府は議会の承認なしに，戦争に必要な労働力や物的資源を運用できるようになった。

い　人口の増加にともなって，①国が人々に与える土地が不足するようになった。そこで，国は，新しく切り開いた田地は永久に私有することを認める**法令**を出した。

う　A[　　　　　　　]は仏教に対する厚い信仰から，動物の愛護を強制する**法令**を出し，特に犬を保護した。

え　②享保の改革の1つとしてつくられたこの**法典**は，裁判の判例を集大成して裁判の公正を図り，法にもとづく合理的な政治を行うことを目的とした。

お　それまでの裁判の判例や，武家社会の慣習や道徳をもとにして，武士による最初の整った**法典**がB[　　　　　　　]によって制定された。51か条からなり，簡単ではあるが実用的でやさしい表現で書かれている。

か　C[　　　　　　　]は，有力者同士の争いをいさめ，天皇の命令に従うこと，仏教を大切にすることなど，役人としての心構えを示す**法令**を出した。

き　満25歳以上の男子に選挙権が保障されたのと同じ年に，私有財産制度を認めない人々の活動を取り締まるための**法令**が出された。

(1) 空欄A～Cにあてはまる人物名を漢字で答えよ。

(2) あ～きの文中にある**法令・法典**を古い順に並べたとき，4番目と6番目にあたるものはどれか。それぞれ記号で答えよ。 4番目[　　　] 6番目[　　　]

(3) あの文中の**法令**が出された前の年に始まった戦争について述べた文として正しいものを，次のア～エの中から1つ選び，記号で答えよ。 [　　　]
　ア　日本がハワイの真珠湾を攻撃したことがきっかけで始まった。
　イ　北京郊外で日本軍と中国軍が衝突したことがきっかけで始まった。
　ウ　ドイツがオーストリアに侵攻したことがきっかけで始まった。
　エ　ソ連が日本との中立条約を破棄したことがきっかけで始まった。

(4) 下線部①のように班田収授法に基づいて与えられた土地を何というか，漢字3字で答えよ。 [　　　　　]

(5) 下線部②について述べた文として誤っているものを，次のア～エの中から1つ選び，記号で答えよ。 [　　　]

解答の方針

203 解答は時代順になっていないところもあるので注意する。⑧合一と⑬王朝の成立が同年ということは覚えておこう。

ア　有能な武士を要職につけるための制度を整備して，大岡忠相を町奉行に登用した。

イ　生活に苦しむ下級武士を救済するため，商人からの借金を帳消しにした。

ウ　華美な生活をいましめ，倹約令を出すとともに，武芸を奨励した。

エ　年貢率を引き上げて収入の増加を図り，新田の開発に努めた。

(6)　おの文中の法典が制定された時期の社会について述べた文として正しいものを，次のア～エの中から1つ選び，記号で答えよ。　　　　　　　　　　　　　　　　　[　　　　　　]

ア　千歯こきや千石どおしが発明され，農業生産の能率が高まった。

イ　武士はみずからの地位を守るため，流鏑馬（やぶさめ）や笠懸（かさがけ）などの武芸の訓練に努めた。

ウ　牛馬を使った耕作が広まり，近畿地方を中心に米の二期作が普及した。

エ　交通の要所には市がたち，幕府の保護を受けた手工業者による問丸が，製品の仕入（しいれ）・販売を独占した。

(7)　きの文中の法令を出した内閣以降，犬養毅内閣までの間，衆議院の多数を占める政党が内閣を組織することが慣例になった。この慣例を何というか，5字で答えよ。　[　　　　　　]

205 歴史上，日本との関係が深かった国について述べた次の文章I～IVを読んで，あとの問いに答えなさい。　　　　　　　　　　　　　　　　　　　　　　　　　　　　　（大阪桐蔭高）

I　4～6世紀にかけて渡来人によって①優れた技術や仏教・儒教を伝えたこの国は，16世紀の終わりに日本から突然の来襲を受け，両国間の国交は断絶しました。江戸時代には@[　　　　　　]藩の宗氏を窓口として関係の改善がなされ。将軍の交代時には⑥[　　　　　　]が来日するなどの一定の関係が維持されました。しかし，明治時代になると②政府は軍艦を派遣し，高圧的態度で条約締結を迫りました。

II　15世紀前半に統一王朝が生まれたこの国は，東南アジア・東アジア諸国を結ぶ©[　　　　　　]貿易で栄えましたが，17世紀の初めに@[　　　　　　]藩の侵攻を受け，事実上，この藩の支配下におかれました。明治時代になると政府は③この国を藩とし，国王を華族に列しました。太平洋戦争ではアメリカ軍が上陸し，軍人だけでなく④民間人にもたくさんの犠牲者が出ました。

III　18世紀の終わりごろに通商を求めて蝦夷地に来訪したこの国とは，19世紀の半ばに幕府が和親条約を結び，続いて明治時代になると⑤国境線の変更に係（かか）わる条約を結びました。20世紀のはじめには領土の拡大を目指す両国の間で激しい戦闘が繰り広げられました。この戦争によって国力を低下させたこともあって，⑥その後の革命によって国家体制は変更されました。第二次世界大戦では，⑦開戦前に結んだ中立条約を破棄し，満州国に侵攻しました。これによって数多くの日本人が長期間シベリアに抑留されました。

IV　鉄砲を伝えたこの国とは，その後本格的な貿易が始まり，宣教師とともに東アジアやヨーロッパからさまざまな商品がもたらされました。江戸時代になるとキリスト教信者の団結を恐れた幕府によって禁教令が出され，3代将軍の時に起こった⑧キリスト教信者を中心とする農民一揆に物資を援助したこともあって，来航禁止処分となりました。その後はオランダが貿易を独占しました。

(1)　文中の空欄@～@にあてはまる語句をそれぞれ答えよ。

(2)　下線部①について，古墳の石室などから発掘される，渡来人の伝えた技術によって作られた焼き物を答えよ。　　　　　　　　　　　　　　　　　　　　　　　　　　[　　　　　　]

(3)　下線部②について，この事件の名称を答えよ。　　　　　　　　　　　　[　　　　　　]

(4) 下線部③について，日本政府はこの藩を7年後には県とした。この藩から県への移行処置を漢字4字で答えよ。 [　　　　　　　　　]

(5) 下線部④について，女子学生らが看護要員として動員され，300名以上が犠牲となった組織の名称を答えよ。 [　　　　　　]

難 (6) 下線部⑤について，この条約によって定められた国境として正しいものを，右の図中ア〜エの中から1つ選び，記号で答えよ。 [　　　　]

(7) 下線部⑥について，この革命を指導した人物を答えよ。
[　　　　　　]

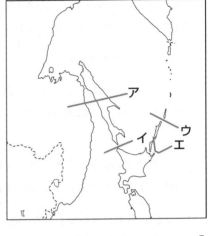

(8) 下線部⑦について，この行為は連合国の首脳会談によって合意がなされたが，この首脳会談の名称を，次のア〜エの中から1つ選び，記号で答えよ。 [　　　　]

　ア　ポツダム会談　　イ　カイロ会談
　ウ　ヤルタ会談　　　エ　ミュンヘン会談

(9) 下線部⑧について，この事件の名称を答えよ。 [　　　　　　　　　]

206 かな子さんは，日本の古代から現代にかけての各時代の特色と，各時代の人々のくらしの一部を表にまとめた。表をみて，あとの問いに答えなさい。 (福岡県)

表

時代	時代の特色	人々のくらし
古代	○ア律令（りつりょう）に基づく政治のしくみが整えられた。 ○貴族による①摂関政治（せっかんせいじ）が行われた。	人々には租（そ）・調（ちょう）・庸（よう）などの税や，兵役・労役が課された。
中世	○イ武士による政治のしくみが整えられ，しだいに支配が全国に広がった。 ○武士や農民による一揆（いっき）により自治を行う国があらわれた。	農村には惣（そう）とよばれる自治組織がうまれ，地域を自分たちで運営しようとする動きが強まった。
近世	○ウ幕府と藩（はん）による支配のしくみが確立した。 ○平和が持続して，②貨幣経済が広まった。	〔 イ 〕
近代	○エ政府が全国を治める中央集権国家のしくみが整えられた。 ○〔 ロ 〕	都市化の進展を背景に，大衆に向けた文化がうまれ，ラジオ放送が始まった。
現代	○占領下の混乱から③民主化と経済復興を進め，独立を回復した。 ○国際社会と協調する中で，高度経済成長を遂げた。	人々の収入が増え，テレビ・電気洗濯機などの家庭電化製品が普及した。

解答の方針

204 (5)寛政の改革，天保の改革の違いに注意してみよう。
205 (5)沖縄県糸満市に慰霊碑（いれいひ）や塔（とう）が建てられている。

(1) 表の下線部①に最も関係する人物を，次の1～4の中から1つ選び，番号で答えよ。

[   ]

1 足利義政 <ruby>（あしかがよしまさ）</ruby>　2 徳川家光 <ruby>（とくがわいえみつ）</ruby>　3 西郷隆盛 <ruby>（さいごうたかもり）</ruby>　4 藤原道長 <ruby>（ふじわらのみちなが）</ruby>

(2) 次の [   ] 内の文は，表の下線部ア～エのいずれかのできごとと関係がある。どのできごとと最も関係があるか，ア～エから1つ選び，番号で答えよ。

[   ]

御恩（ごおん）と奉公（ほうこう）の主従関係をもとに，守護（しゅご）や地頭（じとう）を設置した。

(3) 次の [   ] 内は，かな子さんが，時代が移り変わるころの政治の様子をまとめたものの一部である。いつのころの政治の様子か，最も適切なものを，次の1～4の中から1つ選び，番号で答えよ。

[   ]

それまでの荘園（しょうえん）領主の土地の支配権が否定され，全国で統一された基準で検地（けんち）を実施し，検地帳に記された耕作者を土地の所有者として，年貢を課すしくみが確立されていった。

1 古代から中世へ移り変わるころ　　2 中世から近世へ移り変わるころ

3 近世から近代へ移り変わるころ　　4 近代から現代へ移り変わるころ

(4) かな子さんは，表の下線部②によって農村の生活がどのように変化したかを〔 ④ 〕にまとめた。〔 ④ 〕にあてはまる内容を，資料Ⅰ・Ⅱから読み取れることを関連づけて，「生活水準」の語句を使って書け。　　[   ]

資料Ⅰ

昔は農村では特に銭貨（せんか）が不足し，いっさいの物を銭（ぜに）では買わず，皆米や麦で買っていたことを，私(著者)は田舎（いなか）で見て覚えている。ところが，最近の様子を聞いてみると，元禄（げんろく）の頃より田舎へも銭が普及し，銭で物を買うようになった。

資料Ⅱ

(5) 次の [   ] 内は，表の〔 ロ 〕にあてはまる内容を示したものである。（   ）にあてはまる語句を書け。　　[   ]

第一次世界大戦にともなう好景気による都市化の進展などを背景に，（   ）とよばれる風潮（ふう）（ちょう）が広がり，護憲（ごけん）運動などによって，男子普通選挙が実現した。

(6) 次の [   ] 内は，下線部③について説明したものである。（ ⓐ ），（ ⓑ ）にあてはまる語句を正しく組み合わせたものを，次の1～4の中から1つ選び，番号で答えよ。　　[   ]

これまで日本の産業や経済を独占してきた（ ⓐ ）が解体（かいたい）され，また，農地改革で（ ⓑ ）が増加するなど，民主化が進められた。

1 ⓐは財閥（ざいばつ），ⓑは自作農（じさくのう）　　2 ⓐは労働組合，ⓑは地主（じぬし）

3 ⓐは労働組合，ⓑは自作農　　4 ⓐは財閥，ⓑは地主

11 社会・経済の問題

最 高 水 準 問 題 ────────────────────────────── 解答 別冊 p.41

207 次のA～Hまでの文章を読んで，あとの問いに答えなさい　　　　　（神奈川・法政大第二高）

A 稲作が始まり，人々の生活は計画的に食料生産を行うくらしに移行していった。しかし，米や水田をめぐって，村どうしの対立が起き，戦いが始まるようになった。村人は首長を中心にまとまり，首長は支配者としての地位を確立するようになった。また，貧富の差も発生した。①村はやがて小国へと発展した。

B 都では，藤原氏が天皇と姻戚(いんせき)関係を結んで政治を動かした。地方の農村では，広い田畑を所有するようになった有力農民や地方の豪族が，国司による税の取り立てに抵抗したり，開発した土地をめぐって対立したりした。かれらは，土地を守り，農民を支配するために武力を蓄え，その中には武士と呼ばれるものがでてきた。

C 農村では，本百姓の中から有力な者が，名主(なぬし)・組頭(くみがしら)・百姓代(ひゃくしょうだい)などの村役人に任命され，農家は5～6戸をひとまとめにしたa [　　　　　　　　] に組織された。支配者は検地を行って，年貢を出来るだけとろうとした。また，農民に対しては田畑の売り買いが禁じられ，一族の間での土地の分与も制限された。

D 班田収授といわれる仕組みの下で，農民にはb [　　　　　　　　] が与えられ，②様々な税や労役を負担することになった。この時期の農村では鉄製の農具が普及しつつあり収穫は増えたが，天災により凶作になると，翌年の種もみでさえも不足することがあった。

E 有力な農民や地侍(じざむらい)が中心になって，地域ごとに自治的な村であるc [　　　　　　　　] を形成するようになった。自治の中心となる人たちは，寺社などに集まり，用水や山林の管理などについて話し合うとともに，村の掟を定めた。かれらは③村の自治が発展すると，重い年貢をかける荘園領主や守護大名や高利貸に抵抗するようになった。

F ④米と麦の二毛作が，近畿地方を中心に行われるようになり農業生産が向上した。しかし，荘園で生活する農民は領主に年貢を納める一方で，幕府が荘園に派遣したd [　　　　　　　　] からも労役などを課せられ，二重の負担に苦しめられるようになった。

G 幕府や藩によって新田開発が進められ，耕地が全国的に拡大した。また⑤新しい農具も普及し，農民たちは農業生産を向上させた。衣料に木綿が用いられ，菜種油を使う行灯(あんどん)が普及すると，農民の中には，綿や菜種などを栽培し，商人に売り渡して現金収入を得る者もいた。

H これまで年貢という形で生産物が税として納められてきたが，⑥新政府は地価を定めて，それに課税する仕組みを導入することにした。税率は当初3%であったが負担が重いため，反対一揆が頻発し，政府は税率を下げざるを得なくなった。

(1) 文章中の空欄a～dに入る適当な語句を答えよ。

(2) B～Fまでの文章を時代順に並べ替え，記号で答えよ。

[　　　 → 　　　 → 　　　 → 　　　 → 　　　]

(3) 下線部①に関連して，こののち「倭国大乱」といわれる小国分立の時代を経て，邪馬台国の下で安定した時期を迎えたと当時の中国の歴史書は記述している。この歴史書の名称を漢字で答えよ。

(4) 下線部②に関連して，当時の人々の負担の中で，1年に60日以内，地方の様々な労役につくことが課せられていた。この労役を何というかひらがなで答えよ。　　［　　　　　］

(5) 下線部③の一例を示した以下の**資料**の空欄（　A　）と（　B　）に入る語句の組み合わせとして正しいものを，あとのア〜エの中から1つ選び，記号で答えよ。

> **資料**　正長元年九月，天下の土民が蜂起した。「徳政」を口にしながら，（　A　）・（　B　）・寺院などを破壊して，品物を自由に奪い，借金の証文をすべて破いてしまった。(中略)国が滅ぶ原因としてこれ以上のものはない。日本が始まって以来，土民が立ち上がったのはこれがはじめてだ。
>
> (『大乗院日記目録』)

ア　A　土倉　B　問丸　　イ　A　酒屋　B　土倉
ウ　A　酒屋　B　馬借　　エ　A　馬借　B　問丸

(6) 下線部④に関連して，農業生産の向上は他の産業の発達を促した。この時代の経済や産業について説明した，次のア〜エの文章の中から，誤っているものを1つ選び，記号で答えよ。　　［　　　　　］

ア　商人や手工業者は，座とよばれる同業者組合をつくり，公家や寺社の保護を受けて営業の安全を図った。

イ　近畿地方などでは綿花の栽培も盛んになり，干したイワシ(ほしか)などの肥料もお金で購入するようになった。

ウ　商品を交換するために宋銭が用いられるとともに，遠隔地での取引を円滑化するため，現在の「為替」のような仕組みが用いられるようになった。

エ　ものを売り買いする市が定期的に月3回開かれるようになった。

(7) 下線部⑤に関連して，右の図に示す農具の名称を答えよ。　　［　　　　　］

(8) 下線部⑥にともない，政府は土地の価格や所有関係を示す証書を発行した。このような証書は一般に何と呼ばれるか，漢字2字で答えよ。　　［　　　　　］

図

208 次の文章を読んで，あとの問いに答えなさい。　(大阪教育大附高池田)

　現在，日本の人々の多くは都市部に住んでいる。一方農村では過疎が問題になり，人口減少が著しい。江戸時代には人口の8割以上が農民であったことを思うと，都市と農村の人口のバランスは時代背景にともなって変わることがわかる。現代人の多くは町で生活しているが，農村の風景はやはり唱歌「故郷」の風景である。都市に住む人々と農村に住む人々がはっきりと区別され，職業別に住み分けが進んだのは，豊臣秀吉の時代である。これは(a)兵農分離という政策であり，続く江戸時代にも継承されて，身分制に対応した居住区域が固定された。また商工業や交通の発達とともに，各地に都市が栄え，その中でも(b)江戸・(c)大坂・(d)京都は三都とよばれて，それぞれ政治，経済，(e)文化の中心地であった。大名たちの居城を中心とする(f)城下町は地方の中心地であり，また港町や宿場町など，人々

や物資の集まるところにさまざまな都市は発達していった。これらの都市と都市は(g)陸上交通や(h)海運でつながり，全国的な交通網の発達は商品作物の輸送・販売を容易にして，商品経済の農村への浸透をすすめた。

(1) 下線部(a)をすすめた政策として最も関係の深いものを，次のア～キの中から2つ選び，記号で答えよ。 [　] [　]

　ア　禁教　　　イ　鎖国　　　　ウ　太閤検地　　エ　朝鮮侵略

　オ　刀狩令　　カ　楽市楽座令　キ　一揆

(2) 江戸時代，大名は1年ごとに下線部(b)と大名の領地を行き来することが定められた。この制度の名称を答えよ。 [　]

(3) 下線部(c)について，あてはまるものを，次のア～オの中から1つ選び，記号で答えよ。 [　]

　ア　商人の町であり，商品経済のなかを生き抜く町人たちの喜びや悲しみを描いた松尾芭蕉の小説が大流行した。

　イ　諸藩の蔵屋敷が置かれ，全国から集められた年貢米や特産品が運びこまれて活発な取引が行われた。

　ウ　伝統的な高級織物や工芸品が多く作られるなど，当時の文化の中心であった。

　エ　「天下の台所」といわれ，鍛冶師（かじし）などの金属加工業者が，さまざまな調理道具を生産したことで知られている。

　オ　貿易によって経済的にうるおい，大陸文化を積極的に受け入れる方針で自治を実施した。

(4) 下線部(d)は，平安時代から長期にわたり都であった。平安時代にこの都で行われた摂関政治について，次の語句をすべて使って説明せよ。 【 語句：　藤原氏　・　幼い　・　成人 】

[　]

(5) 江戸時代の下線部(e)について，あてはまらない人物を，次のア～オの中から1人選び，記号で答えよ。 [　]

　ア　井原西鶴　　イ　歌川広重　　ウ　千利休　　エ　近松門左衛門　　オ　東洲斎写楽

(6) 次の地名ア～キのうち，室町時代に下線部(f)として発達した町を2つ選び，記号で答えよ。 [　] [　]

　ア　長崎　　イ　山口　　ウ　博多　　エ　兵庫　　オ　堺　　カ　奈良　　キ　小田原

(7) 江戸時代の下線部(g)について，五街道のうち，江戸と東北地方を結ぶ街道の名称を答えよ。 [　]

(8) 江戸時代の下線部(h)について，東北や北陸の物資を日本海沿岸をまわって大坂へ運ぶ航路の名称を答えよ。 [　]

解答の方針

207 (5)「借金の証文をすべて破いて…」から襲われたところが金貸しを営んでいたことがわかる。
208 (7)江戸と陸奥国（むつのくに）を結んでいた。

209 次の(A)～(E)の文を読んで，あとの問いに答えなさい。　　　　　　　　　（高知学芸高）

(A)　このころ，重化学工業はさらに発達し，各地に巨大なコンビナートが建設された。東京でオリンピックが開かれる一方，①水俣病などの公害問題も深刻化した。

(B)　このころ，洋装・肉食・ざんぎり頭などが流行し，東京の銀座通りにはれんが造りの建物が建てられ，ガス灯がともった。

(C)　このころ，世界的に船舶が不足し，日本国内では海運業や造船業がめざましい発展をとげた。②薬品・化学肥料などの国産化がすすみ，重化学工業が発達した。

(D)　このころ，生糸は，③{A：アメリカ　B：中国　C：韓国}を中心に輸出された。④{X：水力　Y：蒸気力　Z：原子力}の力で動く機械で生産された綿糸も輸出され，軽工業中心に産業革命がすすんだ。

(E)　このころ，⑤世界恐慌の影響を受け，たくさんの企業が倒産し，失業者が増え日本の不景気はいちだんと深刻になった。また東北などでは大凶作となり，娘の身売りや欠食児童が社会問題となった。都市では労働争議がしばしば起こり，農村では小作争議が増加した。

(1)　(A)～(E)の各文が説明している「このころ」は，それぞれ「いつごろ」か。次のア～カの中から最も近いものを1つずつ選び，記号で答えよ。

　　　　(A)[　　　　　] (B)[　　　　　] (C)[　　　　　] (D)[　　　　　] (E)[　　　　　]

ア　自由民権運動が始まったころ　　イ　日清戦争のころ
ウ　第一次世界大戦のころ　　　　　エ　満州事変が始まったころ
オ　第二次世界大戦のころ　　　　　カ　高度経済成長

(2)　(A)の下線部①のような公害問題に対応するため，1971年に設けられた省庁名を答えよ。

　　　　　　　　　　　　　　　　　　　　　　　　　　　　[　　　　　　　　　　　]

(3)　(B)の文のような変化を何というか，漢字4文字で答えよ。　　[　　　　　　　　　]

(4)　(C)の文の下線部②の薬品や化学肥料を，このころまでに日本が多く輸入していたヨーロッパの国はどこか。　　　　　　　　　　　　　　　　　　　　[　　　　　　　　　]

(5)　(D)の文の③－④の正しい組合せを，次のア～ケから1つ選び，記号で答えよ。　[　　　　]

ア　A－X　　イ　A－Y　　ウ　A－Z　　エ　B－X　　オ　B－Y
カ　B－Z　　キ　C－X　　ク　C－Y　　ケ　C－Z

(6)　(E)の文の下線部⑤に対して，アメリカ大統領に就任したローズベルトが行った政策の内容について，40字以内で説明せよ。

[　　　　　　　　　　　　　　　　　　　　　　　　　　　　　　　　　　　　　　　]

210 次ページの図は，1872年に設立されたある官営模範工場の内部の様子を描いたものです。この工場の特色について述べた次の文章のア～エの中から，誤っているものを1つ選び，記号で答えなさい。

　　　　　　　　　　　　　　　　　　　　　　　　　　　　　　　　　（東京・開成高改）

　　　　　　　　　　　　　　　　　　　　　　　　　　　　[　　　　　　　　　]

ア　当時，お雇い外国人といわれたフランス人技師の指導をうけた。
イ　建物はれんが造りで，フランス製製糸機械などの近代的な設備が整っていた。

ウ　工女の希望者は非常に多かったが，政府は貧しい農家の娘を積極的に採用した。

エ　現在，日本の近代化遺産として，世界遺産の１つになっている。

難 211 近代の交通や経済について述べた次の文章ア〜エのうち，３つは正しく，１つは語句を１か所訂正すれば正しい内容になります。誤った語句を含む文章を探し，その語句を訂正したものを記しなさい。（記号や，誤った語句の指摘は不要です）　　（鹿児島・ラ・サール高）

[　　　　　　　　　　　]

ア　明治時代の初め頃，新橋・横浜間で鉄道が開通し，以後急速に鉄道が発達した。このころ，町では人力車や馬車も大いに利用された。海運では汽船の運航が始まった。この頃，近代的な郵便制度もできあがった。

イ　日清戦争後には全国の主な幹線鉄道がほぼ開通し，日露戦争後にはその多くが国有化された。農村では都市人口の増加と鉄道の普及によって農作物の商品化が進んだ。輸入に押されて綿花・菜種などの栽培は衰えたが，桑の栽培や養蚕は発展した。

ウ　第二次世界大戦中，日本経済はこれまでにない好景気になり，綿布（めんぷ）などの商品がアジアなどに輸出され，造船業や海運業も発達した。この時期，輸出と輸入を比べると輸出の方が多くなり，工業生産額と農業生産額を比べると工業生産額の方が多くなった。

エ　池田勇人（はやと）内閣の頃，技術革新が進み，重化学工業が発達した。エネルギー源も石油が中心となった。国民生活では家庭電化製品や自動車が普及して，都市人口がさらに増え，農村では兼業農家が増えた。またこのころ，名神高速道路や東海道新幹線ができた。

解答の方針

209 第一次世界大戦により，ヨーロッパからの輸入が途絶えたため，日本国内での供給不足を補うべく，さまざまな産業が発展した。問題文の薬品や化学肥料を製造する化学工業も盛んになった。

210 工女とはこのような工場で働いた女性のこと。この官営模範工場では多くの人手を必要としていた。

12 文化の問題

最 高 水 準 問 題 ──────────────────────── 解答 別冊 p.42

212 次の文A～Cを読んで，あとの問いに答えなさい。 （近畿大附東広島高）

A　黄河流域に生まれた殷という国の時代には，優れた青銅器や漢字のもとになった甲骨文字がつくられた。

B　奈良盆地を中心とする地域に強力な勢力が生まれ，前方後円墳をはじめとする大きな墓がつくられた。

C　大陸から渡来した人々によって，稲作が九州北部に伝えられた。竪穴住居の近くには，収穫した稲の穂をたくわえるための高床倉庫もつくられた。

(1)　文Bについて，古墳の頂上や周囲に並べられた円筒型や，人物，家屋，馬などの形をした土製品の名称を答えよ。　　　　　　　　　　　　　　　　　　　　[　　　　　　　　]

(2)　文Cについて，この時代を代表する九州北部にある大規模な遺跡を，次のア～エの中から1つ選び，記号で答えよ。　　　　　　　　　　　　　　　　　　　[　　　　　]

　　ア　岩宿遺跡　　イ　三内丸山遺跡　　ウ　吉野ヶ里遺跡　　エ　登呂遺跡

(3)　文A～Cを年代の古い順番に並べた場合，正しいものを，次のア～カの中から1つ選び，記号で答えよ。　　　　　　　　　　　　　　　　　　　　　　　　　[　　　　　]

　　ア　A→B→C　　イ　A→C→B　　ウ　B→A→C
　　エ　B→C→A　　オ　C→A→B　　カ　C→B→A

213 次のA～Gの文章は，日本文化の歴史に関する文章です。これらの文章を読んで，あとの問いに答えなさい。 （京都・立命館高）

A　町人の経済力が強まるにつれて，大坂や京都などの上方を中心にはなやかな町人文化が生まれた。浮世草子とよばれる小説には，一生懸命かせぎ，そして生活を楽しむ町人の姿が描かれた。

B　文化の担い手は主に公家や僧であったが，かざり気のない力強さを好む武士の気風が文化の上にもあらわれた。また，宋や元の文化の影響も受けていた。

C　文化の中心は江戸に移り，より広い範囲の民衆に親しまれるようになった。浮世絵では多色刷の版画がつくられ，のちにフランスの画家に影響を与えた。

D　豪華で雄大な文化であり，仏教の影響がうすれ，大名たちの威力を示すようになった。この時期に堺のある商人は，茶の湯を通して静かな心を得るよう人々にすすめ，茶道を大成した。

E　仏教をあつく信仰した人物たちが，仏教の教えを世の中に広めようとした。世界最古の木造建築の中には，釈迦三尊像などのすぐれた美術工芸品が残されている。

F　日本の自然と生活に合った文化がおこり，中国からの文化については吸収・消化することになった。また，仏教では仏にすがって救いを求めれば，死後に極楽浄土に生まれることができるという浄土教もおこった。

G　8代将軍の別荘ができた時代の文化で，禅宗の影響を強く受けている。また，争乱の影響があり，中央の文化が地方に普及しているという特色もみられる。

(1) A～Gはどの文化のことを説明しているか，あてはまるものを，次のア～ケの中からそれぞれ選び，記号で答えよ。 A [　　　] B [　　　] C [　　　] D [　　　]
E [　　　] F [　　　] G [　　　]

　ア　飛鳥文化　　イ　天平文化　　ウ　国風文化

　エ　鎌倉文化　　オ　東山文化　　カ　桃山文化

　キ　元禄文化　　ク　化政文化　　ケ　明治文化

(2) Aの下線部について，このような作品を書いた人物にあてはまるものを，次のア～エの中から1人選び，記号で答えよ。 [　　　]

　ア　松尾芭蕉　　イ　近松門左衛門　　ウ　尾形光琳　　エ　井原西鶴

(3) Bの下線部について，宋にわたり，座禅による修行を重んじる禅宗を日本に伝え，曹洞宗を開いた人物の名前を答えよ。 [　　　]

(4) Cの下線部について，この版画のことを何というか答えよ。 [　　　]

(5) Dの下線部について，これをよくあらわしているのが城であるが，兵庫県にあり，世界遺産に登録されている城の名称を答えよ。 [　　　]

(6) Eの下線部について，この建築物と関係のないものを，次のア～エの中から1つ選び，記号で答えよ。 [　　　]

　ア　玉虫厨子　　イ　聖徳太子(厩戸皇子)　　ウ　エンタシス　　エ　正倉院

(7) Fの下線部について，この時代の仏教について説明した，次のア～エの文章の中から，もっとも適切なものを1つ選び，記号で答えよ。 [　　　]

　ア　人里はなれた山中できびしい修行をつみ，いのりの力で国を守り，人々の病気や災いを取りのぞくことができると説いた。

　イ　戦乱や飢饉，災害が起こって，人々は仏に救いを求め，その不安をのりこえようとした。そのため，武士や民衆の願いに合った教えを説く者が出現した。

　ウ　仏教は幕府の統制下におかれ，人々を檀家として所属させ，旅行や転居の際に証明書を寺が発行するようになった。

　エ　多くの阿弥陀仏がつくられ，その仏をまつる阿弥陀堂がつくられた。平等院鳳凰堂は，その代表の1つである。

(8) Gの下線部について，この争乱にあてはまるものを，次のア～エの中から1つ選び，記号で答えよ。 [　　　]

　ア　南北朝の内乱　　イ　承久の乱　　ウ　応仁の乱　　エ　関ヶ原の戦い

(9) A～Gを古い順に並べたとき，4番目になるものをA～Gの記号で答えよ。 [　　　]

解答の方針

213 (2)**浮世草子**はこの世(浮世)を肯定的にとらえ，町人の喜怒哀楽や経済活動を巧みに描き出した小説。代表的な作品に『日本永代蔵』や『好色一代男』などがある。

(5)**白鷺城**という別称がついている城郭。

214 次のA〜Cの資料を読んで，問いに答えなさい。　　　　　　　　（北海道・函館ラ・サール高改）

A　熟田津に　船乗りせむと　月待てば　潮もかなひぬ　今はこぎいでな　－①

　　うらうらに　照れる春日に　雲雀あがり　情悲しも　独りしおもへば　－②

(1)　これらは現存する日本最古の和歌集に収められている和歌である。この和歌集の名称を答えよ。

　　　　　　　　　　　　　　　　　　　　　　　　　　　　　　　　　[　　　　　　　　]

(2)　①の和歌は7世紀後半によまれたもので，朝鮮半島に遠征する兵士が「熟田津」（現在の松山市付近の港）から船出しようとしている状況を描いたものである。この遠征軍がかかわった，朝鮮半島での戦いを何というか，答えよ。　　　　　　　　　　　　　　　　[　　　　　　　　]

(3)　②の和歌の作者はこの和歌集の編纂者ともいわれている人物である。その人物として正しいものを，次のア〜エの中から1人選び，記号で答えよ。　　　　　　　　　　[　　　　　　　　]

　　ア　大伴家持　　イ　柿本人麻呂　　ウ　紀貫之　　エ　菅原道真

B　祇園精舎の鐘の声，諸行無常の響きあり。沙羅双樹の花の色，盛者必衰のことはりをあらはす。おごれる人も久しからず，只春の夜の夢のごとし。たけき者も遂には滅びぬ，ひとへに風の前の塵に同じ。

(4)　これは日本を代表する軍記物語の冒頭部分である。この軍記物語の名称を答えよ。

　　　　　　　　　　　　　　　　　　　　　　　　　　　　　　　　　[　　　　　　　　]

(5)　この軍記物語に節をつけて語った人々を何というか，答えよ。　　　[　　　　　　　　]

(6)　この軍記物語に描かれている時代のできごとの説明として正しいものを，次のア〜エの中から1つ選び，記号で答えよ。　　　　　　　　　　　　　　　　　　[　　　　　　　　]

　　ア　平清盛は，白河上皇の信任を得て太政大臣の地位にまですすむとともに，平氏一門は高位高官を独占した。

　　イ　鎌倉に流されていた源頼朝は，弟の義経とともに打倒平氏のために京都に攻めのぼった。

　　ウ　北条時宗は，元寇後に増えた領地をめぐる裁判を公平に裁くために御成敗式目を制定した。

　　エ　奥州の藤原氏は，北上川流域の平泉に京都風の町を建設して3代約100年にわたって栄えていた。

C　月日は百代の過客にして，行きかふ年も又旅人なり。舟の上に生涯を浮かべ，馬の口とらへて老いをむかふる物は，日々旅にして旅を栖とす。古人も多く旅に死せるあり。予もいづれの年よりか，片雲の風にさそはれて，漂泊の思ひやまず。

(7)　これは松尾芭蕉の代表的な紀行文の冒頭部分である。この紀行文の名称を答えよ。

　　　　　　　　　　　　　　　　　　　　　　　　　　　　　　　　　[　　　　　　　　]

(8)　下線部について，松尾芭蕉が系譜につながろうとした日本および中国の旅の詩人として誤っているものを，次のア〜エの中から1人選び，記号で答えよ。　　　　　[　　　　　　　　]

　　ア　西行　　イ　宗祇　　ウ　鑑真　　エ　杜甫

(9)　この紀行文が成立した時代の説明として誤っているものを，次のア〜エの中から1つ選び，記号で答えよ。　　　　　　　　　　　　　　　　　　　　　　　[　　　　　　　　]

　　ア　将軍の徳川綱吉は生類憐みの令を出して，犬を大事にし，生き物すべての殺生を禁じた。

　　イ　農業技術の進歩はめざましく，土地を深く耕せる備中鍬や，脱穀用の千歯扱などが考案された。

　　ウ　河村瑞賢により，西廻り航路や東廻り航路が整備され，東北・北陸地方の米が大阪や江戸へ運ばれた。

　　エ　「東海道五十三次」などで知られる葛飾北斎が，民衆の風俗をうつした浮世絵を始めた。

難 **215** 1994 年，世界遺産として登録された「古都京都の文化財」のうち，平等院・鹿苑寺・延暦寺の
3 つの寺院に関して述べた文章として，最も適当なものを，次のア～エの中から 1 つ選び，
記号で答えなさい。　　　　　　　　　　　　　　　　（愛知・中京大附中京高）[　　　　　]

ア　平等院には，法然によって来世において極楽浄土に往生することを願う教えが広められるなか，
藤原道長によって鳳凰堂が建てられた。

イ　鹿苑寺金閣は，将軍の足利義政によって京都の東山に建てられ，禅宗の影響を受けた豪華絢爛^{けんらん}
な建築様式が取り入れられた。

ウ　延暦寺は，遣唐使に従って唐へ渡ったこともある最澄によって開かれた天台宗の寺院であり，
その別称として「北嶺」とよばれた。

エ　この 3 つの寺院建築は，平安時代から室町時代にかけて，最初に平等院鳳凰堂，次に延暦寺，
最後に鹿苑寺金閣の順で建立された。

216 次の問いに答えなさい。　　　　　　　　　　　　　　　　　　　　（三重・暁高）

(1)　次の A ～ D の僧に関係のないものを，あとのア～オの中から 1 つ選び，記号で答えよ。

[　　　　　]

A　鑑真　　　B　行基　　　C　法然　　　D　空海

ア　座禅によって自分の力でさとりを開こうとする禅宗を，宋から伝えた。

イ　遣唐使船で日本に渡ろうとして何度も遭難し，ついには失明しながらも日本にやってきて，
寺院や僧の制度を整えた。

ウ　遣唐使とともに唐に渡って仏教を学び，高野山に金剛峯寺を建てて真言宗を広めた。

エ　浄土宗を開き，「南無阿弥陀仏」と念仏を唱えれば，だれでも極楽浄土に生まれ変われると
説いた。

オ　奈良時代，民衆のあいだに仏教を広め，橋やため池をつくったり，税を運ぶ人々のために休
憩所をつくったりする，社会事業を行って民衆を救った。

(2)　次の A ～ D の人物に関係のないものを，あとのア～オの中から 1 つ選び，記号で答えよ。

[　　　　　]

A　本居宣長　　　B　伊能忠敬　　　C　近松門左衛門　　　D　杉田玄白

ア　前野良沢とともにオランダ語の人体解剖書を翻訳し，『解体新書』を出版した。

イ　幕府の命令で全国の海岸線を実際に測量し，日本全図を作成した。

ウ　『古事記伝』を著し，国学を大成した。

エ　義理と人情の板ばさみに悩む男女の気持ちを，人形浄瑠璃の台本に書いた。

オ　町人の風俗を題材に絵を描き，浮世絵を始めた。

解答の方針
───────────────────────────────────────
214 (8)事績のわからない人物がいれば，まず詩人ではない人物を探すとよい。

13 年表を中心とした問題

217 10～20世紀の各国・地域の動きを示した下記の略年表を見て，あとの問いに答えなさい。なお地名・人名等固有名詞については漢字で表記すべきものは漢字で答えなさい。

（北海道・立命館慶祥高改）

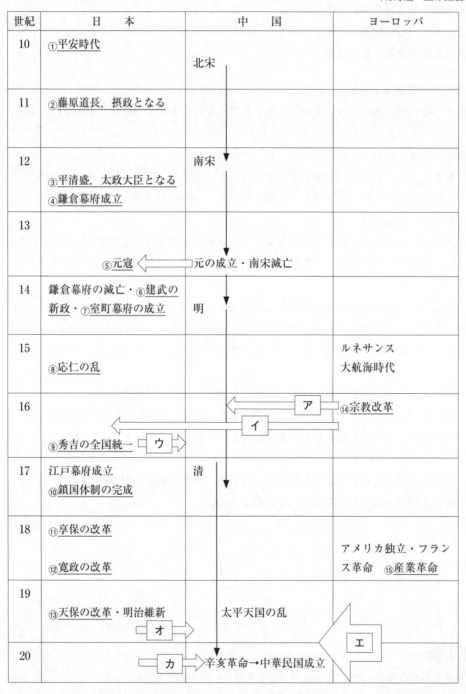

世紀	日　本	中　国	ヨーロッパ
10	①平安時代	北宋	
11	②藤原道長，摂政となる		
12	③平清盛，太政大臣となる ④鎌倉幕府成立	南宋	
13		⑤元寇 ← 元の成立・南宋滅亡	
14	鎌倉幕府の滅亡・⑥建武の新政・⑦室町幕府の成立	明	
15	⑧応仁の乱		ルネサンス 大航海時代
16	⑨秀吉の全国統一 ［ウ］	［ア］ ［イ］	⑭宗教改革
17	江戸幕府成立 ⑩鎖国体制の完成	清	
18	⑪享保の改革 ⑫寛政の改革		アメリカ独立・フランス革命　⑮産業革命
19	⑬天保の改革・明治維新 ［オ］	太平天国の乱 ［エ］	
20	［カ］	辛亥革命→中華民国成立	

(1) 下線部①の時代に，日本の文字の歴史の上で画期的な発明があった。この時発明された文字でないものを，次のア〜ウの中から1つ選び，記号で答えよ。　　　　　　　　　[　　　　　]

　　ア　ひらがな　　イ　かたかな　　ウ　万葉がな

(2) 下線部②に関連して，次の①〜②に答えよ。

　　①下線部の人物の時に全盛を迎えた藤原氏が行った政治を何というか。　[　　　　　]

　　②887年，藤原氏で最初に関白となった人物の名前を答えよ。　　　　[　　　　　]

(3) 下線部③の政権は，完全な武家政権とは言えない。その理由を，略年表で使われている用語を用いて，20字以内で説明せよ。[　　　　　　　　　　　　　　　　　　]

(4) 下線部④について，成立後，幕府勢力が西国にまで伸びていくきっかけとなった事件の名称を答えよ。　　　　　　　　　　　　　　　　　　　　　　　　　　[　　　　　]

(5) 下線部⑤の影響の説明として正しいものを，次の文章ア〜エの中から1つ選び，記号で答えよ。

　　　　　　　　　　　　　　　　　　　　　　　　　　　　　　　　　[　　　　　]

　　ア　九州の一部を元に征服され，その地域を奪還するため，さらに戦争が行われた。

　　イ　御家人たちは，幕府からの恩賞を受け，戦費を回収することに成功した。

　　ウ　幕府は元軍を撃退し，その威信を高めた。

　　エ　幕府は財政難に陥り，困窮した御家人を救うため，徳政令を発布した。

(6) 次の文章は下線部⑥を説明したものである。次の文の下線部ア〜オのうち，誤っているものが1つある。誤っている箇所を記号で答え，訂正せよ。

　　　　　　　　　　　　　　　記号[　　　　]　訂正[　　　　　]

　　鎌倉幕府が倒れると，ァ隠岐に流されていた後醍醐天皇は京都に帰って，新たにィ天皇中心の政治を始めた。しかし，後醍醐天皇は公家を優遇したため，武士の反発が強まり，1336年，ゥ足利尊氏が武家政治の復活を目指して京都に入り，後醍醐天皇を追い出して政治を行うようになった。その後，京都を追われた後醍醐天皇はェ熊野で抵抗を続け，一方，足利尊氏は1338年，ォ征夷大将軍に任じられ，ここに名実とともに室町幕府が発足することになった。

(7) 下線部⑦の幕府が，明と行った貿易の際に用いられた割符を何というか，答えよ。

　　　　　　　　　　　　　　　　　　　　　　　　　　　　　　　　　[　　　　　]

(8) 下線部⑧の説明として誤っているものを，次の文章ア〜エの中から1つ選び，記号で答えよ。

　　　　　　　　　　　　　　　　　　　　　　　　　　　　　　　　　[　　　　　]

　　ア　この事件が起こったときの室町幕府の将軍は，足利義政である。

　　イ　この事件は，将軍家の相続争いと，三管領の1つである山名氏と四職の1つである細川氏の対立が原因であった。

　　ウ　この事件の後，守護大名はさらに力を強め，戦国大名と呼ばれるようになった。

　　エ　この事件のさなか，1473年に東西両軍の大将が死亡した。

(9) 下線部⑨について，豊臣秀吉が行った刀狩について説明した，次の文章ア〜エの中から正しいものを1つ選び，記号で答えよ。　　　　　　　　　　　　　　　　　[　　　　　]

　　ア　秀吉は刀狩を行い，集めた武器を溶かして，奈良に大仏を作った。

　　イ　秀吉の刀狩によって，武士と農民の身分の分離が進んだ。

　　ウ　秀吉の刀狩によって，秀吉の家臣だけが武器を持つことを許されるようになった。

　　エ　秀吉の刀狩の目的は，農民を農業に集中させ，農業生産を増やすことにあった。

(10) 下線部⑩の結果，オランダの商館は長崎のどこに移されたか。　[　　　　　]

(11) 下線部⑪を行った将軍の名前を答えよ。　[　　　　　]

(12) 下線部⑫について，その内容としてふさわしくないものを，次の文章ア～エの中から１つ選び，記号で答えよ。　[　　　　　]

　ア　棄捐令を発布して，旗本・御家人の借金を帳消しにした。

　イ　江戸に出てきた農民を故郷に返した。

　ウ　目安箱を設置して，庶民の声を聞こうとした。

　エ　海防を強化した。

(13) 下線部⑬を実施したのは老中水野忠邦であるが，この時の将軍の名前を答えよ。　[　　　　　]

(14) 下線部⑭で誕生した新しいキリスト教の宗派を答えよ。　[　　　　　]

(15) 下線部⑮の結果，新たに２つの階級が生まれた。その１つは労働者であるが，もう１つの階級を何というか，答えよ。　[　　　　　]

(16) 略年表中の矢印　ア　・　イ　は，下線部⑭の結果生じた，ヨーロッパから中国・日本への人の流れを示している。この動きの先駆けとなったキリスト教の修道会(宣教団)を答えよ。　[　　　　　]

(17) 略年表中の矢印　ウ　は秀吉の朝鮮出兵を示している。このとき亀甲船をひきいて活躍した李朝(李氏朝鮮)の将軍の名前を答えよ。　[　　　　　]

(18) 略年表中の矢印　オ　・　カ　は，明治時代に日本が行った対外戦争を示している。下記の文章ア～エは，矢印　オ　・　カ　の戦争について説明したものである。それぞれの戦争の説明として正しいものを２つずつ選び，記号で答えよ。
　　　　オ[　　　]・[　　　]　カ[　　　]・[　　　]

　ア　戦場となったのは朝鮮半島である。

　イ　主な戦場は中国東北地方であった。

　ウ　日本は巨額の賠償金を獲得したが，中国本土に領土を獲得できなかった。

　エ　中国本土の旅順・大連を租借したが，賠償金は得られなかった。

(19) 略年表の矢印　エ　は西欧諸国の中国進出を示している。西欧諸国の中国進出について①～②に答えよ。

① 西欧諸国の中国進出のきっかけとなった戦争は，右の図のような貿易が原因となって起こったが，図中の空欄(ア)～(イ)に当てはまる品名を答えよ。
　　ア[　　　　　]
　　イ[　　　　　]

```
            銀・工業製品など
イギリス ───────────────→ 中国(清)
          ( ア )・絹・陶磁器
  銀      綿織物              銀
  綿花    工業製品          ( イ )
            インド
```

② この戦争は1842年に終わり，条約が結ばれた。その条約の名称を答えよ。　[　　　　　]

218 次の「日本とロシア（ソ連）」に関係する年表および次ページの地図を見て，あとの問いに答えなさい。

（広島大附高）

1792 年 　ラクスマンが①蝦夷地を訪れた。

a↓

1809 年 　（　あ　）は樺太を探検し，樺太と大陸との間に海峡があることを発見した。

b↓

1855 年 　②日露和親条約が結ばれた。

c↓

1875 年 　日露間で（　い　）条約が結ばれた。

d↓

1895 年 　ロシアは三国干渉をして，日本に（　う　）を放棄させた。

e↓

1905 年 　③日露戦争が終わり，日露間で（　え　）条約が結ばれた。

f↓

1918 年 　④シベリア出兵を行った。

g↓

1925 年 　日ソ基本条約を結んだ。

h↓

1941 年 　⑤日ソ中立条約を結んだ。

i↓

⑥1945 年 　ソ連が対日宣戦布告を行った。

j↓

1951 年 　サンフランシスコ講和会議で，ソ連は平和条約の調印を拒否した。

k↓

1956 年 　⑦日ソ共同宣言が発表された。

l↓

1967 年 　東京とモスクワとの間に定期航空路が開設された。

m↓

1980 年 　日本はモスクワオリンピックへの参加をボイコットした。

n↓

1991 年 　ソ連の最高指導者としてはじめてゴルバチョフ大統領が訪日した。

o↓

2000 年 　主要国首脳会議（サミット）が沖縄県で開催され，プーチン大統領が参加した。

p↓

2008 年 　主要国首脳会議（サミット）が⑧北海道で開催され，メドヴェージェフ大統領が参加した。

（年表中の↓は，それぞれの期間を示す）

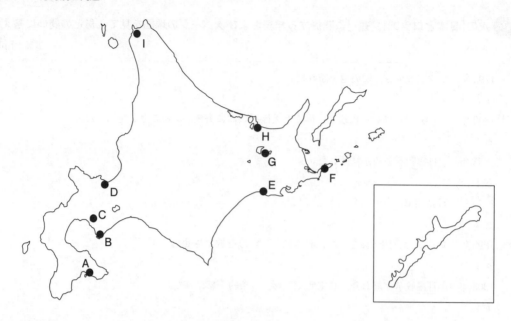

(1) 空欄（　あ　）・（　う　）に最も適当な語を入れよ。

あ[　　　　　　　　　　　] う[　　　　　　　　　　]

難(2) 下線部①に関して，ラクスマンが訪れた地を，地図中A〜Iの中から1つ選び，記号で答えよ。

[　　　　　　]

(3) 下線部②によって，ロシアに対して，下田・長崎と並び，現在の北海道のある都市が開港されて
いる。その都市は，1854年に結ばれた日米和親条約でアメリカに対しても開港されているが，その
都市の位置を，地図中A〜Iの中から1つ選び，記号で答えよ。　　　　　　　[　　　　　　]

(4) 日露間で結ばれた（　い　）条約と（　え　）条約について，これらの条約では日本とロシアの領土
はどのように定められたか。次の文章のX・Yに適切な語句を入れて，具体的に答えよ。

（　い　）条約ではX[　　　　　　　　　　　　　　　　　　　　　　　　]であったが，

（　え　）条約によってY[　　　　　　　　　　　　　　　　　　　　]となった。

(5) 下線部③に関連して述べた，次のア〜エの中から，誤りを含むものを1つ選び，記号で答えよ。

[　　　　　　]

ア　イギリスはロシアの南下をおさえるために，日英同盟を結んだ。

イ　幸徳秋水や内村鑑三は社会主義の立場からこの戦争に反対した。

ウ　ロシアではこの戦争中，皇帝の専制政治に反対する革命運動が起こった。

エ　日露戦争は，トルコやベトナムなどの民族独立運動に刺激を与えた。

(6) 下線部④に関連して述べた，次のア〜エの中から，誤りを含むものを1つ選び，記号で答えよ。

[　　　　　　]

ア　シベリア出兵は，ロシア革命の進展をおさえるために行われた。

イ　ロシアに出兵した国のなかで，最後まで兵をとどめたのは日本であった。

ウ　シベリア出兵を見こした商人は米を買い占め，米価が上がり，米騒動が起こった。

エ　シベリア出兵のあと成立した原敬内閣は，満25歳以上の男子に選挙権を与えた。

(7) 下線部⑤に関連して述べた，次のア～エの中から正しいものを1つ選び，記号で答えよ。

[　　　]

ア　この条約によって，日本は北方の安全をはかりながら東南アジアに進出した。

イ　この条約ののち，ドイツはソ連と不可侵条約を結んだ。

ウ　この条約は，アメリカが太平洋で本格的な反撃を行ったために結ばれた。

エ　この条約によって，日本は社会主義国であるソ連を承認した。

難(8)　下線部⑥に関連して，下の写真は，北海道稚内市にある「九人の乙女の像」の碑である。1945年8月20日，樺太真岡(現サハリン州ホルムスク)郵便電信局の電話交換手9名が，ソ連軍の侵攻に際し，服毒死したときに残したとされる最後の言葉が刻まれている。

　　また，右のア～オは，この年に起こった出来事である。ア～オを起こった順番に並べ替えたとき，上の事件は，どこに位置づけられるか。記号で答えよ。

[　　　]と[　　　]との間

ア　沖縄戦が開始された。
イ　ポツダム宣言を受諾した。
ウ　降伏文書が調印された。
エ　東京大空襲が起こった。
オ　ソ連が日本に宣戦した。

(9)　下線部⑦に関連して述べた，次のア～エの中から正しいものを1つ選び，記号で答えよ。

[　　　]

ア　これによって，日本が国際連盟に加盟する道が開かれた。

イ　この宣言につづいて，ソ連との間に平和友好条約が結ばれた。

ウ　この宣言が行われたとき，中華人民共和国とは，すでに国交が正常化していた。

エ　この宣言が行われる際，日ソ間で北方領土問題の交渉が行われた。

難(10)　下線部⑧に関連して，主要国首脳会議(サミット)が開催された地を，地図中A～Iの中から1つ選び，記号で答えよ。　[　　　]

(11)　次のア～エの出来事が起こったのはいつか。年表中のa～pの中からそれぞれ1つずつ選び，記号で答えよ。　ア[　　　]　イ[　　　]　ウ[　　　]　エ[　　　]

ア　マルタ会談が行われ，冷戦が終結した。

イ　日独伊三国同盟が結ばれた。

ウ　日米安全保障条約が改定され，日米新安全保障条約が結ばれた。

エ　日本が関税自主権の完全な回復に成功した。

解答の方針

218 (2)ラクスマンは，ロシア皇帝エカチェリーナ2世の使者として蝦夷地を訪れた。その際，日本からの漂流民大黒屋光太夫を送り届けたことで知られる。ラクスマンの最大の目的は通商の要求だったが，幕府の鎖国政策にはばまれて実現しなかった。

14 資料(地図・写真・史料)の問題

219▶ 説明文のア～オにあてはまる場所を，地図中のA～Gの中から選び，記号で答えなさい。また，
あとの問いに答えなさい。
(愛知・東邦高)

ア[　　　　] イ[　　　　] ウ[　　　　] エ[　　　　] オ[　　　　]

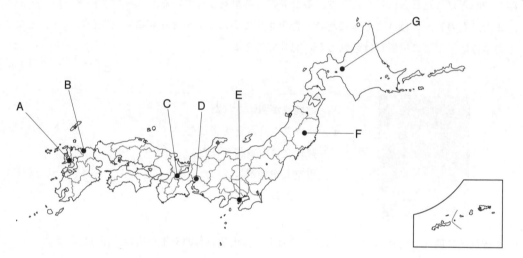

説明文

ア a桓武天皇が新しい都として定めた。貴族文化の中心であったが，足利尊氏が幕府を開いたのも
この地である。江戸幕府の最後の将軍が政治の権限を朝廷に返上することを発表したのは，この町
の二条城である。

イ 源頼朝が武家政権の本拠地とした。ここにはb禅宗の寺院として有名な円覚寺などもある。

ウ 都で藤原氏が勢力を強めている頃，この地域の豪族や有力農民が「尾張国郡司百姓等解」を朝廷
に提出して国司の悪政を朝廷に訴えた。織田信長が有力な戦国大名の今川義元を破ったのもこの地
域である。

エ 鎖国体制のもとで中国・オランダの船のみ来航が許され，貿易が行われた。cアメリカの総領事
ハリスが幕府と結んだ貿易のための条約でも，開港場の一つとされた。

オ 「漢委奴国王」と刻まれた金印が出土した。中国の歴史書に，漢の皇帝が日本の小国の王に与え
たとされているものと考えられている。元寇に備えて築かれた防塁の跡が残っている。

(1) 下線部aの天皇が，東北地方への遠征のために征夷大将軍に任命したのは誰か。

[　　　　　　　　　]

(2) 下線部bに関連して，鎌倉時代に中国大陸に渡って禅宗を学び，帰国後曹洞宗を開いた僧は誰か。

[　　　　　　　　　]

(3) 下線部cに関して，この条約名を答えよ。 [　　　　　　　　　]

220 次のA～Dの図や写真が示していることは，下の年表中の①～⑧のどこにあてはまりますか。
最も適切な場所を選びなさい。

(東京学芸大附高)

A [　　　]　　　　　　　　　　　　　B [　　　]

C [　　　]　　　　　　　　　　　　　D [　　　]

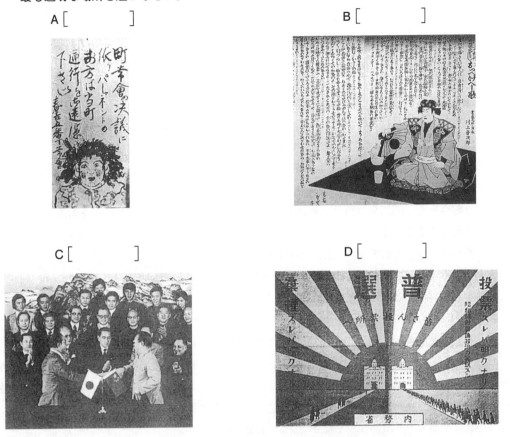

年表

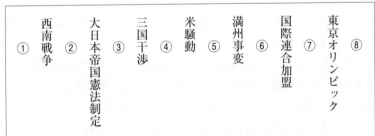

① 西南戦争　② 大日本帝国憲法制定　③ 三国干渉　④ 米騒動　⑤ 満州事変　⑥ 国際連合加盟　⑦ 東京オリンピック　⑧

解答の方針

220　A．パーマネントの女性の通行を禁止する看板。B．オッペケペー節というのは，自由と民権を世間に
広く知らせるための流行歌。C．国旗に注目する。D．普選と書いてある。

221 次のA～Mの文章を読んで，あとの問いに答えなさい。 （智辯学園和歌山高）

A　(a)国は，もとは男を王としていた。戦乱が起こって，攻め合いが何年も続いた。そこで，1人の
　女を選んで王とし，(b)と名づけた。女王は神の声を伝え，よくみんなの心をとらえることができた。
　年をとっても夫がなく，弟が助けて国のまつりごとをおさめた。（一部要約）

B　一．和をもって貴しとし，さからうことなきを宗とせよ。
　　二．あつく三宝を敬え。三宝とは仏・法・僧なり。
　　三．詔を承りては必ずつつしめ。（一部要約）

C　お前たちはおぼえていよう。昔，東国の武士たちが，平家の宮仕えをしていたころは，京都への
　往復も徒歩，はだしであった。頼朝公が将軍となって，それは終わった。…お前たち自身のためにも，
　御恩に報いるためにも3代の将軍のお墓を京都の者どもの馬のひづめにかけてよいものだろうか。
　…．（一部要約）

D　一．早起きをし，朝に草を刈り，昼は田畑を耕し，晩には縄をない，たわらをあみ，それぞれの
　仕事を油断なくすること。
　　一．酒や茶を買って飲まないこと。妻子も同じ。（一部要約）

E　あゝをとうとよ君を泣く　　君死にたまふことなかれ
　　末に生れし君なれば　　　　親のなさけはまさりしも
　　親は刀をにぎらせて　　　　人を殺せとをしへしや
　　人を殺して死ねよとて　　　二十四までをそだてしや（一部要約）

F　わたしの祖先は，みずからよろいやかぶとを身につけ，山や川をかけめぐり，東は55国，西は
　66国，さらに海をわたって95国を平定しました。しかしわたしの使いが陛下のところに貢ぎ物を
　持っていくのを，高句麗がじゃまをしています。今度こそ高句麗を破ろうと思いますので，わたし
　に高い官位をあたえて激励してください。（一部要約）

G　今日は威子の皇后に立てる日である。…太閤がわたしをよんでこう言った。「和歌をよもうと思う。
　ほこらしげな歌ではあるが，あらかじめ準備していたものではない。」…「この世をばわが世とぞ
　思う望月の欠けたることも無しと思えば」…。（一部要約）

H　一．諸国の守護の職務は，頼朝公の時代に定められたように，京都の御所の警護と，謀反や殺人
　などの犯罪人の取りしまりに限る。
　　一．武士が20年の間，実際に土地を支配しているならば，その権利を認める。（一部要約）

I　正長元年ヨリサキ者，カンヘ四カンカウニヲキメアルヘカラス（一部要約）

J　諸国の百姓が刀やわきざし，弓，やり，鉄砲，そのほかの武具などをもつことは，かたく禁止する。
　不必要な武具をたくわえ，年貢その他の税をなかなか納入せず，ついには一揆をくわだてたりして，
　領主に対してよからぬ行為をする者は，もちろん処罰する。（一部要約）

K　第2条　下田，函館の両港は，アメリカ船の薪水，食料，石炭，欠乏の品を，日本にて調達する
　　　　　ことに限って，入港を許可する。（一部要約）

L　第4条　すべて日本に対して輸出入する商品は別に定めるとおり，日本政府へ関税をおさめること。
　　第6条　日本人に対して法を犯したアメリカ人は，アメリカ領事裁判所において取り調べのうえ，
　　　　　アメリカの法律によって罰すること。（一部要約）

M　元始，女性は実に太陽であった。真正の人であった。今，女性は月である。他によって生き，他
　の光によってかがやく，病人のように青白い顔の月である。わたしたちはかくされてしまったわが

太陽を今や取りもどさなくてはならない。(一部要約)

(1) **A**の文章について，次の各問いに答えよ。

① 文中の(a)・(b)にあてはまる語句を書け。

(a)[   ] (b)[   ]

② この文章の出典は何か，次のア〜エの中から1つ選び，記号で答えよ。 [   ]

ア 後漢書東夷伝 イ 魏志倭人伝

ウ 漢書地理志 エ 隋書倭国伝

(2) **B**の文章について，次の各問いに答えよ。

① この法律をつくった中心人物は誰か，答えよ。 [   ]

② この法律ができたころ，家柄にとらわれず，才能や功績のある人物を，取りたてるためにつくられた制度を何というか，答えよ。 [   ]

(3) **C**の文章について，この演説の直前に始まった戦いを何というか，答えよ。

[   ]

(4) **D**の文章について，次の各問いに答えよ。

🔺 ① この当時の農村に広く普及して利用された農具の中で，唐箕（とうみ）にあてはまる図を，次のア〜エの中から1つ選び，記号で答えよ。 [   ]

② このころ，農村内に犯罪の防止や年貢の納入に連帯責任を負わせるためにつくられた制度を何というか，答えよ。 [   ]

(5) **E**の文章は，「君死にたまふことなかれ」という詩の一部である。この詩を詠んだのは誰か，答えよ。 [   ]

(6) **F**の文章は，「倭王武の手紙」の一部である。この倭王武とは何天皇であるか，答えよ。

[   ]

(7) **G**の文章について，次の各問いに答えよ。

① この「望月の歌」を詠んだのは誰か，答えよ。 [   ]

② このころ，当時の貴族の生活を題材に紫式部によって書かれた作品を何というか，答えよ。

[   ]

(8) **H**の文章について，次の各問いに答えよ。

① この文章は，武家がつくった最初の法律の一部分である。この法律を何というか，答えよ。また，この法律をつくった執権は誰か，答えよ。

法律[   ] **執権**[   ]

② この頃，交通の要地や寺社の門前などでは，生産された物資を売買する場が開かれた。これを何というか，答えよ。 [   ]

(9) I の文章は，ある一揆と関係が深い文である。この一揆について述べた文として，正しいものを，次のア〜エの中から1つ選び，記号で答えよ。　　　　　　　　　　　[　　　　]

ア　この一揆は，蓮如の布教により広まった一向宗の門徒が中心になって蜂起した。

イ　この一揆は，朝鮮軍の対馬襲来による混乱に乗じて，民衆が蜂起したものである。

ウ　奈良の柳生街道には，このときの一揆で借金を帳消しにしたことを記した碑文が残されている。

エ　京都の国人のなかには，国人一揆を結成して，守護の支配に抵抗して一時的に自治を獲得したものもあった。

(10) J の文章について，このころ，全国の田畑の広さや土地のよしあしを調べ，予想される生産量をすべて石高であらわす調査を実施した。この調査のことを何というか，漢字4字で答えよ。
　　　　　　　　　　　[　　　　　　　　　　　]

(11) K の文章について，この条約を何というか，答えよ。　　　　[　　　　　　　　　　　]

(12) L の文章は，ある条約の一部である。この条約を調印することを決めた時の大老は誰か，答えよ。
　　　　　　　　　　　[　　　　　　　　　　　]

(13) M の文章について，次の各問いに答えよ。

①　この文章は，ある結社の宣言の冒頭の一部である。この結社を何というか，答えよ。
　　　　　　　　　　　[　　　　　　　　　　　]

②　この宣言の中心人物で，女性解放運動の中心となったのは誰か，答えよ。
　　　　　　　　　　　[　　　　　　　　　　　]

③　このころ唱えられた民本主義について，50字以内で説明せよ。
[　　　　　　　　　　　　　　　　　　　　　　]

(14) A〜M の文章を，年代順に正しく並べたものを，次のア〜オの中から1つ選び，記号で答えよ。
　　　　　　　　　　　[　　　　]

ア　A→F→B→G→C→H→I→J→D→K→L→E→M

イ　F→B→G→C→A→I→H→M→E→J→K→L→D

ウ　A→G→C→F→B→I→J→H→D→K→E→L→M

エ　B→F→A→G→C→H→I→J→K→D→L→E→M

オ　G→F→A→C→H→J→B→K→I→M→E→L→D

___

解答の方針

221 (8)②売買は，物々交換であったり宋銭が用いられたりした。

(9)ア. 一向宗は親鸞が開いた浄土真宗の別称。15世紀に蓮如が北陸地方を中心に活動し，この地域での信徒を大きく増やした。イ. 朝鮮軍による対馬侵攻は応永の外寇として知られる。ウ. 柳生街道は現在の奈良市の中心部と東部の柳生町を結んだ街道。沿道には多くの石仏や地蔵が残っている。エ. 国人は地方に土着した武士のこと。農村を武力で守ったり，守護の家臣となったりした。

(11)この条約では下田・函館の2港が開かれた。

(12)この条約はいわゆる不平等条約であり，第4・6条にその内容が示されている。

(13)③吉野作造が唱えた民本主義は大正デモクラシーを理論的に支え，その目的はほぼ実現された。

最高水準問題 ─────────────────────────────── 解答 別冊 p. 45

222 次の文章および図を参照して，あとの問いに答えなさい。　　　　　（大阪・四天王寺高囡）

　大阪(坂)とは，もともと上町台地の北端一帯を指す地名である。東は大和川，北は淀川，西は大阪湾と三方を川と海に囲まれているこの地は，古来，要害の地であり，交通の要所であった。15世紀の末，この地に教えを広めた本願寺の僧侶が書き残した文章の中に「大坂」とあるのが，文字に書かれた地名としては，いまのところ最も古いものであるとされている。

　繁栄を誇った石山本願寺がa織田信長に降伏し，あとかたもなく焼け落ちた後，この地を天下統一の拠点としたのが豊臣秀吉であった。1583年，大阪に入った秀吉は直ちに大城郭の築造を開始，1598年ころまでには城下に諸大名の屋敷を置き，遠く阿波や土佐などからも商人を移住させて城下町の充実を図った。また，時を同じくして堀川の開削も進められ，b中国地方の有力大名らによって淀川の左右両岸に長大な堤防が築かれるなど，のちの「水の都大阪」の原形が整い始めた。（　1　）年，豊臣氏の滅亡とともに大阪城も炎上し，城下も一時荒廃したが，徳川幕府は，まもなく大阪の城郭や市街を復興整備し，新たに城代を置いて直轄都市とした。幕府の保護と統制のもと，c17世紀後半には東北諸藩の米などを（　2　）をまわって大阪に運ぶ西廻り航路が開かれ，各地の大名が大阪に置いた蔵屋敷の数は90を超えた。人口も35万を数えるようになり，大阪は「d天下の台所」といわれる大商業都市に発展した。

　このような大阪にとって，徳川幕府の崩壊は大きな試練となった。1867年，e倒幕派の主導によって（　3　）が出され，領地と官位の返上をせまられた将軍（　4　）が大阪城に入ると，新政府に不満を持つ武士らも大阪に集まった。彼らは翌1868年，大軍を京都に向けて出発させたが，f鳥羽・伏見で薩摩・長州を中心とする新政府軍に敗れた。このとき大阪城も炎上し，おもだった建物の多くが失われた。混乱のなか新政府は大阪の地を占領し，同年この地をg大阪府とした。現在の天守閣は，1928年，当時の大阪市長の呼びかけに応じて市民が寄せた募金150万円によって，1931年に再建されたものである。

(1)　文中の空欄（　1　）（　3　）（　4　）にあてはまる数字・語を答えよ。

　　　　　　　　1 [　　　　　　　　] 3 [　　　　　　　　　] 4 [　　　　　　　　]

[難](2)　文中の空欄（　2　）にあてはまる語を，次のア〜エの中から1つ選び，記号で答えよ。

　　　　　　　　　　　　　　　　　　　　　　　　　　　　　　　　[　　　　　　]

　　ア　津軽　　イ　長崎　　ウ　下関　　エ　江戸

(3)　文中の下線部aについて，正しく述べている文を，次のア〜エの中から1つ選び，記号で答えよ。

　　　　　　　　　　　　　　　　　　　　　　　　　　　　　　　　[　　　　　　]

　　ア　キリスト教が天下統一のさまたげになると考え，厳しく弾圧した。

　　イ　道路を広げ関所を設けるなど，交通路を整備し，流通を促進した。

　　ウ　座に特権を与えて市場での税を免除し，商工業を活発にさせた。

　　エ　堺や京都などの富裕な商人に，軍資金を負担することを要求した。

(4)　文中の下線部bにあてはまる大名を，次のア〜オの中から1人選び，記号で答えよ。

［　　　　　］

ア　伊達政宗　　イ　毛利輝元　　ウ　島津義久　　エ　柴田勝家　　オ　上杉謙信

(5)　文中の下線部cのできごとについて，正しく述べている文を，次のア～エの中から1つ選び，記号で答えよ。　　　　　　　　　　　　　　　　　　　　　　　［　　　　　］

ア　連歌から俳句がうまれ，松尾芭蕉や与謝蕪村らが新しい作風を生み出した。

イ　狩野永徳や狩野山楽らによって，はなやかな色彩のふすま絵が描かれた。

ウ　松前藩に対し，アイヌ主体の交易を求めてシャクシャインの戦いが起こった。

エ　漢訳洋書の輸入禁止がゆるめられ，西洋の学問の研究がさかんになった。

(6)　文中の下線部dについて，下の表を参照し，あとの問いに答えよ。

表　大阪の主要商品移出入表(1714年)

順位	移　入		移　出	
	品　目	総　額(貫)	品　目	総　額(貫)
1	米	40,813	C	26,005
2	菜種	28,048	縞木綿	7,066
3	材木	25,751	B	6,587
4	A	17,760	白木綿	6,264
5	白木綿	15,749	綿実油	6,146
6	紙	14,464	古手	6,044
7	鉄	11,803	繰り綿	4,299
8	薪	9,125	醤油	3,898
9	B	7,171	鉄製の道具	3,750
10	木綿	6,704	油粕	3,267
11	煙草	6,495	塗物道具	2,839
12	砂糖	5,614	小間物	2,838
13	大豆	5,320	胡麻油	2,088
14	塩	5,230	焼物	1,574
15	小麦	4,586	酒	1,200
16	塩魚	4,156	雪踏	1,174
17	胡麻	4,129	鍋	966
18	綿実	3,919	傘	650
	(その他101種　省略)		(その他77種　省略)	
	※総　額　286,561貫		総　額　95,799貫	

※この外に大阪蔵屋敷に搬入された米穀の統計約170,000貫がある。

①　表中A・B・Cの各品目について説明した文を読み，その品目の組み合わせとして正しいものを，次のア～カの中から1つ選び，記号で答えよ。　　　　　　　　　　［　　　　　］

A－大阪南部で盛んであった商品作物の栽培に不可欠なもので，主として関東地方から移入され，ほとんどすべてが大阪とその近郊で消費された。

B－伊予の別子などから大阪に移入されて半製品に加工されたのち，約9割が長崎に移出され，中国やオランダに輸出された。

C－西日本各地から原料となる作物が大量に移入され，大阪で加工・製品化されたのち，全国に出荷された。

    ア A－干鰯   B－生糸   C－綿糸

    イ A－綿花   B－生糸   C－菜種油

    ウ A－菜種   B－銀   C－生糸

    エ A－干鰯   B－銅   C－菜種油

    オ A－綿花   B－銀   C－生糸

    カ A－菜種   B－銅   C－綿糸

難 ② 前ページの表と下の図を参照して次の各文の正誤を判断し，その組み合わせとして正しいものを，次のア～カの中から1つ選び，記号で答えよ。　　　　　　　　　　　[　　　　　]

図

『河内名所図会』(1801年刊)より

X　18世紀の初めには，大阪に移入される米穀の総額は，蔵屋敷に搬入されるものを含めると，移入品総額の80%を超えている。

Y　18世紀初めの大阪は，移入した原料を加工して移出する手工業生産市場としての性格が強く，消費市場としての側面はほとんどみられない。

Z　19世紀の初め，河内地方ではすでに図にみられるようなマニュファクチュア経営が普及しており，19世紀半ばの開港によって，この地方の織物業は飛躍的に発展した。

    ア　X－正　Y－正　Z－誤　　イ　X－正　Y－誤　Z－正

    ウ　X－正　Y－誤・Z－誤　　エ　X－誤　Y－正　Z－正

    オ　X－誤　Y－正　Z－誤　　カ　X－誤　Y－誤　Z－誤

③ 江戸時代の大阪について，次の各文の正誤を判断し，その組み合わせとして正しいものを，次のア～カの中から1つ選び，記号で答えよ。　　　　　　　　　　　[　　　　　]

X　元禄期には，鴻池家が両替や貿易によって大きな富を築き，「現金掛値なし」の新商法を打ち出した。

Y　天保の飢饉のさなか，もと大阪町奉行所の役人であった人物が幕府の悪政にいきどおり，兵を挙げた。

Z　アヘン戦争が起こると，幕府は異国船打払令を出すとともに大阪周辺の大名・旗本領を直轄地とした。

ア　X−正　Y−正　Z−誤

イ　X−正　Y−誤　Z−正

ウ　X−正　Y−誤　Z−誤

エ　X−誤　Y−正　Z−正

オ　X−誤　Y−正　Z−誤

カ　X−誤　Y−誤　Z−誤

(7)　文中の下線部eの中心となった人物のうち，公家であったものを，次のア〜オの中から1人選び，記号で答えよ。　　　　　　　　　　　　　　　　　　　　　　　　　　　　　　[　　　　]

ア　木戸孝允　　イ　岩倉具視　　ウ　後藤象二郎　　エ　吉田松陰　　オ　勝海舟

(8)　文中の下線部fの後，1年あまり続いた旧幕府軍と新政府軍の戦いの間のできごととして正しいものを，次のア〜エの中から1つ選び，記号で答えよ。　　　　　　　　　　　　　　[　　　　]

ア　キリスト教を禁止した五榜の掲示が出された。

イ　将軍が政権を朝廷に返上することを願い出た。

ウ　身分制が改められ，大名や武士は士族とされた。

エ　20歳以上の男子に兵役につくことを義務づけた。

(9)　文中の下線部gに関連して，次の図を参照し，以下の問いに答えよ。

図　地券（この地券には，下の文面が記されている。また，読みやすくするために，一部表記を改めてある。）

明治九年改定　　地　券
摂津国大阪南区心斎橋筋2丁目5番地　　大阪同区心斎橋筋1丁目
一　宅地　73坪4合6勺　　　　　　　　持主
　　　　　　　　　　　　　　　　　　　濱村　勝之助
　　　代価　498円20銭6厘
　　　　　　　　金14円94銭6厘　地租
　　　明治十年より　金　[　A　]　地租
　　右　検査之上　授与之
　　明治十三年五月五日　　　　大阪府

①　図を参照し，地租改正に関する次の各文の正誤を判断し，その組み合わせとして正しいものを，次のア〜エの中から1つ選び，記号で答えよ。　　　　　　　　　　　　　　[　　　　]

X　地租改正に先立って田地の売買が自由となり，地租は田地の耕作者が負担することとなったので，農村や都市の大地主の税負担は軽減された。

Y　地租は豊作凶作にかかわらず定額金納とされたが，明治10年には改正されたため，[　A　]には新たな地租額として16円40銭7厘が書き込まれた。

ア　X−正　Y−正　　イ　X−正　Y−誤

ウ　X−誤　Y−正　　エ　X−誤　Y−誤

②　大阪では地租改正事業が遅れ，本格的な地価の査定は明治9(1876)年に始まり，地券の発行は明治13(1880)年にやっと完了した。図の地券もこの年に発行されたものであるが，同年，大阪の太融寺には，地租の軽減や参政権の獲得をかかげて，全国から百名以上の士族や豪農が集まった。このときに結成された組織の名称を答えよ。　　　　　　　　　　　　　[　　　　]

223 次の年表を見て，あとの問いに答えなさい。

（奈良・西大和学園高改）

年　代	出来事
11世紀	十字軍遠征が始まる…①
13世紀	イギリスで（　②　）が出される
14世紀	イタリアの都市を中心にルネサンスが始まる…③
15世紀	（　④　）がインド航路を開拓する
16世紀	スペインがアメリカ大陸に進出する…⑤
17世紀	イギリスで名誉革命が起こる…⑥
18世紀	イギリスで産業革命が始まる…⑦
19世紀	アメリカで南北戦争が起こる…⑧

(1)　年表中の①について，この遠征はイスラム教徒からキリスト教の聖地を奪回する目的で始められたが，このキリスト教の聖地を答えよ。　　　　　　　　　　　[　　　　　　　]

(2)　年表中の（　②　）には1215年，国王の専制に対し，国王も法によって支配されることを明記した最初の文書が入る。この文書を答えよ。　　　　　　　　[　　　　　　　]

(3)　年表中の③について，ルネサンス期(14～16世紀)の作品として誤っているものを，次のア～ウの中から1つ選び，記号で答えよ。　　　　　　　　　　　　　　[　　　　　　　]

ア
　イ
　ウ

(4)　年表中の（　④　）には1498年，ポルトガルから喜望峰をまわり，インドまでの航路を開拓した人物が入る。この人物を答えよ。　　　　　　　　　　　[　　　　　　　]

(5)　年表中の⑤について，スペインの攻撃によって1533年に滅亡した，南アメリカ大陸の国を答えよ。
　　　　　　　　　　　　　　　　　　　　　　　　　　　　　　[　　　　　　　]

(6)　年表中の⑥について，この革命を理論的に支持したイギリスの思想家を，次のア～エの中から1人選び，記号で答えよ。　　　　　　　　　　　　　　　　　　[　　　　　　　]
　　ア　クロムウェル　　イ　ルソー　　ウ　モンテスキュー　　エ　ロック

(7)　年表中の⑦について，イギリスはこの時期に工場制手工業から工場制機械工業へと発展させ，「世界の工場」とよばれた。この工場制手工業をカタカナで書け。　　[　　　　　　　]

(8)　年表中の⑧について，この戦争中に奴隷解放宣言を出し，北部を勝利に導いた大統領を答えよ。
　　　　　　　　　　　　　　　　　　　　　　　　　　　　　　[　　　　　　　]

223 (3)それぞれの作品名はアは「モナ＝リザ」，イは「民衆を導く自由の女神」，ウは「春」。

1 次の文章を読み，あとの問いに答えなさい。 (大阪・早稲田摂陵高)(各4点，計64点)

A　3世紀後半，近畿地方を中心に出現した前方後円墳は，4～5世紀には日本各地に広がっていった。各地の豪族が(a)大和政権に従うようになり，同じ形式の古墳をつくることを許されたからだと考えられている。5世紀後半に，大和政権の王ワカタケルが，「大王」を名乗って，(b)鉄剣や鉄刀を関東や九州の豪族に与えたのも，国内での結びつきを強めたいという考えからであった。

B　律令国家の新しい都として，710年に平城京がつくられた。平城京は(c)唐の都にならい，碁盤の目状に東西・南北に走る道路で区画された。地方は多くの国に区分され，都から国司が派遣されて，国府を拠点に国内を統治した。また，九州地方には，外交や軍事を担当する（　①　）が設置され，東北には蝦夷とよばれた人々を従わせる拠点として(d)多賀城が設置された。

C　1232年，執権の（　②　）によって御成敗式目が制定された。これは，武士の社会で行われていた慣習にもとづいて，公正な裁判を行うための基準を定めたものであった。（　②　）は，(e)京都にいる弟に送った手紙の中で，「この式目は，武士のためにつくったもので，朝廷の決定や律令を改めるものではない」と述べている。

D　1368年，中国大陸で明が建国された。明は，民間の海外貿易を禁じ，朝貢をしてきた国と国交を結んで，国の管理のもとに貿易を許可するようにした。明に朝貢の使節を送った（　③　）は，皇帝から「日本国王」と認められ，(f)日明貿易を開始した。正式な貿易船には，明から（　④　）という証明書が与えられたため，（　④　）貿易ともいう。

E　18世紀に入ると，ヨーロッパでは，自由・平等などの基本的人権を尊重した公正な社会をつくろうとする啓蒙思想がさかんになった。モンテスキューは，ロックの（　⑤　）説の考えに学び，(g)イギリスの議会政治を模範として，三権分立の考えを示した。この三権分立の考えは，(h)アメリカの独立後に定められた合衆国憲法に取り入れられた。

F　1830年代は，全国的な不作が毎年のように続き，物価が高騰するとともに，多くの餓死者が発生した。こうした中で老中の(i)水野忠邦が，幕府政治の立て直しを始めた。倹約をすすめて生活のひきしめを行う一方で，物価の引き下げをはかった。外交政策では(j)アヘン戦争によって清がイギリスに敗北したことから，1825年に出された（　⑥　）令をゆるめ，代わって1842年に薪水給与令を出した。

(1)　文中の（　①　）～（　⑥　）にあてはまる語句を答えよ。

(2)　下線部(a)について述べた文として正しくないものを，下のア～エの中から1つ選び，記号で答えよ。

ア　渡来人も大和政権の財政・政治にたずさわった。

イ　大和政権は，鉄資源を朝鮮半島から入手していた。

ウ　大和政権は，新羅や高句麗と戦った。

エ　大和政権の大王は，5代にわたって中国の北朝に使いを送った。

(3)　下線部(b)について，ワカタケル大王の名が刻まれている鉄剣が出土した，埼玉県にある前方後円墳を何というか，答えよ。

(4)　下線部(c)について，唐の都の名称を答えよ。

(5)　下線部(d)について，多賀城が築かれた場所を，現在の都道府県名で答えよ。

(6)　下線部(e)について，当時この人物は，京都の警備や朝廷の監視，西日本の御家人の統率などを担当する幕府の役職に就いていたが，この役職を何というか，答えよ。

(7)　下線部(f)について，日明貿易における明からの主要な輸入品として正しくないものを，下のア〜エの中から1つ選び，記号で答えよ。

　　ア　陶磁器　　イ　生糸　　ウ　絹織物　　エ　銅

(8)　下線部(g)に関して，17世紀半ば，クロムウェルの指導により，王政が廃止されて共和政が実現したが，この革命を何というか。

(9)　下線部(h)について，アメリカ独立戦争において総司令官として活躍し，アメリカ合衆国の初代大統領となった人物は誰か，答えよ。

(10)　下線部(i)について，下の会話文は水野忠邦の政治改革を題材にしたロールプレイ(劇)の脚本の一部である。会話文中の　X　にあてはまる語句を記入し，脚本を完成させよ。

　　将軍：近ごろ物価が高騰しているそうじゃないか。

　　水野：そのことをご存じでしたか。

　　将軍：聞いておる。どうすればよいだろうか。

　　水野：今度，商工業者の同業者組合である　X　を解散させようと思います。

　　将軍：それはなぜか。

　　水野：物価が上昇しているのは，　X　が流通を独占していることが原因だと思うからです。

　　将軍：なるほど。やってみなさい。

　　水野：ありがとうございます。さっそく準備にとりかかります。

(11)　下線部(j)に関して，清はアヘン戦争の費用や賠償金をまかなう目的で，農民に重税を課した。こうした中で，洪秀全を中心とした反乱が起きて中国に広がったが，この反乱を何というか，答えよ。

(1)	①		②		③		
	④		⑤		⑥		
(2)		(3)		(4)		(5)	
(6)		(7)		(8)			
(9)		(10)		(11)			

2 ゆうきさんは，日本と外国との関わりの歴史について調べ，その内容をノートにまとめました。
次の資料Ⅰは，そのノートの一部です。この資料Ⅰを見て，あとの問いに答えなさい。

(高知県)((1)～(3)各 3 点，(4)7 点，(5)4 点，計 20 点)

資料Ⅰ

時代	外国との関わり
①奈良時代	唐の文化の影響を受けた国際色豊かな天平文化が栄えた。
平安時代	②遣唐使の派遣がとりやめられた後，日本の風土や生活に合った国風文化が発展した。
③鎌倉時代	元の皇帝フビライの要求を幕府が拒否し，元軍が二度にわたって襲来した。
室町時代	ポルトガル人によって鉄砲が伝わり，④ヨーロッパとの貿易が盛んになった。
江戸時代	⑤東南アジアとの貿易が盛んに行われ，東南アジアに移住する日本人が増えたが，江戸幕府は 1635 年に日本人の海外渡航と帰国を禁止した。

(1) 資料Ⅰ中の下線部①の「奈良時代」の日本のようすについて述べた文として正しいものを，次の
ア～エの中から 1 つ選び，その記号を書け。

　ア　国ごとに守護を，荘園や公領ごとに地頭をおいた。

　イ　一向宗が急速に広まり，信者たちが一向一揆を起こした。

　ウ　墾田永年私財法が制定され，土地の開墾が奨励された。

　エ　諸藩の蔵屋敷が大阪におかれ，年貢米や特産品が集まった。

(2) 資料Ⅰ中の下線部②に「遣唐使の派遣がとりやめられた」とあるが，遣唐使の派遣がとりやめら
れた後のできごとについて述べた文として正しいものを，次のア～エの中から 1 つ選び，その記号
を書け。

　ア　藤原頼通によって平等院鳳凰堂が建てられた。

　イ　聖徳太子が推古天皇の摂政となった。

　ウ　天武天皇が天皇中心の国家建設を進めた。

　エ　坂上田村麻呂が征夷大将軍に任命された。

(3) 資料Ⅰ中の下線部③の「鎌倉時代」の文化について述べた文として正しいものを，次のア～エの
中から 1 つ選び，その記号を書け。

　ア　観阿弥と世阿弥が能を大成した。

　イ　清少納言が『枕草子』を書いた。

　ウ　狩野永徳が『唐獅子図屏風』を描いた。

　エ　鴨長明が『方丈記』を書いた。

(4) 資料Ⅰ中の下線部④に「ヨーロッパ」とあるが，16 世紀のヨーロッパでは，ルターらによって
宗教改革が始まった。この宗教改革の動きに対し，カトリック教会においても改革が行われたが，
改革の中心となったイエズス会は，カトリックの勢力回復を目ざしてどのような活動を行ったか，
「アジア」の語を使って，簡潔に書け。

(5) 資料Ⅰ中の下線部⑤に「東南アジアとの貿易」とあるが，次の資料Ⅱは，海外に渡航することを

認める証書であり，徳川家康が江戸幕府の将軍であったときに発行されたものである。このように
江戸幕府は 1635 年まで，東南アジアを中心とした国や地域と貿易を行う大名や商人に，海外に渡
航することを認める証書を与えた。この証書をもつ船によって行われた外国との貿易を何というか，
書け。

資料Ⅱ

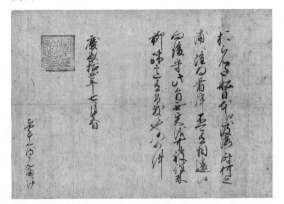

(1)		(2)		(3)		
(4)						
(5)						

3 次のAからCのカードは，近世と近代の３人の女性についてまとめたものです。これらを読み，
あとの問いに答えなさい。　　　　　　　　　　　　　　　　（栃木県）（各４点，計 16 点）

A 【和宮】彼女は，孝明天皇の妹であり，公武合体策により将軍の家茂と結婚した。夫である家茂が
亡くなった後，慶喜が将軍となった。

B 【出雲の阿国】彼女は，豊臣秀吉が活躍した頃に，出雲大社の巫女として諸国を巡ったとされてい
る。彼女が始めた　Ⅰ　は，現代でも多くの人に親しまれている伝統文化の原型となった。

C 【津田梅子】彼女は，岩倉使節団に加わり，政府が派遣した最初の女子留学生の一人となった。彼
女は留学の経験をいかし，a日本の女子教育と英語教育の発展のために尽力した。

(1) 次の文のうち，Aのカードの時代と同じ時代区分のものはどれか。次のア～エの中から１つ選び，
記号で答えよ。

ア かな文字がつくられ，多くの優れた文学作品が生み出された。

イ 大名が結婚する場合，幕府の許可が必要であった。

ウ 女性にも口分田が与えられ租を負担したが，兵役は課されなかった。

エ 女性にも幕府によって相続権が認められ，地頭や御家人になる者もみられた。

(2) Bのカードの　Ⅰ　に当てはまる語はどれか。次のア～エの中から１つ選び，記号で答えよ。

ア 浄瑠璃　　イ 狂言　　ウ 能　　エ かぶき踊り

(3)　下線部 a について，明治時代を通して，女子の就学率は徐々に上昇し，1907(明治 40)年には，100％近くに達した。女子教育が普及した背景として，明治時代に当てはまらないのはどれか。

ア　日清戦争から日露戦争にかけて，軽工業や重工業が発展し，国民生活が向上したこと。

イ　全国各地に小学校がつくられるとともに，大学など高等教育機関の制度も整ったこと。

ウ　憲法にもとづく政治を守る護憲運動が起こり，政党内閣が成立したこと。

エ　学制が公布され，教育を受けさせることが国民の義務となったこと。

(4)　AからCのカードを，年代の古い順に並べなさい。

(1)		(2)		(3)		(4)	→	→	

□ 編集協力　有限会社藤井社会科デザイン事務所　株式会社翔文社　名越由実

□ デザイン　CONNECT

□ 図版作成　有限会社藤井社会科デザイン事務所　有限会社デザインスタジオエキス.

□ 写真提供　アフロ（月岡陽一　Alamy）宮内庁　国立国会図書館　正倉院
　　　　　　徳川美術館　©徳川美術館イメージアーカイブ/DNPartcom

□ イラスト　林拓海

＊編集上の都合により，一部の問題で図版や写真，統計を差し替えていますが，問題の内容やねらいを変更するものではありません。

シグマベスト
最高水準問題集
中学歴史［新訂版］

編　者　文英堂編集部
発行者　益井英郎
印刷所　中村印刷株式会社
発行所　株式会社文英堂

〒601-8121　京都市南区上鳥羽大物町28
〒162-0832　東京都新宿区岩戸町17
（代表）03-3269-4231

©BUN-EIDO　2021　　　　Printed in Japan　　　　●落丁・乱丁はおとりかえします。

Σ BEST
シグマベスト

最高水準
問題集

中学歴史

[新訂版]

解答と解説

文英堂

時代順の問題

1編　古代までの日本

1　文明のおこりと日本の成り立ち

---

001 (1) イ

(2) 2番目…イ　4番目…エ

解説 世紀は，西暦年の100年を単位にして区切る紀年法。西暦1年〜100年が1世紀，西暦101年〜200年が2世紀となる。

(1) 1世紀あたり50cmと考えて計算する。

21（世紀）× 50（cm）= 1050cm = 10.5m。

よって約10mなのでイが正解。

(2) 略称で表記すると，紀元前は B.C.，紀元後は A.D. となる。よってアは紀元前79年，イは紀元前100年，ウは395年，エは301年，オは紀元前221年。よって，オ→イ→ア→エ→ウ。

---

002 (1) ア

(2) ② 猿人　③ クロマニョン人

④ 打製　⑤ 旧石器時代

⑥ 磨製　⑦ 新石器時代

解説 (1) 人類がほかの動物と異なる特徴は，直立二足歩行，道具の製作と使用，火の使用，言葉の使用である。人類は2本の足で立って直立歩行を始めたことによって，両腕が自由に使えるようになった。そして，手でさまざまなことを行ったので頭脳が発達して，道具も作るようになった。

(2) 人類は，猿人（サヘラントロプス=チャデンシス，アウストラロピテクスなど），原人（北京原人・ジャワ原人など），新人（クロマニョン人など）の順にあらわれた。

---

003 ウ

解説 Aはナイル川流域に栄えたエジプト文明。Bはチグリス川・ユーフラテス川流域に栄えたメソポタミア文明，Cはインダス川流域に栄えたインダス文明，Dは黄河・長江流域に栄えた中国文明。

---

004 (1) 打製石器

(2) ア

(3) 例 気候が温暖になり，氷河が溶けて，海面が上昇したから。

解説 Aの問題文で述べられているのは，相沢忠洋が1946年に発見した岩宿遺跡のことである。岩宿遺跡から打製石器が見つかったことにより，日本にも旧石器時代があったことが証明された。関東ローム層とは富士山や浅間山などの火山が噴火したときに降った灰が積もってできた地層であり，旧石器時代が終わる約1万年までにできた。

(2) イ・ウは弥生時代，エは飛鳥時代の説明。

(3) 氷河時代は海面が今より100m以上も低かった。

---

005 (1) イ

(2) 土偶

解説 (1) アは弥生土器。縄文土器にくらべて模様が少なく，薄手でかたいのが特色。ウは古墳時代の埴輪，エは弥生時代以降の銅鐸。

(2) 縄文時代，魔よけや食物の生産などさまざまな祈りのために作られた土の人形を土偶という。女性をかたどったものが多い。

---

006 (1) 煮る[炊く]

(2) ① 高床倉庫

② 例 床を高くして，湿気を防いでいる。

③ くに

解説 (1) 土器が発明されるまで，食べ物は生のままか，単に焼いただけで食べられていた。

(2) ① 弥生時代，稲作が日本に伝わると，人々はむらをつくって共同作業で水田をつくり，収穫した稲を高床倉庫に保存した。② 高床倉庫とは，床を高くして食べ物を湿気から守ったり，ねずみ返しを設けて動物の侵入を防いだりするようにした建物。③ 倉庫に食料が保存できるようになると，貧富の差が生じて，弱い者は強い者に従い，強いむらが弱いむらを併せてくにになった。

007 (1) 石包丁
(2) ア
(3) 祭りの道具
(4) ウ

解説 (1) 石包丁で穂首刈りが行われていた。
(2) アの三内丸山遺跡は縄文時代の遺跡。
(3) 青銅器は，銅と錫の合金である青銅で作られた道具のこと。鉄よりやわらかいために実用的ではなく，もっぱら祭りの道具などに使われた。
(4) 写真の青銅器は細長い形をしているので，銅剣である。アの加茂岩倉遺跡も島根県の遺跡だが，こちらでは銅鐸が発掘された。

⊙得点アップ

▶金属器の用途
●青銅器＝非実用的…祭りの道具や宝物。
●鉄器＝実用的…武器や農具，工具。

008 (1) ア
(2) 右図
(3) 漢委奴国王

解説 57年，倭（当時の中国からの日本のよび名）の奴国の王が使いを送って，中国の後漢の皇帝から金印を授けられたことが，中国の歴史書に書かれている。江戸時代に福岡県の志賀島から出土した金印がこれにあたるとされている。弥生時代までの日本のことを記した中国の歴史書には，以下の3点がある。
①『漢書』地理志…前1世紀頃。「倭国は100余りの小国に分かれている」と記述。
②『後漢書』東夷伝…1世紀頃。奴国の王が後漢に使者を送り，光武帝から，「漢委奴国王」と刻まれた金印を与えられたと記録。
③『魏志倭人伝』…3世紀頃。約30の国々を率いる邪馬台国が存在し，その女王卑弥呼は中国の魏に使いを送り，「親魏倭王」の称号と銅鏡100枚を授かったと記録。

009 (1) エ
(2) 群馬県
(3) ウ

解説 (1) 旧石器時代には，石を打ち欠いただけの打製石器が使われ，新石器時代には，表面を磨いて鋭くした磨製石器が使われた。
(2) 群馬県みどり市にある。
(3) ア．殷では青銅器が用いられていた。中国で鉄器の使用が広まったのは春秋・戦国時代。イ．バビロンの都市遺跡はメソポタミア文明。インダス文明の都市遺跡はハラッパーやモヘンジョ゠ダロなど。エ．ユダヤ教の成立とエジプト文明は無関係。エジプト文明は太陽神ラーを中心とする多神教を信仰した。

010 (1) 縄文
(2) イ
(3) イ

解説 (2) 石包丁の使用は弥生時代。エについて，縄文土器といえば縄目の文様が大きな特徴だが，なかには文様のないものもある。
(3) アは群馬県，ウは長野県にある旧石器時代の遺跡。エは佐賀県にある弥生時代の遺跡。

011 (1) ウ
(2) ア
(3) 例農耕が行われ，食物が計画的に生産されたこと。(22字)

解説 (1) アは銅鐸で弥生時代。イは埴輪で古墳時代。エはナウマン象で旧石器時代。
(3) 農耕を行うためには水が多く必要になる。四大文明はいずれも大河のほとりで発生し，食料の計画的な生産によって人口を増やした。

012 (1) ウ
(2) ア

解説 (1) 黒曜石は石器の材料に使われたが，産地が限られているので，当時の人々の交易の範囲を知る手がかりにもなっている。イのひすいは勾玉のような装身具などの材料になった。
(2) アの荒神谷遺跡は島根県出雲市にあり，多くの銅剣が出土した。

013 (1) 甲骨文字
(2) ア・エ
(3) 史記
(4) イ

解説 (2) イの計画都市はインダス文明など。ウの イスラム教は7世紀の成立。オの成人男子市民に よる民主政治は古代ギリシャなど。
(4) アは魏，ウは呉。

014 (1) エ
(2) 邪馬台国

解説 (1) aの「牛や馬に犂を引かせる耕作」は 鎌倉時代以降，cの「貧富や身分の差」がなかっ たのは縄文時代以前。

015 オ

解説 オの銅鐸はおもに祭りの道具として用いられ た。イ．三内丸山遺跡などで種子が出土しており， 縄文時代に植物の栽培が行われていたことが分か った。エ．戦いに備えるため，集落が高地につく られることもあった。紫雲出山遺跡(香川県)など 瀬戸内海沿岸に多く見られる。

2 古代国家のあゆみと東アジア

016 例 大和政権の支配は，5世紀の後半に は埼玉県[関東北部]から熊本県[九州中 部]まで及んでいたと考えられる。

解説 大和政権(ヤマト王権)は，奈良盆地に成立し た豪族の連合政権であり，その中心人物は大王と よばれた。5世紀には関東から九州までの地域 を支配し，のちに大王は天皇とよばれた。

017 (1) ① A ② 埴輪
(2) 府県名…奈良県 位置…イ

解説 (1) Bは縄文時代の土偶。
(2) 大和地方とよばれた地域は，ほぼ現在の奈良県 にあたる。

018 前方後円

解説 方墳は四角形の形状をした古墳。

019 ア

解説 古墳は大王や豪族などの支配者の墓としてつ くられたものが多い。

020 エ

解説 エは，大化の改新を始めた中大兄皇子や中臣 鎌足らの説明。

021 例 天皇や豪族の支配(私有)から，国家 (朝廷)の直接の支配に変えようとした。

解説 公地公民の原則の確立によって，中央集権化 が進められ，のちの律令国家の成立につながった。

022 イ

解説 大化の改新を行った中大兄皇子はのちに即位 して天智天皇になった。彼の死後，皇位をめぐっ て壬申の乱が起こり，この戦いに勝った天智天皇 の弟の大海人皇子が即位して天武天皇となり，天 皇中心の政治を進めた。Zの院政は平安時代の後 期に始まった。

023 カ

解説 7世紀前半，中国では隋が滅び，唐が成立した。 この唐は朝鮮半島にも勢力をのばし，新羅と連合 して百済を滅ぼした。百済と縁の深かった日本は 救援軍を送ったが，663年の白村江の戦いで敗れた。 さらに唐・新羅連合軍は高句麗も滅ぼした。その 後，新羅が唐の勢力を追い出して，朝鮮半島を統 一した。
従ってカが正解となる。

024
(1) 大宝律令
(2) 例 東西南北に道路がごばんの目のように走り，中央の朱雀大路が，平城京の北側につくられた平城宮から南のはしまでを結んでいる。(59字)
(3) エ
(4) 遣唐使

解説 (2) 平城京では，**資料Ⅰ**の中央上部の広い空間に，朝廷や役所が置かれた平城宮を設けていた。
(3) エ．調は諸国の特産物を納める税。

025
防人

解説 この歌は，「水鳥が飛び立つようにあわただしく家を出たため，お父さんやお母さんにちゃんと別れを言わずに来てしまった。今はそのことが悔やまれる」という意味。防人の多くは東国の出身者であり，関東から九州北部まではるばる旅をしなければならず，その負担は重かった。

⑦ 得点アップ
▶律令制の兵役
●兵士…成人男子の３人に１人の割合で選ばれ，地方の軍団で訓練を受ける。食料・武器は自分で用意するのが原則だった。
●衛士…兵士の中から選ばれて，都の守りに１年間つく。
●防人…兵士の中から選ばれて，大宰府や九州北部の守りに３年間つく。その多くは東国(関東地方)の出身者だった。

026
(1) a…ア　b…ウ
(2) 例 人口が増加したから。

解説 (1) 口分田は６歳以上の男女に与えられ，田の面積に応じて稲を納める租が課された。口分田は本人が死ぬと国に返された。

027
(1) 聖武天皇
(2) 例 仏(教)の力によって国を守るため。

解説 (2) 仏教の力によって国家の安定や守護をはかる考えを，鎮護国家思想という。

028
例 仏教と唐の文化の影響を強く受けた，国際色豊かな文化である。

解説 左側の「らくだが描かれた琵琶」はインドが起源と考えられている楽器。また，右側は「ペルシャ風の漆器の水さし」であり，ペルシャは現在のイランにあった国の名。これらの宝物はシルクロードを通って中国に運ばれ，さらに海を渡って日本に伝えられたとされる。これらの宝物は，角または円形の木材を井げたに組み合わせて，まわりの壁にした校倉造の正倉院に収められていた。

029
イ→エ→ア→ウ

解説 アの藤原道長が摂政になったのは11世紀前半。イの坂上田村麻呂が征夷大将軍になったのは８世紀末。ウの中尊寺金色堂の建立は12世紀前半。エの平将門や藤原純友の反乱は10世紀前半。

030
(1) イ
(2) 例 娘を天皇のきさきとし，生まれた皇子を天皇に即位させ，その天皇の(外)祖父として政治の実権を握った。

解説 (1) 摂関政治は，11世紀前半の道長と，その子の頼通のころに最も栄えた。ア．大宝律令の制定に関わったのは，鎌足の子の不比等。ウ．摂政と関白が逆である。エ．平将門の反乱は10世紀前半。藤原道長は10世紀後半〜11世紀前半の人物。
(2) 母方の祖父のことを外祖父というが，この系図中の一条天皇の場合，母詮子の父である藤原兼家が外祖父にあたる。同様に，後一条天皇と後朱雀天皇の外祖父はともに藤原道長である。

⑦ 得点アップ
▶藤原氏が大きな権力を持った理由
①外戚関係…自分の娘を天皇にとつがせ，生まれた皇子を即位させ，その外祖父になった。
②摂関政治…天皇が幼いときは摂政，成長した後は関白になって，政治を動かした。
③経済的基盤…政治の実権を握る藤原氏の保護を求めて，多くの荘園が寄進された。

031 例 阿弥陀仏にすがり，（念仏を唱えて）死後に極楽浄土に生まれ変わることを願った。

解説 この写真は平等院鳳凰堂の阿弥陀如来像。浄土信仰では，阿弥陀仏が西方の極楽浄土に導いてくれると信じられ，このような阿弥陀仏を安置する阿弥陀堂が多く建てられた。

032 例 日本の風土や日本人の生活や感情に合った，日本独自の文化。

解説 9世紀後半，唐が内乱のためにおとろえると，朝廷では菅原道真の意見によって，894年に遣唐使の派遣の停止が決められた。その結果，大陸文化を消化した上での日本独特の文化が発達した。これを，唐風文化に対比させて，国風文化とよぶ。

033 (1) 氏姓制度
　　(2) イ

解説 (2) ア．「倭の五王」とよばれる大和政権の大王たちが使いを送ったのは南朝の宋・斉・梁。ウ・エ．百済は大和政権と友好関係にあったため，儒教や仏教や暦などの知識はおもに百済から伝わった。

034 (1) エ
　　(2) イ
　　(3) ウ

解説 (1) ア．鉄製の矛は武器などに用いられた。イ．ナウマン象やオオツノシカは旧石器時代。ウ．埼玉県稲荷山古墳出土の鉄剣は，古墳時代のものである。
(2) イ．土偶は縄文時代。
(3) ウ．中国の南朝に使いを送った。

035 ウ

解説 ア．4世紀後半。イ．3世紀前半。エ．紀元前5世紀。オ．15世紀末。カ．11～13世紀。

036 (1) ① ウ　② 冠位十二階
　　　　③ 十七条の憲法　④ 小野妹子
　　　　⑤ 645　⑥ 中臣鎌足　⑦ 大宝律令
　　(2) 漢委奴国王
　　(3) 蘇我入鹿〔蘇我蝦夷〕
　　(4) 白村江の戦い
　　(5) 壬申の乱
　　(6) 天武天皇

解説 (3) 大化の改新では，蘇我蝦夷と蘇我入鹿の父子が滅ぼされた。

037 (1) 法隆寺
　　(2) 木造建築

解説 発掘調査などから，現在の法隆寺の木造建築は，聖徳太子が建てた建物が火事で焼けた後，その近くに再建されたものと考えられている。

038 (1) A…大仏造立　B…租　C…調
　　　　D…庸　E…防人
　　　　F…(東大寺)正倉院　G…古事記
　　　　H…日本書紀　I…風土記
　　　　J…万葉集
　　(2) 大宰府
　　(3) 聖武天皇
　　(4) ① 三世一身の法　② ア
　　(5) イ　(6) ウ
　　(7) 富本銭

解説 律令制度のもとでの民衆の負担はよく問われる。租税・兵役は，内容まで覚えておこう。
(4) 奈良時代に人口が増加すると，各地で口分田が不足するようになった。朝廷は723年に三世一身の法を出して，開墾した田を期限つきで私有できることを認めた。しかし，この法令によって公地公民の原則が崩れていくことになった。
(5) アは吉備真備，ウは鑑真，エは最澄。
(6) このような写真の問題は，資料集などで予習して対応したい。ウの五絃の琵琶はインドが起源とされる楽器で，正倉院に納められている。アは東大寺大仏，イは興福寺の阿修羅像，エは法隆寺金堂の釈迦三尊像。
(7) これまで最古の貨幣とされた和同開珎よりも古

く，7世紀後半につくられたと考えられている。

⑦ 得点アップ

▶古代の土地制度の変遷
①公地・公民…大化の改新で方針が打ち出され，土地と人民は国のものとされた。
②三世一身の法…723年。条件つきで土地の私有を認めた。
③墾田永年私財法…743年。土地の永久私有を認めた。以後，貴族や寺社の私有地（荘園）が増加。
④荘園公領制…平安時代後期に成立。日本中のほとんどの土地が，荘園と公領（国司の領地）のどちらかに分かれた。

---

039 (1) 神祇官（じんぎかん）
(2) 道鏡（どうきょう）
(3) 班田収授（はんでんしゅうじゅ）
(4) 防人（さきもり）
(5) 国造（くにのみやつこ）

解説 律令の官制のもとでは，太政官（だいじょうかん）が政治を担当する最高官庁であり，その下に8つの省が置かれて，職務を分担していた。
(2) 道鏡は称徳天皇（聖武天皇の娘）に重んじられ，高い地位を与えられた僧。自ら天皇になることを望んだが，和気清麻呂（わけのきよまろ）らにはばまれて失敗し，のちに地方に左遷された。
(4) 衛士（えじ）として皇居の警備にあたる者もあった。
(5) 律令国家の一般的な地方官制は，国－郡－里の関係で覚えておこう。国を治める国司は中央の貴族，郡（郡司）と里（里長）はそれぞれ地方の有力者が任命された。

---

040 (1) ウ
(2) ア
(3) イ

解説 (1) 班田収授法による口分田が与えられる条件は以下のように身分・性別で異なっていた。
・良民（りょうみん）の男子…2段（1段＝360歩（ぶ））
・良民の女子…1段120歩（良民男子の3分の2）
・奴（ぬ）（男子の奴隷）…240歩（良民男子の3分の1）
・婢（ひ）（女子の奴隷）…160歩（良民女子の3分の1）

---

041 (1) ① ウ ② オ ③ エ
(2) ① 桓武天皇（かんむてんのう） ② 征夷大将軍（せいいたいしょうぐん）
(3) 中尊寺

解説 (1) 朝廷の軍勢は北上しながら蝦夷を追いつめていったので，南にある柵（さく）や城ほど年代が古い。アは秋田城，イは磐舟柵（いわふねさく）。

---

042 (1) ウ
(2) 荘園
(3) エ

解説 (1) 道長・頼通父子のころが藤原氏の全盛期である。
(3) エは後三年合戦（後三年の役）の説明。ウの前九年合戦（前九年の役）の後，東北地方で清原氏の内紛（むつのかみ）が起こり，陸奥守の源義家が介入して鎮定した。後三年合戦の後，東国での源氏の信望が高まり，東北地方では奥州藤原氏の支配が固まった。

---

043 ① 天皇 ② 平将門（たいらのまさかど） ③ 藤原純友（ふじわらのすみとも）
④ 源義家（みなもとのよしいえ）

解説 ① 有力な武士団は天皇の子孫にあたる貴族を棟梁（とうりょう）に迎え，清和源氏（せいわ）や桓武平氏（かんむ）などと称した。
②③ 平将門と藤原純友はほぼ同時期に反乱を起こしたため，セットで問われることが多い。
④ 源義家は，前九年合戦（前九年の役）と後三年合戦（後三年の役）に参戦し，源氏の勢力を東国に伸ばした。

---

044 (1) 菅原道真（すがわらのみちざね）
(2) ウ
(3) ① 寝殿造（しんでんづくり） ② 大和
③ カタカナ ④ ひらがな

解説 (2) 『平家物語』は平氏の隆盛と滅亡を描いた軍記物語で，鎌倉時代に成立した。
(3) ② 中国風の唐絵（からえ）に対し，日本風の絵画という意味で大和絵（やまとえ）とよばれた。③④ 例えば漢字の「加」では，それを崩した草書体からひらがなの「か」，漢字の一部であるへんやつくりからカタカナの「カ」が生まれた。

第1回 実力テスト

1 (1) 百[100]
(2) ③

解説 (1)(2) 史料は紀元前 1 世紀の倭国の様子を伝える『漢書』地理志。「楽浪郡(漢が朝鮮半島に設置した郡)のかなたに倭人がいて，『分れて百余国と為る』」と記されている。

2 (1) 渡来人[帰化人]
(2) イ
(3) カ
(4) ア
(5) 例 仏教の力で国を守ろうとしたから。
(6) ウ

解説 (1) おもに 4 世紀ごろから，中国・朝鮮半島から日本に移り住み，漢字・仏教・儒教・土木技術・固い土器をつくる技術など，さまざまな文化や技術を伝えた人たちを渡来人または帰化人という。
(2) 女王卑弥呼は魏に使いを送ったので，邪馬台国やその使者のことは『魏志倭人伝』に記されている。
(3) Aの埴輪は古墳時代，Bの銅鐸は弥生時代，Cの土偶は縄文時代なので，C→B→Aの順である。
(4) 672 年，天智天皇が没すると，子の大友皇子と弟の大海人皇子が後継ぎをめぐって争った(壬申の乱)。勝利した大海人皇子は翌年，天武天皇となった。
(5) 奈良時代中期は疫病の流行，飢饉や地方の反乱など不安な世の中だったため，聖武天皇は仏教の力で国を守る鎮護国家の思想に基づいて国ごとに国分寺と国分尼寺，都には東大寺を建て大仏をつくった。
(6) Aは飛鳥時代末期，Bは飛鳥時代初期，Cは奈良時代なので，B→A→Cの順である。

3 (1) ア
(2) 孔子
(3) 飛鳥文化
(4) ウ
(5) 蘇我
(6) エ
(7) エ

解説 (1) aとcが正しい。bは 3 世紀中ごろから，dは 3 世紀前半の説明である。
(2) 紀元前 500 年ごろ，春秋時代末期の中国で孔子が儒教のもととなる教えを説いた。
(3) 法隆寺は 7 世紀初めに聖徳太子(厩戸皇子)がつくった寺院。この時代に栄えた日本初の仏教文化は，都が飛鳥に置かれていたため飛鳥文化と呼ばれる。
(4) X．最初に中国を統一したのは紀元前 221 年の秦。 Y．仏教は 538 年(『日本書紀』に拠ると 552 年)に朝鮮半島の百済から公式に伝えられた。
(5) 聖徳太子は叔母の推古天皇の摂政となり，大臣の蘇我馬子と協力して政治を進めた。
(6) 女子は口分田が男子の 3 分の 2 で，調・庸などは課されないなど，税の負担が比較的軽かったため，男性を女性と偽る偽籍が横行した。
(7) bとdが正しい。 a．摂関政治は娘を天皇のきさきとし，生まれた皇子が即位すると摂政・関白となって行った政治。 c．書院造ではなく寝殿造で，銀閣は室町時代の東山文化。

4 (1) 蘇我
(2) ④
(3) ③
(4) ②
(5) ④

解説 (1) 645 年，中大兄皇子・中臣鎌足らは政治の実権を握っていた蘇我蝦夷・入鹿父子を滅ぼし，大化の改新と呼ばれる改革を始めた。
(2) ④が正しい。①性別・年齢・身分によって違っていた。②5％ではなく 3％。③免除されなかった。
(3) ③が正しい。①基経と良房が逆。②頼通ではなく時平。④道長ではなく頼通。
(4) 10 世紀になると，地方の政治は任国に赴任した国司(その最上席者は受領と呼ばれた)任せとな

り，不正や横暴によって乱れた。

(5) ④が正しい。① 保元の乱ではなく平治の乱。② 征夷大将軍ではなく太政大臣。③ 源義仲ではなく源義経。

2編　中世・近世の日本

3 武家政治の成立と展開

045 〉 例天皇が位を譲った後も，上皇として政治の実権をにぎるしくみ。

解説 この政治を院政という。院政では，院（上皇のこと）が政治の実権をにぎり，院庁という役所が置かれた。僧兵の暴力などから院政を守るために，源氏や平氏が北面の武士としてやとわれ，武士が中央政界に進出した。

046 〉 (1) ウ
(2) 例中国[宋]との貿易を行うため。

解説 (1) 平清盛が整備したのは，現在の兵庫県にあった大輪田泊。アは青森県，イは神奈川県，エは新潟県。

047 〉 御恩…例御家人の先祖伝来の領地を保護したり，新しい領地を与える
例御家人を守護や地頭に任命する
奉公…例将軍のために命がけで戦う

解説 御恩と奉公は，土地や役職を仲立ちにして結ばれた，将軍と御家人の主従関係である。

048 〉 ア

解説 イ．地頭が農民から徴収したのは年貢。ウ．守護が守護大名に成長したのは室町時代。エ．御成敗式目は執権の北条泰時が制定した。

049 〉 例三方を山に囲まれ，一方は海に面しているため，敵に攻められにくい地形となっているから。

解説 陸路で鎌倉に入るには，山をけずった切通し

とよばれる険しい道を通らねばならず，何か起こった場合には，この道をふさげば出入りを止めることができた。

050 〉 (1) A…政所　　B…問注所
(2) 承久の乱
(3) 例京都の朝廷を監視するため。
(4) 例上皇側についた朝廷の人々や武士が西国に持っていた領地を没収し，恩賞として与えたり，東国の武士を地頭に任命したりした。

解説 承久の乱の後，幕府は以下の処置を行った。
・朝廷への処罰…後鳥羽上皇らを隠岐（島根県）などへ流し，天皇を交替させた。
・領地の没収…上皇側の公家や武士の領地を取り上げ，幕府側の武士に与えた。
・朝廷の監視…京都に六波羅探題を置いた。

㋐得点アップ
▶鎌倉幕府のしくみ

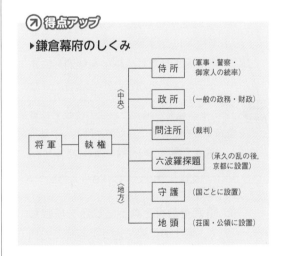

051 〉 (1) 北条泰時
(2) 例裁判を公平に行うための基準。

解説 北条泰時の手紙などから分かる，御成敗式目（貞永式目）の要点は，以下の通り。
① 頼朝以来の先例と武家社会の慣習に従って制定。
② 公平な裁判を行うための基準を定めた内容。
③ 武士のための法律であって，公家や荘園には適用されない。

052 〉 ウ

解説 この絵は『一遍上人絵伝』のうち，備前国（現

在の岡山県)の福岡の市を描いた場面である。
① 一遍は時宗の開祖であり，踊り念仏を通じて，その教えを広めた。② 鎌倉時代は，宋から輸入した銅銭が流通していた。④ 問丸とは年貢や品物を運んだ運送業者。問（とい）ともいう。

---

053 (1) 1…東方見聞録　2…弘安
　　　(2) ア

解説 (1) 1. 13世紀後半，イタリアのベネチア商人マルコ＝ポーロは元の皇帝フビライに仕え，帰国後に『東方見聞録』(『世界の記述』)を著した。
2. 元軍は文永11年(1274年)の文永の役と弘安4年(1281年)の弘安の役の2度にわたり襲来した。
(2) 火薬や羅針盤，活字印刷の技術は中国で発明され，イスラム商人らを通じてヨーロッパに伝わった。

---

054 (1) 永仁（えいにん）
　　　(2) 囫 窮乏（きゅうぼう）する御家人を救済することを目的に，御家人が売った土地をただで返させたり，借金を帳消しにすることなどを内容とする法令だった。

解説 1297年に幕府が出した永仁の徳政令は御家人を救済するのが目的だったが，ほとんど効果がなく，かえって幕府への不満が強まった。

---

055 (1) 金剛力士（こんごうりきし）
　　　(2) 囫 武士の世となったことを反映して，武士の気風に合った素朴（そぼく）で力強い文化だった。

解説 鎌倉文化の特徴として，① 武士の気風を反映した素朴で力強い文化，② 公家の文化の継承，③ 禅宗などに見られる宋・元の文化の影響，などがあげられる。問題の東大寺南大門の金剛力士像には，①が強くあらわれている。

---

056 (1) 法然（ほうねん）
　　　(2) 囫 教えの内容が分かりやすく，自分で行うのが簡単だった

解説 (2) 鎌倉新仏教が人々に受け入れられた理由として，念仏を唱えれば救われるといった教えの分かりやすさ，座禅などの修行の行いやすさなど

があげられる。

---

⑦ 得点アップ

▶鎌倉新仏教

● 浄土信仰から発展した宗派…阿弥陀仏の救済を信じて，念仏を唱えることを重視。
　・浄土宗…法然と『選択本願念仏集』（せんちゃく）。
　・浄土真宗(一向宗)…親鸞（しんらん）と『教行信証』。親鸞の弟子の唯円（ゆいえん）の『歎異抄』（たんにしょう）。
　・時宗…一遍（いっぺん）。踊り念仏。
● 法華経を信仰する宗派
　・日蓮宗(法華宗)…日蓮（にちれん）と『立正安国論』（りっしょう）。「南無妙法蓮華経」の題目（だいもく）を唱えることを重視し，他宗派を攻撃。
● 禅宗の宗派…中国から伝わり，座禅によって人間の奥にある仏の心をよびさまし，自力で悟りを開くことをめざす。
　・臨済宗（りんざい）…栄西（えいさい）と『興禅護国論』（こうぜんごこくろん）。
　・曹洞宗（そうとう）…道元（どうげん）と『正法眼蔵』（しょうぼうげんぞう）。

---

057 (1) 勘合貿易（かんごう）
　　　(2) 囫 正式の貿易船であることを証明して，倭寇（わこう）の船と区別するため。
　　　(3) ウ

解説 (1) この割符が勘合(勘合符)とよばれたことから勘合貿易という。
(3) 金閣は3層からなる建物で，第1層に公家文化である寝殿造の影響が見られるが，第3層には武家文化である禅宗の様式が取り入れられている。

---

058 (1) 応仁の乱
　　　(2) 琉球王国
　　　(3) 囫 町衆（ちょうしゅう）とよばれる裕福な商工業者が中心となって，京都の町（まち）の運営を行った。

解説 (2) 沖縄本島は，北山（ほくざん）・中山（ちゅうざん）・南山（なんざん）の3王国に分かれていたが，1429年に中山王尚巴志（しょうはし）が統一して琉球王国を建てた。琉球王国は首里に都を置き，その外港である那覇（なは）から日本・中国・東南アジアの各地を結ぶ中継貿易を行って繁栄した。

059 (1) 能[能楽]

(2) 惣[惣村]

解説 (1) 能は足利義満の保護を受けた観阿弥・世阿弥の親子が大成した。能のあいまに演じられた狂言には,民衆のくらしのようすがうかがえる。能と狂言をあわせて,能楽とよぶ。

(2) 違反者をきびしく罰する場合もあった。

060 (1) 分国法

(2) エ

(3) ア

解説 (1) 戦国大名が領国を支配するために定めた法律を分国法(家法)という。問題文の分国法は,「朝倉孝景条々」の一部分。ほかに「今川仮名目録」もよくテストに出るので資料集で見ておこう。

(3) アの五人組は江戸時代に定められた制度である。

061 (1) 書院造

(2) ① 下剋上 ② 山城国一揆

解説 (1) 書院造は禅宗の建物などの影響を受けて成立し,部屋にたたみや床の間をしつらえ,ふすまや障子で区切り,玄関を設けるなどの特徴がある。現在の和風住宅の源流になった。

㋐得点アップ

▶室町時代の一揆
●土一揆…近畿地方で,農民や馬借などの多くの民衆が起こした一揆。その多くが徳政令を要求したことから徳政一揆とよぶこともある。1428年の正長の土一揆(徳政一揆)など。
●国一揆…国人・地侍などの土着の武士が農民とともに起こした一揆。京都府南部で1485年に起こった山城国一揆など。
●一向一揆…一向宗(浄土真宗)の門徒が起こした一揆。石川県で1488年に起こった加賀の一向一揆では,守護大名の富樫氏を破って,100年近い自治を行った。

062 雪舟

解説 この絵のように,墨一色だけを用いて自然や人物を描くものを水墨画といい,禅宗とともにも

たらされた画法である。日本の水墨画を大成した雪舟も禅僧だった。

063 (1) 例有力者の力を借りて,国司からの徴税を逃れようとしたから。(28字)

(2) ウ

解説 (2) ア.内乱の順序が逆である。1156年に保元の乱が起こり,1159年に平治の乱が起こった。イ.平清盛は後白河法皇のときに太政大臣に任じられた。白河上皇は1086年に初めて院政を行った上皇。エ.壇ノ浦の戦いで平氏が滅んだのは1185年だが,清盛はそれ以前の1181年に病気で死んでいる。

064 (1) エ

(2) エ

(3) 侍所

解説 (1) 壇ノ浦の戦いは,1185年に現在の山口県下関市で行われた。

(2) アは大分県,イは奈良県,ウは京都府にある。

(3) 侍所は1180年,源頼朝によって設置され,御家人の統率や軍事を行った。

065 (1) エ

(2) ウ

解説 (1) ア・イ.室町時代の守護大名の説明。幕府が出した半済令により,荘園・公領の年貢の半分を自分のものとすることが認められていた。ウ.守護は国ごとに置かれた。荘園・公領ごとに置かれたのは地頭。

066 (1) ① 源実朝 ② 後鳥羽

(2) ウ

(3) 引付衆

解説 (1) ① 源実朝が暗殺された後,幕府の実権は北条氏に移った。しかし,その後も摂関家や皇族から将軍が迎えられ,形だけの存在ではあったが,鎌倉時代が終わるまで将軍は続いた。

(2) ウ.北条泰時は,執権の補佐役として連署を設けた。実質上の「副執権」といえる。さらに有力御家人からなる評定衆をつくって幕府の政治や裁判について話し合わせた。

(3) 泰時がつくった評定衆の扱う事柄が多くなった
ので，これを補佐するため，評定衆の下に北条時
頼が新設したのが引付衆である。

---

067 (1) 厳島神社
(いつくしま)
(2) 問[問丸]
(とい といまる)

解説 (1) 厳島神社は広島県にある。海のそばに社
殿が建てられるなどの独自の景観が評価されて，
世界遺産に登録された。
(2) 陸上では，馬借や車借とよばれる運送業者が活
(ばしゃく)(しゃしゃく)
躍した。

---

068 (1) ① チンギス=ハン
② フビライ(=ハン)　③ 元
④ 悪党　⑤ (永仁の)徳政令
⑥ 後醍醐
(2) マルコ=ポーロ
(3) 北条時宗
(4) 文永の役

解説 (1) ①②ハンとは遊牧民族の君主の称号。
(2) モンゴル帝国は東西を結ぶ交通路を整備したた
め，ヨーロッパから宣教師や商人がアジアを訪れ
るようになった。その代表的な人物である，イタ
リアの商人マルコ=ポーロと彼の著書『世界の記
述(東方見聞録)』は必ず覚えておくようにしたい。
(とうほうけんぶんろく)

---

069 (1) (永仁の)徳政令
(2) ウ
(3) エ

解説 (2) ウの富本銭は飛鳥時代，天武天皇のころ
の発行と考えられている日本最初の貨幣である。
鎌倉時代は宋銭などが用いられた。
(3) エ。一遍は時宗の開祖で，踊り念仏を広めた。
法華経の教えを説いたのは日蓮である。イ。鎌倉
時代の武士は，笠懸・犬追物・流鏑馬の3種の訓
(かさがけ)(いぬおうもの)(やぶさめ)
練を行って，馬上から弓を射る技術をきたえた。ウ．
『男衾三郎絵巻』は鎌倉時代の地方の武士の生活
(おぶすま)
を描いた絵巻物である。

---

070 (1) A…惣[惣村]　B…一揆
(2) 例 政治では，藤原氏の摂関政治が
くずれ，院政を経て武士が政権をに
ぎるようになった。社会では，土地
や経済におよぼす武士の力が貴族
[公家]を上回るようになり，民衆も
力をつけた。
(3) ウ
(4) 2番目…イ　4番目…エ

解説 (3) 室町時代に金融業を営んだのは土倉や酒
屋。問屋は卸売などを行った業者。(4) アもイも
(とや)
1333年だが，鎌倉幕府が滅んでから建武の新政
が始まった(翌1334年が建武元年)。ウは1332年，
エは1336年，オは1338年。

---

071 (1) イ
(2) 例 下の身分の者が実力で上の身分
の者を倒すこと。

解説 (1) bの執権は，鎌倉幕府の将軍を補佐した
(しっけん)
役職。cの島津氏は九州地方，武田氏は中部地方
で勢力を広げた。
(2) 応仁の乱のころから広まった風潮である下剋上
の意味をたずねる問題はよく出る。下剋上は「下
が上に剋つ」と読み，意味は解答例のような内容
(か)
である。まだ覚えていなかったら，この機会にこ
の解答例をまるごと暗記してしまおう。

---

072 (1) 例 天皇が位をゆずって上皇となっ
た後も，政治を行うこと。
(2) 県名…岩手県　位置…イ
(3) マルコ=ポーロ

解説 (1) 1086年，白河天皇は幼少の皇子に位を
譲って上皇となったが，以後も政治の実権を持ち
続けた。上皇の御所を院というので，これを院政
という。
(2) 平安時代後期，平泉(図中のイの現在の岩手県
の南部)を本拠とする奥州藤原氏が東北地方一帯
に勢力を広げた。1124年，藤原清衡は平泉に阿
弥陀堂の中尊寺金色堂を建立した。
(3) 元の皇帝フビライに仕えたイタリアの商人マル
コ=ポーロは，帰国後に『東方見聞録』(『世界の記
述』)を著し，日本を「黄金の国ジパング」と紹介

した。

073 (1) イ
(2) 寄合（よりあい）

【解説】資料の冒頭に「正長（しょうちょう）元年」とあることから，正長の土一揆（徳政一揆）に関係することだと判断したい。この一揆は，1428年，近江（滋賀県）の馬借や京都周辺の農民が，徳政令を要求して起こしたもの。
(1) 史料の末尾の「ヲキメアルヘカラス」は「負（お）い目あるべからず」と読み，負債（ふさい）がもうなくなったことを示している。

074 (1) ① 管領（かんれい） ② 侍所
a…細川勝元 b…山名持豊（もちとよ）〔宗全（そうぜん）〕
(2) 足利学校

【解説】(2) 下野（しもつけ）は現在の栃木県にあたる。栃木県足利市の足利学校は，鎌倉時代の創建といわれ，室町時代に関東管領上杉憲実（のりざね）が再興すると，多くの生徒が集まった。来日した宣教師ザビエルは足利学校を「坂東（ばんどう）の大学」と称した。

075 (1) 書院造
(2) イ
(3) イ

【解説】(2) 室町幕府は，禅宗の一派である臨済宗を保護し，その僧を政治や外交の相談役に用いた。さらに，次のように京都・鎌倉の臨済宗の寺院を格付けする五山の制度を定めた。
・京都…南禅寺（なんぜん）（別格）－①天竜寺（てんりゅう）－②相国寺（しょうこく）－③建仁寺（けんにん）－④東福寺（とうふく）－⑤万寿寺（まんじゅ）
・鎌倉…①建長寺（けんちょう）－②円覚寺（えんがく）－③寿福寺（じゅふく）－④浄智寺（じょうち）－⑤浄妙寺（じょうみょう）
(3) 室町文化は北山文化と東山文化に分けられる。くわしくは次の「得点アップ」を参照。

⑦ 得点アップ

▶室町時代の文化
●北山文化…3代将軍足利義満のころ。公家の文化と武家の文化が融合。
・建築…（鹿苑寺（ろくおん））金閣。
・文芸…禅僧による五山文学。
・美術…水墨画が広まる。
・芸能…能と狂言が発達。能は，義満に保護された観阿弥・世阿弥父子が大成。
●東山文化…8代将軍足利義政のころ。禅宗の影響を受けた，簡素で気品のある文化。
・建築…（慈照寺（じしょう））銀閣。東求堂同仁斎（おとぎぞうし）（書院造の代表）。
・文芸…連歌（れんが）が広く流行。御伽草子（おとぎぞうし）。
・美術…雪舟が水墨画を大成。
・芸能…茶の湯（わび茶），生け花。

4 世界の動きと天下統一

076 ルネサンス

【解説】ルネサンスの概要については問題文に書かれている通りだが，この動きはキリスト教に強くしばられた中世の文化への反省から生まれた。そして，科学的な考えや人間の個性を重んじる近代の文化への橋渡しをした。

077 A…例 日本の武具・屏風や東南アジアの香辛料・象牙
B…例 生糸や絹織物・陶磁器などを日本や東南アジアに転売する

【解説】1429年，尚巴志が沖縄本島を統一して建国した琉球王国は，日本，明（中国），朝鮮，東南アジアとの中継貿易を，解答例のような形で活発に行い繁栄した。その他に日本から仕入れた品は銅・硫黄など，東南アジアから仕入れた品は染料・酒・錫など。

078 (1) ① ルター ② イエズス
(2) イ→エ→ウ→ア

解説 (2) アは1587年，イは1543年，ウは1582年，エは1549年のできごと。

079 (1) 長篠（ながしの）
(2) 例 Ｘ側の織田信長の軍勢が鉄砲を有効に活用し，Ｙ側の武田氏の軍勢を破った戦いである。

解説 織田信長が鉄砲を活用して，武田勝頼の騎馬（きば）隊を打ち破った長篠の戦いは，それだけでも重要な意義があるが，戦いの模様を描いた「長篠合戦図屏風」が残っているので，この問題のように絵の内容と合わせて問われることが多い。

080 (1) 楽市・楽座
(2) 例 座の特権を取り上げたり，商人を呼びこんだりして，商工業を活発にし，城下町の発展をはかろうとした。

解説 (1) 「楽」とは，規制が緩和されて，自由な状態になったという意味。
(2) このような資料を使った問題では，提示されている資料をよく読んで，資料の内容を反映した解答を作成するように心がけたい。

081 (1) 太閤検地（たいこう）
(2) 刀狩（かたながり）
(3) 例 武士と農民の区別が明らかになって，身分としてはっきり分かれた。

解説 豊臣秀吉が行った太閤検地と刀狩の2つの政策によって，兵農分離が進んだ。

⊘ 得点アップ

▶織田信長と豊臣秀吉の政策
①政治：信長…室町幕府を滅ぼす
　　　　秀吉…天下統一の達成，刀狩令を出す
②経済：信長…楽市・楽座　秀吉…太閤検地
③宗教：信長…比叡山延暦寺の焼き打ち（ひえいざんえんりゃくじ）
　　　　　　　キリスト教の保護
　　　　秀吉…バテレン追放令を出す

082 (1) 宗教改革
(2) 例 長崎がキリスト教の教会の領地になったことを知ったから。[キリスト教の布教がヨーロッパ勢力の侵略政策と結びついていることを危険視したから。]

解説 (1) このころ，キリスト教の宣教師が来日したのには，以下のような背景があった。
① ヨーロッパで，ルターらが腐敗したカトリック教会を批判して宗教改革を始めた。
↓
② カトリックを批判する勢力がプロテスタントとなり，その教えを広めた。
↓
③ 危機感を抱いたカトリック側が，宗教改革に対抗するため，イエズス会などを結成した。
↓
④ カトリックの信徒を増やすため，ザビエルらがアジアで布教を行い，日本も訪れた。

083 都市名…堺　位置…ウ

解説 「ベニスのような自治都市」といえば，まず堺のことである。堺は現在の大阪府にある都市なので，位置はウである。ベニスはイタリア北部の都市の名前で，ベネチア（ヴェネツィア）ともいう。

084 例 大名や大商人[豪商]が好んだ，豪華で雄大な，活気にあふれる文化。

解説 各時代の文化について，代表的な作品や作者のほかに，大まかな文化の特色や文化を支えた人々のこともおさえておくことは重要である。

085 (1) エ
(2) ① 火薬　② 羅針盤（らしんばん）　③ 活版印刷術（かっぱん）
(3) ウ
(4) イ
(5) エ

解説 (1) エは逆である。中世のキリスト教中心の考え方を反省して，人間を中心に考えるルネサンスが生まれた。
(4) イエズス会はカトリック教会を守るためにつく

られた。日本に初めてキリスト教を伝えたザビエルはイエズス会の創設者の1人である。

(5) アは1588年，イは1637～38年。ウは1543年。エは1687年ごろからしばしば出された。

---

086 (1) ① フランシスコ=ザビエル
　　　　② 大分
　　(2) ア
　　(3) ア
　　(4) イ

解説 (2)　イのカルヴァン(カルバン)はスイスのジュネーブで宗教改革を行い，ジュネーブ市民の支持を得た。ウのイエズス会はカトリック教会を支持していた。エのピューリタンは，イギリス国内のプロテスタントに対する呼称である。漢字では清教徒と書く。

(3)　アの大村純忠(すみただ)のように，キリスト教の信者になった大名をキリシタン大名という。他には有馬晴信(ありまはるのぶ)や大友義鎮(よししげ)(宗麟(そうりん))がおり，この3人によってエの少年使節がローマ教皇のもとに送られた。イの織田信長はキリスト教を保護した。ウの豊臣秀吉は宣教師の国外追放を命じたが，貿易はそのまま継続した。

(4)　ア．明を建国したのは朱元璋(しゅげんしょう)。李成桂(イソンゲ)は朝鮮(李氏朝鮮)の建国者である。ウ．この艦隊を率いたのは鄭和(ていわ)。袁世凱は，20世紀初めころの中華民国の大総統。エ．足利義満のときに，室町幕府は日明貿易(勘合貿易)を始めた。

---

087 (1) エ
　　(2) イ
　　(3) 唐
　　(4) ① イエス
　　　　② 釈迦[シャカ]
　　　　③ フビライ=ハン
　　　　④ ムハンマド[マホメット]
　　(5) B→A→E→C→D

解説 (1)　ア．法然が開いたのは浄土宗。浄土真宗は法然の弟子の親鸞(しんらん)が開いた。イ．親鸞は念仏の大切さを説いたが，「すべてを捨てよ」とは言っていない。ウ．一遍は時宗を開いた。

(2)　コロンブスは大西洋を横断して，カリブ海のバハマ諸島の中のサンサルバドル島に到達した。

(3)　7世紀に成立したイスラム帝国は西アジアから中央アジアに領土を広げ，中国の唐と衝突した。751年，タラス河畔(かはん)の戦いが行われ，この戦いで捕虜になった中国人から製紙法がイスラム帝国に伝わり，のちにヨーロッパにも伝えられた。

(4)　仏教・キリスト教・イスラム教は三大宗教と総称され，現代でも多数の信者がいる。

(5)　Cは13世紀，Dは15～16世紀。

㋒得点アップ

▶三大宗教

●仏教…紀元前5世紀頃，インドでシャカ(釈迦)が開く。聖地はブッダガヤ。東アジアに伝わった大乗仏教と，東南アジアに伝わった上座部仏教に分かれる。

●キリスト教…1世紀，パレスチナでイエスが開く。聖地はエルサレム。カトリックやプロテスタント，東方正教会など，いくつかの宗派に分かれている。

●イスラム教…7世紀，アラビア半島でムハンマド(マホメット)が開く。聖地はメッカ。多数派のスンナ派と少数派のシーア派に分かれる。

---

088 (1) ① 応仁の乱　② 下剋上
　　　　③ 小田原　④ 分国[分家]　⑤ 国友
　　(2) a→c→b→d

解説 (2)　aは1492年，bは1573年，cは1517年。dは1582年から始まった。

---

089 (1) ウ
　　(2) 年代…1543　場所…種子島(たねがしま)
　　(3) オ
　　(4) ウ

解説 (1)　ア．織田信長が鉄砲を活用して武田勝頼を破った戦い。イ．上杉謙信(けんしん)と武田信玄(しんげん)が争った戦い。エ．徳川家康が豊臣方の大名を破った「天下分け目の戦い」。

(3)　安土城は琵琶湖の東岸に築かれた。

---

090 (1) 一向一揆
　　(2) 千利休(せんのりきゅう)

解説 (2) わび茶の作法は，室町時代に村田珠光が始め，武野紹鷗が整え，安土桃山時代に千利休が完成（大成）させた。

---

091 (1) 太閤検地
(2) ウ
(3) 刀狩
(4) ア
(5) ウ
(6) ポルトガル

解説 (2) 豊臣秀吉が行った検地は，担当者を現地に派遣し，全国の田畑を同じ基準でくまなく調べ上げ，江戸時代につながる石高や一地一作人の制度の基礎を築いた点で大きな意義がある。そのため，特に太閤検地とよばれている。石高とは，生産量を米のとれ高で表した単位のこと。なお，太閤とは関白をやめた人の呼称で，この場合は秀吉自身をさす。
(4) ア．山崎の戦いで，秀吉は本能寺の変を起こした明智光秀を破った。柴田勝家は1583年の賤ヶ岳の戦いで秀吉に敗れて滅んだ。
(5) ア．鎌倉幕府の執権北条時宗の外交政策。イ．大航海時代のスペインやポルトガルの外交政策。エ．飛鳥時代から平安時代にかけて，日本の朝廷が行った外交政策。
(6) 南蛮貿易などを通じて，日本に入ってきた外来語はおもに，ポルトガル語由来とオランダ語由来の2系統に分かれる。資料2にあげられているのはポルトガル語の方である。すべて暗記する必要はないが，ポルトガル語ならパンやカステラ，オランダ語ならガラスやコーヒー，のように代表的な外来語はいくつか覚えておきたい。

---

5 幕藩体制と産業の発達

092 (1) 徳川家康
(2) 関ヶ原
(3) ① a…親藩・譜代（大名）
　　　b…外様（大名）
② 例 おもな都市や鉱山を直接支配したこと。例 貨幣を発行する権限を独占したこと。

解説 (3) ① 江戸幕府は大名を，以下の3つのグループに分け，それぞれ異なる扱いをして，幕府政治の安定をはかった。
・親藩…徳川氏の一族。特に，尾張・紀伊・水戸は御三家と称され，将軍の後継を出すこともあった。
・譜代…関ヶ原の戦い以前から徳川氏に従っていた大名。石高は少ないが，江戸や大阪の近くに配置され，幕府の要職に任じられることもあった。
・外様…関ヶ原の戦い以降に徳川氏に従った大名。石高は大きいが，遠方に配置され，幕府の政治に関わることはできなかった。
② 江戸幕府の経済基盤は，おもに次の通り。
　ⓐ 幕領…幕府が直接治める領地。江戸や大阪，京都などの主要都市が含まれ，全国で約400万石にのぼった。幕府は，将軍直属の家臣である旗本・御家人の領地を合わせ，全国の4分の1の土地を支配した。
　ⓑ 直轄の鉱山…佐渡金山（新潟県），生野銀山（兵庫県），石見銀山（島根県），足尾銅山（栃木県）など。
　ⓒ 貨幣の発行権の独占
　ⓓ 商工業者からの営業税
　ⓔ 長崎貿易からの収入

---

093 (1) 例 許可なく城を修理すること。[大名どうしが無断で婚姻の関係を結ぶこと。]
(2) 例 参勤交代の制度のため，大名は領地と江戸に交替で住む必要があったから。

解説 (2) 参勤交代の制度は，幕府が大名を統制する目的でつくられた。そのため，各大名はいわゆる大名行列を仕立てて領地と江戸を行き来したり，

江戸に屋敷を置いたりしなければならなくなり，経済的負担が大きかった。参勤交代の制度には，大名の力をそぎ，幕府への反抗をおさえる効果があったと考えられる。

⑦得点アップ
▶江戸幕府の支配
- 大名…将軍の就任ごとに武家諸法度を発布。3代将軍徳川家光は参勤交代の制度を追加。
- 天皇・公家…禁中並公家諸法度。朝廷が権力を持たないようにした。
- 寺院・僧侶…寺院法度。さらに寺請制度を定めて，民衆をどこかの寺院に所属させ，キリシタンでないことを証明させた。
- 神社・神職…諸社禰宜神主法度。

094 (1) ア
(2) イ
(3) 日本町
(4) 長崎
(5) (朝鮮)通信使
(6) 例絵踏を行って，キリスト教の信者(キリシタン)を見つけようとしている。

解説 (1) 安土桃山時代から江戸時代にかけての対外政策は次のようなものだった。
① 織田信長…仏教勢力に対抗するため，キリスト教や南蛮貿易を保護。
② 豊臣秀吉…宣教師を追放。しかし貿易は認めたため，禁教は徹底せず。
③ 徳川家康…朱印船貿易を奨励。
④ 徳川秀忠…禁教令を出し，キリシタンを迫害。
⑤ 徳川家光…日本人の海外渡航や帰国を禁じ，島原・天草一揆を鎮圧し，貿易を長崎だけに限定するなどして，鎖国体制を完成させる。
(4) オランダとの貿易は長崎の出島，中国との貿易は長崎の唐人屋敷だけで行うことが許されていた。
(6) 資料は，役人が見ている前で，民衆にイエスやマリアを描いた踏絵を踏ませる絵踏を行っている様子を表している。このほか宗門改めによって，人々が仏教徒であることを寺院に証明させ，キリスト教を取り締まったりした。

095 (1) エ (2) エ
(3) シャクシャイン

解説 (1) 長崎貿易では，日本への輸入は生糸，日本からの輸出は銀が多かった。
(2) 鎖国体制がしかれても，日本は全ての国・地域との関係を断っていたわけではなく，江戸時代を通じて，「4つの窓口」が開かれていた。

⑦得点アップ
▶江戸時代の4つの窓口

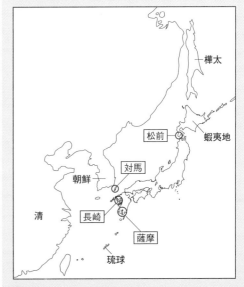

- 長崎…幕府が支配。オランダとは出島，中国(清)とは唐人屋敷で貿易。
- 対馬…対馬藩が朝鮮との交渉を担当。将軍の代替わりごとに通信使が来日。
- 薩摩…江戸時代の初期に薩摩藩が琉球王国を支配。将軍や琉球国王の代替わりごとに使節を江戸に派遣。
- 松前…北海道南部の松前藩が，蝦夷地との貿易を任され，アイヌの人々との交渉を担当。

096 (1) 石高
(2) 例農民に納めさせる年貢(となる米)の量を安定させるため。

解説 江戸時代は，米が大きな役割を果たしており，武士の俸禄(給料)も米で支払われていた。そのため，江戸幕府は年貢で納められる米の量の確保・安定をはかって，農民に対して田畑の売買や分割相続，米以外の作物の栽培などを厳しく制限した。

097 (1) 例 新田の開発によって耕地面積が
増えたり，千歯こきなどの新しい農
具が使われるようになったりしたか
ら。
(2) ウ

解説 (1) 江戸時代は，以下のような理由で農業生
産が大きく向上した。
① 耕地の増加…幕府や藩，民衆による新田開発が
進んだ。
② 農具の改良…備中ぐわや千歯こき，唐箕などの
新しい農具の使用が広まる。
③ 肥料の進歩…干鰯や油かすなどの新しい肥料を，
意欲のある百姓が購入した。
④ 知識の普及…宮崎安貞の『農業全書』などの書
物や農学者の活動により，農業のさまざまな知
識が広まる。
(2) 江戸時代，千葉県の九十九里浜では大規模ない
わし漁が行われ，獲れたいわしを乾燥させて干鰯
という肥料に加工した。

098 (1) ① 参勤交代 ② 箱根[新居]
③ 鉄砲
(2) ア
(3) ウ

解説 (1) ③「入り鉄砲」は江戸に鉄砲が持ちこま
れること，「出女」は大名の妻子が江戸から出て
いくことをいい，いずれも厳しく取り締まられた。
(2) イは明治時代，ウは鎌倉時代のできごと。エは
田沼意次などが行った政策。
(3) 江戸時代の五街道は，すべて江戸の日本橋を起
点としていた。

099 (1) イ
(2) ウ
(3) ウ

解説 (1) Ⅰに描かれているのは朱印船である。こ
の朱印船は，1635年に日本人の海外渡航と海外
からの帰国が禁止されたため，以後は行われなく
なった。イの産業革命は，18世紀のイギリスで
起こったのが最初。アは13世紀，ウは14世紀，
エは16世紀。
(2) 江戸時代，木綿は尾張(愛知県)や伊勢(三重県)，

河内(大阪府南部)などがおもな産地だった。
(3) 菱垣廻船は江戸と大阪を結んでいた。アは長崎，
イは江戸，エは京都の説明。菱垣廻船は，積荷の
転落を防ぐため，船腹に菱形に組んだ竹垣がつく
ってあったところから，この名がある。一方，樽
廻船は，はじめ灘や西宮の酒樽を積んで江戸に運
んだため，この名がある。

100 (1) イ
(2) 徳川吉宗
(3) 株仲間
(4) ウ
(5) 水野忠邦

解説 (2) 江戸時代の三大改革および田沼時代につ
いては，それを行った人物や年代，政策の内容を
しっかり学習しておきたい。
(3) 株仲間の結成を奨励したのが田沼意次なら，株
仲間を解散させたのは誰か(水野忠邦)，というよ
うにそれぞれの政策を比較する問題も多いので注
意が必要だ。
(4) アは天保の改革，イは田沼意次の政治，エは享
保の改革。

101 例 年貢による米の収入に頼るばかりで
はなく，商人の力を利用して経済活動
をさかんにして幕府の収入を増やそう
とした。

解説 田沼の政治の特徴は解答例の通りである。享
保・寛政・天保の諸改革がいずれも財政を引きし
めようとしたのに対し，田沼意次はむしろ商人の
力を大いに利用し，経済を活性化させることで幕
府の財政を豊かにしようと考えた。

102 (1) 例 (1つの仕事場で)多人数による分
業を行って製品を生産すること。
(2) イ
(3) ウ

解説 (1) 江戸時代は，問屋制家内工業と工場制手
工業(マニュファクチュア)という，異なる形態の
工業がそれぞれ発達した。
(2) この問題は少し難しいが，「山寺」と「閑さや
～」の句の2点から松尾芭蕉と判断したい。小林

一茶の代表的な句としては「やせ蛙まけるな一茶
これにあり」などがある。紅花は商品作物として
栽培され，染料などに用いられた。現在の山形県
はその大産地であり，ここで収穫された紅花は
「最上紅花」として京都などに出荷された。

(3) 唐津，有田，伊万里はいずれも肥前の地名であ
る。アは薩摩焼，イは備前焼，エは九谷焼などを
生産した。

---

103 (1) ① 喜多川歌麿　② 菱川師宣

　　　③ 阿国

(2) B

(3) A

解説 Aは19世紀前半の文化・文政時代に江戸を
中心に栄えた町人文化である化政文化，Bは17
世紀後半に上方を中心として栄えた町人文化であ
る元禄文化，Cは桃山文化。出雲の阿国という女
性が京都で始めたかぶき踊りは，江戸時代に歌舞
伎に成長していった。

⑦ 得点アップ

▶元禄文化…上方中心の町人文化。
●井原西鶴…浮世草子。『好色一代男』や『日
本永代蔵』など。
●松尾芭蕉…俳諧。『奥の細道』など。
●近松門左衛門…人形浄瑠璃や歌舞伎の台本。
『曽根崎心中』など。
●装飾画…俵屋宗達，尾形光琳。
●浮世絵…菱川師宣が始める。「見返り美人図」
など。
●歌舞伎…上方で坂田藤十郎，江戸で市川団十
郎などの役者。

⑦ 得点アップ

▶化政文化…江戸中心の町人文化。
●十返舎一九…こっけい本。『東海道中膝栗
毛』など。
●滝沢馬琴…長編小説。『南総里見八犬伝』な
ど。
●与謝蕪村・小林一茶…俳諧。
●浮世絵…鈴木春信が錦絵(多色刷りの版画)
を始める。
●東洲斎写楽…歌舞伎役者を描く。
●喜多川歌麿…美人画。
●葛飾北斎…風景画。「富嶽三十六景」など。
●歌川(安藤)広重…風景画。「東海道五十三
次」など。

---

104 国学

解説 松阪(三重県)の医者だった本居宣長は，国学
者の賀茂真淵に学び，『古事記伝』を完成させて
国学を大成した。

⑦ 得点アップ

▶江戸時代の新しい学問

・国学…仏教や儒教などの外国の思想が伝わる
前の，日本人の考え方を明らかにしようとす
る学問。荷田春満や賀茂真淵らが古典の研究
を進め，本居宣長が大成した。幕末の尊王攘
夷運動に大きな影響をあたえた。
・蘭学…オランダから輸入された書物を通じて，
西洋の学問を研究する学問。前野良沢や杉田
玄白らが出版した『解体新書』によって大き
く発展した。
・心学…町人の道徳を説いた学問で，商業の心
構えなどを教えた。京都で石田梅岩が始めた。

---

105 (1) 国名…オランダ　位置…ウ

(2) イ

(3) 風説書

解説 (1) 地図のアはポルトガル，イはスペイン，
エはドイツ。西洋の学問をオランダ語で研究する，
蘭学が発達した。

106 (1) 十返舎一九（じっぺんしゃいっく）

(2) 例 寺子屋で教育を受ける庶民が増え，小説などの文字で書かれた本を読める人が多くなったから。

解説 寺子屋は庶民のための教育施設であり，「読み・書き・そろばん」などを教えた。寺子屋の普及により，江戸時代の日本の識字率（文字を使える人の割合）は世界的にも高かった。

107 (1) ウ

(2) ウ

(3) イ

(4) エ

(5) イ

解説 (1) この「海外への渡航許可状」を朱印状と呼んだことから，朱印船貿易という。

(2) インドのゴアは，16世紀にポルトガルが占領し，アジアの拠点とした都市。アはベトナム，イはカンボジア，エはタイの都市で，いずれも日本町が存在していた。

(3) イは豊臣秀吉が行った政策。

(4) 長崎ではオランダ船の他に，中国（清）の船も貿易を行うことを許されていた。

108 W…ア　X…エ　Y…イ　Z…ウ

解説 W. ア 1582年，九州のキリシタン大名の大友宗麟・有馬晴信・大村純忠は，伊東マンショ・千々石ミゲル・中浦ジュリアン・原マルチノをローマ教皇のもとに派遣した（天正遣欧使節）。
X. 江戸幕府は1612年に幕領，翌年には全国にキリスト教禁止令を出した。　Y 1637年，島原（長崎県）・天草（熊本県）のキリシタンを中心とする農民が天草（益田）四郎時貞をリーダーに一揆を起こし，翌年鎮圧された（島原・天草一揆）。
Z. 1639年，幕府はポルトガル船の来航を禁止し，鎖国が完成した。

109 (1) ① 株仲間→座

② 問丸→土倉

(2) ア→エ→イ→ウ

解説 (1) ① 株仲間は江戸時代。室町時代の同業

者組合は座。② 問丸（問）は運送業者。

(2) アは備中ぐわ。田おこしなどに用いられる。イは千歯こき。収穫した稲からもみ（穀粒）を取り離す作業である脱穀に用いられる。ウは唐箕（とうみ）。もみを中に入れて，風でもみがらや実の無いもみを吹き飛ばして選別する。エは踏車（ふみぐるま）。田に水を引き入れるときに用いる。これら江戸時代に考案された新しい農具については，その名称とどのような作業に使われるのかを問う問題も出題されるので，注意が必要。また，肥料も，糞尿や草木灰のほかに，干鰯や油粕などを購入して利用するようになったこともおさえておこう。

110 (1) 両替商

(2) 蔵屋敷

(3) イ・エ（順不同）

解説 (1) 江戸時代は，東日本では金，西日本では銀がおもに流通していたので，金銀を交換する両替商が活躍していた。両替商は金融業も営んでおり，現在の銀行の前身になった商家もある。

(2) 大阪の堂島川と土佐堀川に挟まれた中之島に，諸藩の蔵屋敷が多く建てられていた。

(3) ア～オはすべて商品作物だが，「織物業の発達に関係の深い」という点に注意したい。イの藍は染料になり，おもに阿波（徳島県）で栽培された。

111 (1) 寛永通宝（かんえいつうほう）

(2) ア・キ・ク（順不同）

(3) 例 西廻り航路が開通し，北前船が蝦夷地（えぞち）の昆布（こんぶ）を瀬戸内海を通って大阪に運びこんだため。（40字）

解説 (1) 1636年は，3代将軍徳川家光の治世にあたり，年号では寛永13年だった。江戸時代については，「享保の改革」のように年号がよく用いられているので，将軍や政権担当者とその代表的な年号を，次のようにセットで覚えておくと，役に立つこともあるだろう。

・徳川秀忠＝元和（げんな）　・徳川家光＝寛永・慶安
・徳川綱吉＝元禄　・新井白石＝正徳（しょうとく）
・徳川吉宗＝享保　・田沼意次（おきつぐ）＝安永・天明
・松平定信＝寛政　・徳川家斉（いえなり）＝文化・文政

(3) 江戸時代は，陸上交通や海上交通が発達したため，さまざまな品物が遠くまで運ばれた。寒冷な海でとれる昆布が沖縄料理に欠かせないようにな

ったのもこの時代のことで，北前船の活躍が大いに関係していた。

---

112 (1) 井原西鶴(さいかく)
(2) オ

解説 (2)　ア・エは徳川綱吉の政策の内容。イは徳川吉宗が行った享保の改革，ウは田沼意次の政策，5代将軍の徳川綱吉は浪費のために幕府の財政を傾かせたので，金銀の貨幣の質を落として発行した。それを6代と7代の将軍に仕えた新井白石が元の質に戻したのがオである。

---

113 (1) イ
(2) ア・ウ・エ(順不同)
(3) イ

解説 狂歌は和歌と同じく5・7・5・7・7の形式をとりながら，政治を風刺したり人生のさまざまな場面を面白おかしくよんだりする文芸である。
(2)　イは田沼の政治，オ・カは享保の改革の内容。
(3)　アは享保の改革，ウは新井白石の政治，エは天保の改革の内容。なお，イの印旛(いんば)沼の干拓は天保の改革でも行われた。

⏴ 得点アップ

▶江戸時代の政治をよんだ狂歌
●享保の改革
「はたもとは今ぞ淋しさまさりけり
　　　　御金(おかね)もとらず暮らすと思へば」
●田沼意次の政治
「年号は安く永(なが)しと変れども
　　　　諸色高直(しょしきこうじき)いまに明和九(めいわく)」
●寛政の改革
「白河(しらかわ)の清きに魚もすみかねて
　　　　もとの濁りの田沼こひしき」
●天保の改革
「白河の岸打つ波に引換(はまつかぜ)へて
　　　　浜松風の音の烈(はげ)しさ」

---

114 オ

解説 組み合わせが成立するのは，杉田玄白 − 蘭学，菱川師宣 − 浮世絵，松尾芭蕉 −『奥の細道』，尾形光琳 −「燕子花図屏風(かきつばた)」の4組である。

---

115 ① 徳川綱吉
② 例 (元禄小判に比べて，)質の良い小判を発行して，物価の上昇を抑えようとした。

解説 ① 元禄文化で知られる元禄は17世紀末から18世紀初めの元号で，5代将軍徳川綱吉の時代。
② 正徳小判は元禄小判に比べ金の含有率が26.9%高い。幕府は質の良い小判を発行して貨幣の信用を高め，物価上昇を抑えようとしたのである。

---

116 a…ウ
b…例 ききんによって減った年貢収納高を増やすことができるから。

解説 a．8代将軍徳川吉宗は在職中の1716〜45年に享保の改革を行った。その内容は武士に質素倹約をすすめる，新田開発，年貢の率を上げるなどで，この時期に幕府領の石高は増えた。
b．老中田沼意次が幕府の実権を握っていた田沼時代の1782年から天明のききんが起こり，翌年の浅間山噴火による降灰被害などで大ききんとなった。1787年に老中となり寛政の改革を始めた老中松平定信は，農村を復興させることで年貢収納高を回復させようとした。

---

117 語…元禄　記号…ア

解説 17世紀末から18世紀の元禄時代を中心に，上方の町人が担い手となった元禄文化が栄えた。浮世草子の井原西鶴，人形浄瑠璃の脚本の近松門左衛門，俳諧の松尾芭蕉，装飾画の尾形光琳らが活躍した。

第 2 回 実力テスト

1 (1) ① ルター　② イエズス(会)
③ アヘン
(2) イ

解説 (1)　① 1517年，ドイツのルターはローマ教皇による免罪符の販売に抗議して宗教改革を始めた。　② 1534年，宗教改革に対抗して海外布教を行うため，カトリック教会のロヨラ，フランシ

スコ＝ザビエルらがパリでイエズス会を結成した。

(2) 16世紀後半，スペインはフィリピンを植民地化し，マニラを拠点にアジア貿易を行った。なお，アとウはポルトガル，エはイギリスについての説明。

---

2 (1) ア…御恩　イ…奉公
　　(2) ③
　　(3) 御成敗式目
　　(4) ②　　　(5) ②

解説 (2) 京都所司代は，安土桃山時代と江戸時代，京都に置かれた。

(4) ①の老中は江戸幕府におかれた役職である。③14世紀以降，産業の発達に伴って貨幣経済が発達したため，国内での貨幣の需要が高まり，中国銭の輸入は続けられた。④約100年にわたって自治が行われたのは，加賀一向一揆。

(5) アのポルトガル船の来航禁止は1639年，イの日本人の海外渡航禁止は1635年，ウのオランダ商館を長崎の出島に移したのは1641年，エの島原・天草一揆が起こったのは1637年。

---

3 (1) 人物名…栄西
　　　理由…鎌倉新仏教は旧仏教よりもわかりやすく，庶民にも行いやすい信仰だったから。
　　(2) ウ

解説 (1) 旧仏教の教えは庶民には難しく，行いにくいものが多かったのに対し，鎌倉新仏教はわかりやすく行いやすかったため，庶民にも広まった。

(2) 『二条河原落書』は後醍醐天皇の建武の親政を批判，風刺した落書。新政に不満を持つ公家か僧の作と推定されている。

3編　近代・現代の日本と世界

6　欧米の発展と日本の開国

118 (1) A…自由　B…平等
　　(2) 民撰議院設立建白書

解説 (1) フランス人権宣言は1789年のフランス

革命で国民議会により採択されたもの。第1条で人間は生まれながら自由で平等な権利をもっていることを定めた。アメリカ独立宣言は1775年に独立戦争が始まった翌年に出され，人間の平等などを宣言した。

---

119 ウ

解説 アとイは20世紀に実用化された。エは人類が最も古くから使ってきた金属の1つである青銅でつくった道具。

---

120 (1) ア
　　(2) 例 (煙をはき出している) Yは蒸気船だから。
　　(3) 香港

解説 この設問で問われているのはアヘン戦争についてである。アヘン戦争は，イギリスとインドと中国(清)を結ぶ三角貿易により，麻薬の一種であるアヘンが中国へ大量に密輸されたことが問題となって起きた。この戦争は1840年に始まり，蒸気船を軍艦に用いたイギリス軍が，旧来の帆船に頼る中国軍を破り，1842年に南京条約を結んで終わった。南京条約により，中国は5港の開港を認めさせられ，さらに香港をイギリスに割譲した。

---

121 (1) ロシア
　　(2) 異国船[外国船]打払令

解説 (1) 伊勢の船頭だった大黒屋光太夫は，海上で暴風にあって船が漂流し，アリューシャン列島に流れついたところをロシア人に助けられた。海運や漁業が活発だった日本では，彼のような漂流民が少なくなかった。

(2) 19世紀になると，欧米諸国の対立や捕鯨の広まりなどを背景に，イギリスやアメリカの船が日本の沿岸に近づくようになった。こうした動きを警戒して，異国船(外国船)打払令を出した。

---

122 エ

解説 エの専売制とは，藩が生産から販売まで独占する制度である。特産物などを専売にすると，大きな利益をあげることができ，藩の財政がうるお

った。長州藩と同じように，薩摩藩や肥前藩(佐賀藩)も専売制などを実施して藩政を改革し，雄藩とよばれた。アは江戸幕府の百姓統制，イは寛政の改革や天保の改革に関する説明。ウは田沼意次の政策の説明。

---

123 (1) ウ
(2) イ

解説▶ (1) 1858 年に結ばれた日米修好通商条約は，いわゆる不平等条約だった。その不平等な内容とは，① 日本に関税自主権がないこと，② 相手国に領事裁判権(治外法権)を認めたこと，の 2 点である。これらは，いつ不平等条約が改正されたかを含めて，試験でよく問われるので，必ず覚えておきたい。アは日米和親条約の説明。イは 1905 年のポーツマス条約，エは 1911 年の日米通商航海条約の改正の内容であり，ともに明治時代のできごと。

(2) 幕末の貿易については，次の 4 点をおさえておこう。
① 貿易港…横浜港が中心。
② 貿易相手国…イギリスが中心。
③ 日本からの輸出…生糸が中心。
④ 外国からの輸入…綿織物・毛織物が中心。
また，通商条約をはじめに結んだアメリカが貿易相手国の中心ではなく，イギリスだったことの理由について問われることがあるので，注意が必要。これは，アメリカ国内で南北戦争が起こったためである。

---

124 例天皇[朝廷]を重んじ，国内から外国人を追い出そうとする運動。

解説▶ 天皇(朝廷)を重んじる考えである尊王論と，日本の国内から外国人を追い出す考えである攘夷論は本来別々の思想であったが，幕末に結びついて尊王攘夷運動になった。

---

125 (1) エ
(2) 例長州藩が(下関で)外国船を砲撃した。

解説▶ 尊王攘夷運動が盛んだった長州藩は，1863 年に下関海峡を通る外国船を砲台から攻撃して，攘夷を決行した。しかし，その翌年にイギリス・

フランス・アメリカ・オランダの四国艦隊から報復攻撃を受け，砲台を占領された。このことで攘夷の不可能をさとった長州藩は，藩の目的を倒幕に切り替えるようになった。

---

126 (1) 薩摩藩…エ　長州藩…イ
(2) ウ
(3) 大政奉還
(4) 戊辰戦争

解説▶ (1) 薩摩と長州の両藩だけではなく，御三家など江戸時代の主要な藩が，現在のどの都道府県にあったかを，地図でおさえておこう。
(2) アは 8 代，イは 5 代，エは 3 代将軍。
(3) 慶喜は，新しい政権のなかで主導権を維持しようとこれを受け入れた。しかし，新しい政府への参加は認められなかった。

---

127 (1) ① イギリス　② 税金
③ クロムウェル　④ 1649
⑤ 共和　⑥ 王　⑦ 名誉
⑧ オランダ
(2) ピューリタン
(3) 権利(の)章典

解説▶ (1) ⑤ 共和政治とは，皇帝や国王を置かず，議会など複数の人間によって構成される機関が行う政治をいう。
(2) プロテスタントは，国によって呼び名が異なった。イギリスではピューリタン，フランスではユグノー，オランダではゴイセンといった。

---

128 (1) イ
(2) ウ
(3) あ…紡績　い…工場　う…産業革命
(4) A…ウ　B…エ

解説▶ (2) アのニューコメンも蒸気機関を改良したが，動力として用いるのには程遠く，ウのワットがさらに改良を加えた。ちなみに蒸気機関の発明者はセーバリである(17 世紀)。イは力織機の発明者，エは飛び杼の発明者。
(4) ともに蒸気機関を動力とする乗り物だが，A は船を動かす外輪や上から見た形状，B は車輪や線路に注目したい。アはジェニー紡績機の発明者，

イは水力紡績機の発明者。

---

129 (1) 名誉革命

(2) ① エ　② エ

(3) ウ

(4) ① イ

② 例 (州の数を表す) 国旗の星の数が，独立時は 13 個だったが，現在は 50 個になっている。

(5) イ→ウ→ア→エ

解説 (2)　この絵が表しているのは，A＝聖職者，B＝貴族，C＝平民，D＝税金である。革命前のフランスでは，貴族と聖職者は免税の特権が認められていたが，その分の負担は平民に重くのしかかっていた。平民としては，革命によって貴族や聖職者の特権を廃止し，3 つの身分が等しく税を負担する状態になることを望んでいた。

(3)　アはイギリスの権利章典，イはアメリカの独立宣言，エはドイツのワイマール憲法である。

(4)　① 黒人奴隷などには人権が認められなかった。

(5)　アは 1776 年，イは 1649 年，ウは 1690 年，エは 1789 年。「バスチーユの牢獄」はパリにあり，革命前は政治犯などが収容されていた。この牢獄が市民に襲撃されたことにより，フランス革命が始まった。

得点アップ

▶欧米の市民革命

①ピューリタン(清教徒)革命

　イギリス。1642 ～ 49 年。

　議会派が国王を処刑し，共和政治(実際にはクロムウェルの独裁)を行う。

②名誉革命

　イギリス。1688 ～ 89 年。

　1688 年に議会が国王を追放し，翌年，『権利(の)章典』が出される。

③アメリカ独立戦争(アメリカ独立革命)

　北アメリカ。1775 ～ 83 年。

　13 植民地がイギリスから独立。

　1776 年に独立宣言を発表。

④フランス革命

　フランス。1789 ～ 99 年。

　1789 年に人権宣言を発表。1793 年に国王を処刑。混乱を経て，1799 年に軍人のナポレオンが革命を終わらせる。

---

130 (1) ワット

(2) イ

(3) カ

解説 (2)　ア．産業革命により，綿織物が工場で機械を使って大量に生産されたため，価格が安くなった。ウ．多くの人手が必要とされ，女性や子供は工場や炭坑で長時間働かされた。エ．多くの工場労働者が都市に流入したため，都市の衛生や住環境が悪化していった。

(3)　①は 1858 年，②は 1857 年，③は 1600 年。

---

131 (1) 大塩平八郎

(2) 異国船[外国船]打払令

(3) エ

(4) イ

(5) アヘン戦争

解説 (3)　1837 年，日本からの漂流民を乗せたアメリカ船モリソン号が異国船打払令のために撃退される事件が起こった。この事件を批判する蘭学者の渡辺崋山は『慎機論』，高野長英は『戊戌夢物語』を著したが，両人とも処罰された(蛮社の獄)。

(4)　水野忠邦が行った天保の改革では「仏像・仏具

などをすべて廃棄させ」ることは行われなかった。

---

132 (1) ① ペリー　② 日米和親
　　　　③ 井伊直弼　④ 日米修好通商
　　(2) エ
　　(3) 例 領事裁判権[治外法権]を認めた
　　　　こと。

解説 (1)　日米和親条約と日米修好通商条約は，交
渉の担当者，開港地，条約の内容などをきっちり
区別できるように覚えておこう。

(2)　幕末の貿易のおもな相手国はイギリスだった。
イギリスでは産業革命によって綿織物や毛織物の
大量生産のしくみができあがっていたので，日本
にも多く輸出された。

(3)　不平等条約については，明治時代の条約改正と
も関係するので，その内容が問われる機会は多い。
日本に関税自主権がなく，外国に領事裁判権(治
外法権)があったことは必ず覚えておきたい。

---

133 (1) カ
　　(2) ア
　　(3) ええじゃないか

解説 (1)　a・b.日本から大量の貨幣(おもに金貨)
が流出したので，質を下げた貨幣が発行された。c.
株仲間などの利益を守るために貿易の統制が行わ
れた。

(2)　1864年に四国艦隊下関砲撃が行われ，外国と
の戦いに敗れた長州藩は攘夷の不可能を悟り，
1866年に薩長連合(薩長同盟)を結成した。同年，
第二回長州征討が行われたが，長州藩は連合の相
手である薩摩藩の支援を受けながら幕府軍を撃退
した。そして薩長両藩がそのまま倒幕に進んでい
く中，1867年に大政奉還が行われた。

---

⑦ 得点アップ

▶幕末の動き

1853 年	ペリーが浦賀に来航し，開国を要求。
1854 年	日米和親条約を結ぶ。
1858 年	大老井伊直弼，アメリカ総領事ハリスと日米修好通商条約を結ぶ。 安政の大獄が始まる。
1860 年	桜田門外の変で，井伊直弼が暗殺される。
1862 年	生麦事件が起こり，薩摩藩の行列を乱したイギリス人が殺害される。
1863 年	長州藩が下関海峡を通る外国船を砲撃。 薩英戦争が起こり，薩摩藩がイギリスに敗れる。
1864 年	四国艦隊が長州藩を攻撃。
1866 年	坂本龍馬の仲介により，薩長同盟が結ばれる。 徳川慶喜が15代将軍に就任する。
1867 年	「ええじゃないか」が流行する。 徳川慶喜が大政奉還を行う。 朝廷が王政復古の大号令を発する。
1868 年	鳥羽・伏見の戦い(戊辰戦争開始)。 五箇条の御誓文が出される。 年号が「明治」に改められる。

---

134 (1) エ→ア→イ→ウ
　　(2) ウ→エ→イ→ア
　　(3) 将軍の名前…徳川慶喜
　　　　記号…ウ
　　(4) ア

解説 (1)　1792年，ロシア使節が根室に来航し，
幕府に通商を求めた(エ)。1839年，幕府の異国
船打払令を批判した蘭学者の渡辺崋山・高野長英
らが処罰される蛮社の獄が起こった(ア)。1853年，
アメリカ東インド艦隊司令長官ペリーが浦賀に来
航して，幕府に開国を要求した(イ)。1863年，
長州藩が関門海峡を通る外国船を砲撃し，攘夷を
実行した(ウ)。

(2)　1860年，桜田門外の変が起こり，大老井伊直
弼が暗殺された(ウ)。1862年にイギリス商人が
薩摩藩士に殺傷された生麦事件の報復で，翌
1863年に薩英戦争が起こった(エ)。1866年，坂
本龍馬らの仲介で薩長同盟が結ばれ，反幕府の勢
力が結集した(イ)。大政奉還・王政復古の大号令

の翌年の 1868 年，新政府軍と旧幕府軍との間で鳥羽・伏見の戦いが起こり，戊辰戦争が始まった（ア。～ 1869 年）。

(3) 1867 年，15 代将軍徳川慶喜は天皇のもとにつくられる新政権で主導権を維持することをめざして，京都の二条城で図のように諸大名に対して朝廷への大政奉還を伝え，朝廷に申し出た。ウの岩倉使節団派遣は，その後，明治新政府が発足したのちの 1871 ～ 73 年のことである。なお，アとイは 1859 年，エは 1866 年。

(4) 戊辰戦争は 1868 年 1 月の鳥羽・伏見の戦い（京都府）で始まり，翌 1869 年 5 月に函館の五稜郭に籠城して抵抗した榎本武揚らの旧幕府軍が新政府軍に降伏して終わった。

7 近代国家へのあゆみ

135 イ

解説 アは聖徳太子が定めた十七条の憲法，ウは大日本帝国憲法，エは日本国憲法。

136 (1) ① ○ ② ×

(2) 例（版籍奉還で，）大名に土地と人民を政府に返させた
例（廃藩置県で，）藩を廃止して府県を置き，政府（中央）から送られた府知事や県令に治めさせた

解説 (2) 江戸時代の大名に対して，土地（版）と人民（籍）を中央政府に返させたことを版籍奉還という。しかし，地方の支配が不十分だったため，その 2 年後に廃藩置県が断行された。

137 説明…例 不安定な年貢の収入から，地価を基準とした地租に変えることで，財政を安定させるため。
語句…地券

解説 図 1 を見ると，江戸時代には幕府の直接の支配地からの年貢収入量は，天明のききん・天保のききんという 2 つの大きなききんのときには激減していて，幕府の財政は不安定だったことがわかる。そこで明治新政府は 1873 年から，土地の

所有者と価格を定めて証券の地券を発行し，地価の 3％（1877 年から 2.5％）を土地の所有者に毎年現金で納めさせる地租改正を実施した。その結果，政府の収入は豊作・凶作に関わらず，図 2 のようにほぼ安定するようになった。

138 (1) イ・ウ

(2) 富国強兵

解説 (1) 資料 1 は地租改正，資料 2 は学制，資料 3 は徴兵令に関する資料。アの「官営工場をつくり，産業を発達させようとした」は殖産興業のことだが，資料 1 とは関係がない。エは「中学校」が誤り。当時の日本で義務教育とされたのは小学校だけである。また，女子に兵役の義務はなかった。

139 (1) ① 19（世紀）　② イ

(2) 北海道

(3) ウ

解説 (1) ① 世紀は西暦を 100 年刻みにした歴史の単位。西暦 1 年から 100 年までが 1 世紀なので，それから 1800 年後の 1801 年から 1900 年は 19 世紀。
② アメリカの南北戦争は 1861 ～ 65 年。なお，アのアヘン戦争は 1840 ～ 42 年，ウのフランス革命は 1789 年，エのロシア革命は 1917 年。

(2) 写真は☆型の西洋式城郭の五稜郭。1868 年からの戊辰戦争の最後の舞台で，北海道函館市にある。1869 年 5 月に旧幕府軍が新政府軍に降伏した。

(3) 内閣総理大臣の経験があるのはアの大隈重信とウの伊藤博文だが，大隈は岩倉使節団には参加していない。伊藤は 1900 年に立憲政友会が結成されると，初代総裁になった。

140 ウ

解説 正解は，ウの西郷隆盛。鹿児島県の士族とともに西南戦争を起こしたが，敗れて自害した。アの大久保利通は，西郷隆盛と同じく薩摩藩の出身で，倒幕に大きな功績があった。西南戦争では，新政府の中心人物として西郷と敵対した。西南戦争が終わった後，新政府に不満を持つ士族に暗殺された。イの木戸孝允は，長州藩の出身で，幕末に活躍し，新政府の要職にもついた。エの坂本龍

馬は，土佐藩の出身で，1866 年の薩長同盟を仲介したが，明治維新(いしん)の直前に暗殺された。

141 (1) ア・エ
    (2) 大日本帝国憲法

解説 資料 1 のような国会開設を求める運動が実って，1881 年に国会開設の勅諭が出されると，民間で憲法の草案を作成する動きが活発になった。この草案を私擬憲法(しぎ)という。資料 2 もその 1 つであり，これは五日市(いつかいち)(現在は東京都あきる野市)の住民が作った「日本帝国憲法」の一部である。しかし，これらの私擬憲法は実際の憲法の起草には反映されず，1889 年に大日本帝国憲法が発布された。それが資料 3 である。よってアとエが正解である。ウの「アジアで最初に発布された憲法」は大日本帝国憲法ではなく，1876 年にオスマン帝国治下のトルコで発布されたミドハト憲法である。

142 (1) ウ
    (2) ア
    (3) ウ

解説 大日本帝国憲法に定められた帝国議会を開くため，1890 年に日本で最初の国政選挙が行われた。その要点は以下の通りである。
・選挙の対象…衆議院議員
・選挙の特徴…制限選挙
・有権者の資格…直接国税を 15 円以上納める
　　　　　　　　　満 25 歳以上の男子
・有権者総数…約 45 万人(総人口の約 1.1%)
・投票率…93.9%
(1) アの貴族院議員は，皇族や華族，国家に功労があった者や学識者，多額の納税者などがなり，選挙はなかった。

143 (1) イ
    (2) 岩倉具視(いわくらともみ)

解説 岩倉使節団の中心人物を撮影した，この集合写真は試験問題によく使われる。左から，木戸孝允(こういん)(長州藩出身)，山口尚芳(なおよし)(佐賀藩出身)，岩倉具視(旧公家)，伊藤博文(長州藩出身)，大久保利通(としみち)(薩摩藩出身)である。なお，岩倉使節団に同行した女子留学生では，のちの津田塾大学をつくった

津田梅子が有名。

144 (1) ノルマントン号事件
    (2) 例 日本人乗客を助けなかったイギリス人船長は，領事裁判権[治外法権]のために，日本の法律では裁かれず，イギリスの領事裁判を受けた結果，軽い罰ですんだから。

解説 外国人がその国の法律で裁かれず，自国の領事の裁判を受けることができる権利を領事裁判権という。ノルマントン号事件は，領事裁判の不当さを日本人に痛感させ，条約改正を求める動きが強まった。

145 (1) 下関
    (2) イ

解説 (2) 三国干渉は，日本の大陸進出を警戒するロシアが，中国への進出の機会をうかがっていたフランスとドイツを誘うかたちで行われた。日本が遼東半島を清に返還した後，ロシアは遼東半島南部の旅順・大連を租借した。そのため，日本の国内ではロシアに対する反感が高まり，「臥薪嘗胆(がしんしょうたん)」(目標や念願をかなえるために耐え忍んで努力すること)を合い言葉にして，ロシアとの戦争の準備が進められた。

得点アップ

▶日清戦争(1894 〜 95 年)
①背景…朝鮮をめぐる日清両国の対立。
②経過…1894 年に朝鮮で甲午農民戦争(こうご)(東学党の乱)が起こり，朝鮮へ出兵した両国の軍隊が衝突。黄海海戦(こうかい)などに勝った日本が優勢。
③講和条約…日本側の担当者は伊藤博文と陸奥宗光(むねみつ)。1895 年に下関条約を結び，清は日本に対して，朝鮮の独立を認め，遼東半島(リアオトン)・台湾・澎湖諸島(ポンフー)(ほうこ)(テール)(りょうとう)を譲り渡し，賠償金 2 億両(約 3 億円)を支払った。
④戦後…ロシアがドイツ・フランスとともに三国干渉を行ったため，日本は遼東半島を清に返還。また，清の弱体化によって列強が中国に進出。一方，朝鮮は清からの独立を認められて大韓帝国(韓国)と改称。

146 (1) エ
(2) アメリカ
(3) ポーツマス条約
(4) ア

解説 (1) 日露戦争は 1904 ～ 05 年。アは 1901 年,
イは 1899 ～ 1900 年,ウは 1895 年,エは 1894 年。
(2) 日露戦争については,アメリカのセオドア゠ルー
ズベルト大統領が仲介に乗り出し,アメリカの
ポーツマスで講和会議が開かれた。
(4) イ.日清戦争の講和条約である,1895 年の下
関条約の内容。ウ.1875 年の樺太・千島交換条約。
エ.1871 ～ 79 年に行われた琉球処分。

得点アップ

▶日露戦争(1904 ～ 05 年)
①背景…満州をめぐる日露両国の対立。日本は
1902 年に日英同盟を結んでロシアに対抗。
②経過…朝鮮や満州が主戦場となり,日本は奉
天会戦や日本海海戦に勝利したが,戦力を大
きく消耗。一方,ロシアも皇帝への不満から
革命運動が起こるなど,戦争の継続が困難な
状況におちいる。
③講和条約…日本側の担当者は小村寿太郎。
1905 年にアメリカの仲介で,ポーツマス条
約を結び,ロシアは日本に対して,韓国にお
ける日本の優位を認め,北緯 50 度以南の樺
太を譲り渡し,旅順・大連の租借権および長
春以南の鉄道の利権なども譲った。
④戦後…ポーツマス条約の内容に不満を持った
国民が日比谷焼き打ち事件を起こす。また,
1906 年,旅順に関東都督府を設置し,南満
州鉄道株式会社(満鉄)が設立されるなど,満
州への進出を強める。

147 (1) 日米和親条約
(2) 福沢諭吉
(3) ウ

解説 (1) 1853 年,アメリカ合衆国東インド艦隊
司令長官のペリーが浦賀に来航し,幕府に開国を
強く求めた。そして翌1854年に再来航したペリー
との間に日米和親条約が結ばれ,下田と函館が開
港された。
(2) 1872 年,福沢諭吉は「天は人の上に人をつく

らず」で始まる『学問のすゝめ』を出版した。人
間の平等や学問の大切さを説き,ベストセラーと
なった。
(3) 1881 年,政府が国会開設の勅諭を出して 10 年
後に国会を開くことを約束すると,板垣退助を党
首とする自由党が結成された。アの五箇条の御誓
文は 1868 年,吉野作造が民本主義を唱えたのは
1916 年,幸徳秋水らが社会民主党を結成したの
は 1901 年。

148 (1) 1901 (年)
(2) 例 県内の石炭を運んでくる鉄道と,
中国[清]の鉄鉱石が輸入される港の
近くに立地していたから。

解説 日本の重工業の基礎となる大規模な製鉄所を
建設するにあたって,いくつかの候補地が考えら
れたが,福岡県の八幡村が原料の調達に便利な立
地であるという理由で選ばれた。

149 (1) イ
(2) 学問のすゝめ
(3) A…エ B…ウ C…イ

解説 (1) イの最初のメーデーは大正時代の 1920
年に行われた。
(3) アは 1907 年,イは 1890 年,ウは 1886 年,エ
は 1872 年。

150 (1) 工場
(2) ア
(3) 例 養蚕がさかんだったため,生糸
の原料となるまゆを確保しやすかっ
たから。

解説 (2) アの渋沢栄一は近代の実業家で,多くの
銀行や企業の設立に関わった。イの前島密は郵便
制度の創設に貢献した官僚,ウの陸奥宗光は条約
改正などを進めた外交官,エの山県有朋は長州派
閥の中心人物として大きな力を持った政治家であ
る。
(3) 富岡は養蚕が盛んな地域に位置し,製糸場を建
てる広い用地があったので,建設地に選ばれた。
また,製糸場の動力源となる石炭が近くの高崎や
吉井で採れることなども理由になった。

151 (1) 開拓使 かいたくし
(2) 屯田兵 とんでんへい

解説 (2) 屯田兵の制度は，失業した士族を救済する目的で設けられたが，後には平民も採用された。

152 (1) 平民
(2) エ
(3) 西南戦争

解説 (2) エの学制で，義務教育と定められたのは小学校だけである。第二次世界大戦後の1947年に制定された教育基本法によって，中学校も義務教育に加えられた。
(3) 新政府に不満を持つ不平士族は各地で反乱を起こしたが，その中でも最大の規模になったのが西南戦争である。西郷隆盛を中心とする数万の士族が立ち上がったが，徴兵令によって編成された政府軍に敗れた。この後，士族は武力ではなく，言論によって政府の批判を行うようになった。

153 (1) ウ
(2) イ

解説 (2) 1898年，大隈重信を内閣総理大臣，板垣退助を内務大臣とする，第1次大隈内閣が成立した。この内閣は陸海軍の大臣をのぞく，すべての閣僚が憲政党の党員だったため，日本で最初の政党内閣といわれる。大隈と板垣の名前から隈板内閣と呼ばれたが，数か月で退陣したため，政党内閣制を定着させることはできなかった。なお，1918年に成立した原敬内閣は，選挙によって選ばれた多数党（立憲政友会）の党首が内閣総理大臣に選ばれ，閣僚の多数がこの政党の党員であったため，日本最初の「本格的な」政党内閣といわれる。

154 ウ

解説 帝国議会は衆議院と貴族院の二院制であった。

155 (1) ⓐ…岩倉具視 ⓑ…日清戦争
(2) ① 例 ロシアの南下政策に対抗するため，日本と手を結ぶ必要が生じた。（30字）
② Ⅰ…陸奥宗光
Ⅱ…関税自主権
Ⅲ…小村寿太郎
(3) 条約名…南京条約 場所…香港
(4) イ・オ（順不同）

解説 (4) 1854年，日米和親条約が結ばれた後，日本はイギリス・ロシア・オランダとも同様の内容の条約をそれぞれ結んだ。そのうち，ロシアと結んだ日露和親条約において，両国の国境は千島列島の得撫（ウルップ）島と，その南の択捉島との間に引かれることを定めた。また，樺太は両国の雑居地として，国境を設けなかった。

㋐ 得点アップ

▶条約改正の歩み

1858年	日米修好通商条約（安政の五か国条約）＝不平等条約
	┃ 領事裁判権（治外法権）を認める。
	┃ 関税自主権がない。
1872年	岩倉使節団の改正交渉→失敗。
1878年	外務卿の寺島宗則がアメリカと関税自主権の回復で合意→イギリスなどの反対で失敗。
1880年代	① 欧化政策…外務卿の井上馨は鹿鳴館の建設など，欧米の制度・風俗の積極的導入で交渉の進展をはかる。
	② 領事裁判権撤廃の交換条件として，外国人裁判官の任用などを提案。
	③ ノルマントン号事件（1886年）などの影響で国民が反対し，井上は辞任→改正交渉が一時中断。
	④ 外務大臣の青木周蔵が，ロシアの南下政策を警戒するイギリスとの改正交渉を行う。
1891年	大津事件→青木が辞任し，条約改正が一時中断。
1894年	外務大臣の陸奥宗光が日清戦争の直前に，イギリスと交渉して，領事裁判権の撤廃に成功。

1911 年　外務大臣の小村寿太郎（こむらじゅたろう）がアメリカと
　　　　交渉して，関税自主権の回復に成功。

156 (1) 東学
　　(2) ウ
　　(3) 天津条約（てんしん）
　　(4) イ
　　(5) エ
　　(6) ポーツマス
　　(7) イ
　　(8) ア
　　(9) ア

解説 (2) 血盟団（けつめいだん）は 1930 年代に政財界の要人の暗
殺を行った団体。
(4) 日清戦争の講和条約である下関条約に関する問
いである。イはポーツマス条約の内容。
(5) 1900 年頃，中国に勢力範囲を持っていたのは，
ロシア・イギリス・ドイツ・フランス・日本の 5
か国である。
(7) ロシアはシベリア鉄道を建設して，北方から満
州や朝鮮，中国に進出しようとしていた。
(8) 三国干渉により，日本が清に返還したのは遼東
半島である。イは山東半島，エは台湾。

157 ア

解説 イ．中華民国を建国した孫文は，臨時大総統
に就任した。ウ．二十一か条の要求が出された
のは 1915 年だが，その時に中華民国の大総統だっ
たのは袁世凱（えんせいがい）（ユワンシーカイ）である。袁世凱はこの要求の大部分
を受け入れた。そして，第一次世界大戦の後に開
かれたパリ講和会議で，この要求の撤回が拒否さ
れたため，1919 年に五・四運動が起こった。エ．五・
四運動をきっかけに，孫文は中国国民党をつくっ
た。

158 (1) ア
　　(2) エ
　　(3) ウ
　　(4) イ
　　(5) エ

解説 (1)(4) 日清戦争の前後に，軽工業の分野で産

業革命が起こり，製糸業や紡績業が大きく伸びた。
そのため生糸の原料であるまゆを生産する養蚕業
も活発になり，かいこが食べる桑が多く栽培され
た。
(2) エは 1929 年以降の日本経済の説明。
(3) アは 1885 年，イは 1889 年，エは 1881 年。
(5) アは 1872 年，イは 1901 年，ウは 1882 年の設立。
エの南満州鉄道（株式会社）は，前年のポーツマス
条約で獲得した利権をもとにして，1906 年につ
くられた。

159 ウ

解説 ウの滝廉太郎（たきれんたろう）は作曲家である。アは彫刻家，
イは洋画家，エは小説家。

8 二度の世界大戦と日本

160 (1) イ
　　(2) 例 （男性が兵士として戦場に出て行
　　　　　ったため，）労働力が不足して女性も
　　　　　働かなければならない総力戦だった。
　　(3) ア
　　(4) 二十一か条の要求

解説 (1) イ．ロシアは同じスラブ系国家であるセ
ルビアを，ドイツは同じゲルマン系国家である
オーストリアを支援した。ア．甲午農民戦争（東
学党の乱）は 1894 年に起こり，日清戦争の契機に
なった。ウ．第二次世界大戦についての説明。エ．
日露戦争についての説明。
(3) 第一次世界大戦が行われたのは 1914 ～ 1918 年。
アは 1918 年，イは 1938 年，ウは 1932 年，エは
1925 年。

⏎得点アップ

▶第一次世界大戦

● 背景

① 列強の対立…三国協商(イギリス・フランス・ロシア)と三国同盟(ドイツ・オーストリア・イタリア)の対立

② 「ヨーロッパの火薬庫」…バルカン半島をめぐって,セルビアなどのスラブ系国家を支援して南下をうかがうロシアと,その動きをおさえようとするオーストリアが対立。

● 勃発

① サラエボ事件…1914年,ボスニアのサラエボを訪問したオーストリアの皇太子夫妻が,セルビア人の青年に暗殺される。

② 開戦…三国協商を軸とする連合国と,三国同盟を軸とする同盟国に分かれて,大戦が始まる。

③ 日本の立場…日本はイギリスと日英同盟(1902年),ロシアと日露協約(1907年)を結んでいたため,連合国側で参戦。

● 経過

① 総力戦…各国とも国民や経済,技術,資源などすべてを大戦のために総動員して戦う。

② アメリカの参戦…1917年,中立を守っていたアメリカが連合国側で参戦。

③ ロシア革命…1917年に起こり,皇帝が退位。レーニンを指導者とする革命政権は大戦から離脱。

④ ドイツの降伏…ドイツで兵士の反乱が起こって皇帝が退位。1918年,臨時政府が連合国に降伏して大戦が終結。

● 戦後

① ベルサイユ条約…1919年,パリ講和会議でドイツが連合国と結ぶ。

② 国際連盟…アメリカ大統領ウィルソンの提案にもとづいて,1920年に発足。本部はスイスのジュネーブに設置。

---

161 シベリア出兵

解説 第一次世界大戦に関連して,大戦中にロシアで革命が起こる→革命に干渉するために日本やアメリカがシベリア出兵を行う→シベリア出兵を見越した日本の商人が国内の米を買い占める→米価が急騰したため,米騒動が起こる→米騒動の責任

をとって内閣が総辞職し,その後に原敬(はらたかし)内閣が成立する,という一連の流れは必ずおさえておきたい。

162 (1) ア
(2) エ
(3) イ

解説 (1) 民族自決の考えを示したのは,アメリカ大統領のウィルソンである。パリ講和会議の結果,ヨーロッパでは民族自決が適用されたが,アジア・アフリカでは認められず,列強による植民地支配が続けられた。

(2) ア. 国際連盟の本部はスイスのジュネーブに置かれた。イ. ルーズベルトではなく,ウィルソン大統領の提案。ウ. 国際連盟は,イギリス・フランス・イタリア・日本の4か国を常任理事国として発足。

(3) ア. 1875年の樺太・千島交換条約の説明。ウ. 1915年に出された二十一か条の要求の結果。エ. リットン調査団の報告をうけて,1933年に国際連盟が採択した勧告の内容。この勧告を不服として,日本は国際連盟を脱退した。

163 (1) イ→ア→ウ→エ
(2) 三・一独立運動
(3) ガンディー
(4) イ

解説 (1) アは1912年,イは1900年,ウは1915年,エは1919年。

(4) ア. 中国の辛亥革命の中心になった孫文の説明。ウ. ロシア革命の中心になったレーニンの説明。エ. 世界恐慌が起こった後にアメリカの大統領に就任したルーズベルトが行った政策。

164 (1) 例 日露戦争のために多額の資金が必要となったから。
(2) ウ

解説 (1) 国家が国内または外国から借り入れた借金のことを国債という。1880年代から,日本は国債の残高を増やしていったが,その最大の理由は日清・日露両戦争に多額の軍費を必要としたからである。

(2) ウ. 1918年,シベリア出兵を見越した商人の

買い占めにより，米の値段が急に上がった。その
ため，富山県では主婦たちが米の積み出しを中止
させようとする騒ぎを起こし，これが全国に広ま
って大規模な米騒動に発展した。政府は，軍隊を
出動させてこの騒動をしずめた。

---

165 (1) 大正デモクラシー

(2) 吉野作造

(3) エ

(4) ウ

(5) エ

解説 (3) エの後半の「労働争議が活発化した」は
正しいが，前半が誤り。団結権を認めた労働組合
法は昭和時代（戦後）の1945年に制定された。

(4) アは明治時代の文明開化の説明。イは明治時代
に行われたこと。エは1950年代後半から始まっ
た高度経済成長の説明。

(5) ラジオ放送は1925年に始まった。ア・イ・
ウは明治時代のできごとである。

---

⑦ **得点アップ**

▶ **大正デモクラシーの理論**

① 民本主義…吉野作造が提唱。主権者として
の天皇を認めた上で，「主権者は，民衆のた
めの政治を行うべきだ」とし，民衆の意見
を反映させるために政党内閣制と普通選挙
の実現を主張。

② 天皇機関説…美濃部達吉が提唱。主権は国
家にあり，天皇はその国家の最高機関であ
るという考え。

---

166 (1) 例内閣総理大臣の原敬やほとんど
の閣僚が藩閥の出身ではなく，衆議
院の第一党である立憲政友会の党員
であったことによる，本格的な政党
内閣という点で異なっていた。

(2) 例満25歳以上の男子であること。

(3) ア・ウ（順不同）

解説 (1) 原敬内閣の意義は「日本で最初の本格的
な政党内閣」である。153 の解説にもあるように，
過去に短命な政党内閣が成立した例はあるが，原
内閣は3年以上存続して一定の成果をあげたこと

で「本格的」だと評価されている。「政党内閣」
である理由は解答例の通り。

---

⑦ **得点アップ**

▶ **選挙制度の変化**

● 1889年（制限選挙）　首相…黒田清隆

有権者の資格…直接国税15円以上を納める
満25歳以上の男子

有権者の割合…全人口の約1％

● 1919年（制限選挙の緩和）　首相…原敬

有権者の資格…直接国税3円以上を納める
満25歳以上の男子

有権者の割合…全人口の約5％

● 1925年（男子普通選挙）　首相…加藤高明

有権者の資格…満25歳以上の男子

有権者の割合…約20％

● 1945年（男女普通選挙）　首相…幣原喜重郎

有権者の資格…満20歳以上の男女

有権者の割合…約50％

---

167 名前…ニューディール政策

特色…例公共事業を起こして，失業者
をやとった。（政府が積極的に経
済活動に介入した。）

解説 世界恐慌が起こった後のアメリカで，1933
年からルーズベルト大統領が始めたニューディー
ル政策（新規まき直し政策）は，公共事業を起こし
て，失業者を救済し，国民の購買力を回復させ，
恐慌を克服しようとしたもの。そのため，アメリ
カ政府はこれまでのように経済活動を放置せず，
積極的に介入するようになった。

---

168 (1) ア…c　イ…b　ウ…a

(2) 政策…ブロック経済
国名…フランス

(3) ウ

解説 (1) 問題文とグラフをよく読みながら解いて
いこう。アは「第一次世界大戦後，世界の工業生
産額に占める割合が高まった」ことからアメリカ
合衆国，イは「第一次世界大戦の敗戦」からドイ
ツ，ウは「レーニンの指導」「社会主義国家」か
らソ連と判断する。

(3) アは大正時代の米騒動，イは朝鮮戦争（1950～

53 年)の影響，エは幕末のできごとの説明。

---

169 イ

解説 イ．アメリカから始まった世界恐慌と，その影響を受けた日本の昭和恐慌の説明であり，正しい。ア．日本の産業革命は，軽工業の分野が日清戦争の前後，重工業の分野が日露戦争の前後にそれぞれ起こった。ウ．グラフを見ても分かるように，1930 年代の前半から製造工業生産額が増えており，それにともなって輸出も伸びた。一方，イギリスやフランスはブロック経済の政策を行って，日本の製品をしめ出した。エ．1929 年に始まった世界恐慌のため，各国が自国優先の政策をとるようになったので，1930 年代には国際協調の動きがほとんどみられなくなった。

---

170 (1) 二・二六事件
(2) イ

解説 (2) アは 1938 年，イは 1925 年，ウとエは 1940 年。

---

171 (1) 場所…イ　事件名…盧溝橋事件
(2) ア
(3) 例 ほとんどの政党や政治団体が解散して，大政翼賛会が結成された。そのため，議会は形だけの存在になった。

解説 (1) イの北京の郊外にある盧溝橋で，両国の軍隊が衝突したことから日中戦争が始まった。アは奉天(現在の瀋陽)，ウは南京，エは旅順。
(2) 日中戦争が始まった頃の日本は，政党政治が終わって軍部が発言力を強めている状況だった。アは大正時代の 1925 年のできごとである。

---

172 エ→イ→ア→ウ

解説 アは 1945 年 3 月(慶良間列島)，イは 1941 年，ウは 1945 年 7 月，エは 1940 年。

---

⑦ 得点アップ

▶1940 年代前半の日本

1940 年 9 月	日独伊三国同盟
10 月	大政翼賛会が発足
1941 年 4 月	日ソ中立条約
12 月	真珠湾攻撃→太平洋戦争の開始
1942 年 6 月	ミッドウェー海戦で敗北
1944 年 7 月	サイパン島が陥落
1945 年 2 月	ヤルタ会談→ソ連の対日参戦を決定
3 月	東京大空襲
4 月	アメリカ軍が沖縄本島に上陸
7 月	ポツダム宣言の発表
8 月 6 日	広島に原爆投下
8 日	ソ連が日本に宣戦布告
9 日	長崎に原爆投下
14 日	ポツダム宣言の受け入れを決定
15 日	玉音放送→戦争の終結

---

173 ① 例 戦況が悪化し，徴兵を免除されていた学生も動員され，戦場に送られた。(33 字)
② 例 空襲を避けるため，子どもたちは親もとを離れて地方で生活した。(30 字)

解説 戦争が長期化すると，国内では労働力が不足して，学生や女性を徴用する勤労動員が行われた。また戦力の補充のために，学生への徴兵の免除をやめて戦場に送る学徒出陣も行われた。さらに戦況が悪化して，アメリカ軍が本土空襲を始めると，都市部の子どもをまとめて地方に移す集団疎開(学童疎開)が進められた。

---

174 ポツダム宣言

解説 1945 年 7 月，ベルリン郊外のポツダムで連合国の首脳が会談を行い，日本に降伏を求める宣言を発表した。実際にポツダム会談を行ったのはアメリカ・イギリス・ソ連の 3 か国だが，ポツダム宣言はアメリカ・イギリス・中国の連名で出された。

175 (1) a…エ　b…イ　c…ウ
(2) ウ
(3) 富山県

解説 (1) 3B政策はベルリン・イスタンブル(旧称をビザンティウムという)・バグダッドを結ぶドイツの帝国主義の政策，3C政策はケープタウン・カイロ・コルカタ(旧称をカルカッタという)を結ぶイギリスの帝国主義の政策である。バルカン半島をめぐっては，パン゠ゲルマン主義を唱えるオーストリアやドイツと，パン゠スラヴ主義を唱えるセルビアやロシアが対立した。
(2) ウについて，アメリカは当初軍隊を派遣しなかったが，ドイツが行った無制限潜水艦作戦を理由に，1917年参戦に踏み切った。

176 (1) ① サラエボ　② 日英同盟
(2) エ
(3) イ

解説 (2) アメリカは議会が反対したために，国際連盟には加盟しなかった。国際連盟が発足した時の常任理事国は，イギリス・フランス・イタリア・日本の4か国であった。
(3) 二十一か条の要求が出されたのは1915年だが，韓国併合は1910年のことである。

177 (1) ① 社会　② ソビエト
③ レーニン　④ スターリン
(2) イ
(3) ソビエト社会主義共和国連邦

解説 (2) ペトログラードは18世紀前半に作られた都市で，それ以降は帝政ロシア(ロマノフ朝)の首都になった。現在の地名はエのサンクトペテルブルクである。ロシア革命が起こった後，1918年にアのモスクワに首都が移された。ウは19世紀後半に沿海州に作られた都市で，ロシアの極東経営の拠点になった。
(3) ソ連の正式な国名は必ず覚えておきたい。

178 (1) (第一次)護憲運動
(2) ア
(3) ① イ　② 立憲政友会
(4) ア
(5) 日本労働総同盟
(6) 吉野作造

解説 (3) ① この内閣は原敬内閣である。原敬は華族以外で初めて首相に就任した人物であり，「平民宰相」と呼ばれて人気があった。また彼は立憲政友会の総裁であり，軍部の大臣及び外務大臣を除くすべての閣僚を党員から任命して本格的な政党内閣を組織した。
(4) イは1927～28年，ウは1592～96年と1597～98年，エは1874年に行われた。

179 (1) ウ
(2) 美濃部達吉
(3) イ
(4) ア

解説 (1) 部落差別からの解放運動を行う人々が1922年に結成したのは全国水平社である。
(3) イの大政翼賛会は，戦争に向けた総力戦の体制を築き上げるために，1940年にすべての政党を解散した後に作られた組織。
(4) 1923年に関東大震災が発生した。

180 イ

解説 図1は福沢諭吉，図2は樋口一葉，図4は野口英世の肖像が描かれている。図3には「源氏物語絵巻」の一部が描かれている。イの日本最初の女子留学生は津田梅子。樋口一葉は岩倉使節団に参加していない。

181 (1) ②
(2) 柳条湖(リウティアオフー(りゅうじょうこ))
(3) 溥儀(プ イ(ふぎ))

解説 (1) ①はソ連，③はモンゴル，④は中国，⑤はフランス領インドシナ。

182 (1) ウ
(2) エ
(3) 日独伊三国同盟
(4) ファシズム

解説 (1) ドイツはソ連と不可侵条約を結んだ後，ポーランドに侵攻して第二次世界大戦を始めた。
(2) 日本が軍を送ったフランス領インドシナは，現在のベトナム・カンボジア・ラオスにあたる。

183 (1) ア
(2) エ→ア→イ→ウ
(3) イ→ア→エ→ウ
(4) イ
(5) 国家総動員法
(6) 軍票[軍用手票]
(7) ウ

解説 (1) 日本が国際連盟を脱退した1933年，ドイツも軍備の不平等を不満として，自ら国際連盟を脱退した。
(2) アは1919年，イは1922年，ウは1930年，エは1902年。
(3) アは1919年，イは1915年，ウは1937年，エは1933年。
(4) アは浜口首相襲撃事件(1930年)→五・一五事件(1932年)→二・二六事件(1936年)の順，ウは三国防共協定(1937年)→三国軍事同盟(1940年)→日ソ中立条約(1941年)の順，エはカイロ会談(1943年)→ヤルタ会談(1945年2月)→ポツダム会談(1945年7月)の順が正しい。
(6) 写真は，当時のイギリス領ビルマで日本軍が使用した5ルピー軍票。

9 新時代の日本と世界

184 例農地改革によって，地主の土地が買い上げられて，小作人に安く売り渡されたため，自作地の割合が大幅に増えた。

解説 ポツダム宣言を受け入れて降伏した日本は，連合国軍に占領され，GHQ(連合国軍最高司令官総司令部)による間接統治が行われた。このGHQは日本政府に戦後改革を行うように指令を出したが，農地改革はその内の「経済の民主化」の一環として行われた。

得点アップ
▶GHQの指令と戦後改革

GHQの指令	戦後改革
婦人(女性)の解放	男女普通選挙の実施，民法の改正など
労働組合の結成	労働組合法の制定など
教育の民主化	教育基本法の制定，軍国主義的な教育内容の廃止など
圧政的な制度の廃止	治安維持法の廃止など
経済の民主化	農地改革，財閥解体など

185 ①オ ②イ

解説 このグラフを見ても分かるように，1890年に初めて衆議院議員選挙が実施されて以来，有権者の割合は徐々に増えている。それは，選挙権を与えられる対象が次第に拡大されていったからである。特に，1925年に男子普通選挙，1945年に男女普通選挙が実現した時は，それぞれ有権者の人数が大きく伸びた。

186 例主権者が天皇から国民に変わった。

解説 主権とは，国家の政治のあり方を最終的に決定する権利である。
・大日本帝国憲法第1条
「大日本帝国ハ万世一系ノ天皇之ヲ統治ス」
・日本国憲法第1条
「天皇は，日本国の象徴であり日本国民統合の象徴であつて，この地位は，主権の存する日本国民の総意に基く」

187 エ

解説 1960年代の高度経済成長の時代は経済発展を優先するあまり環境への配慮が足りず，全国各地で深刻な公害問題が発生した。その結果，1967年には公害対策基本法が制定された。なお，アは終戦直後，イは1950～53年，ウは1980年代。

188 (1) ① サンフランシスコ平和条約
② イ
(2) 自衛隊

解説 (1) ② 国家としての主権を持つことが独立国の要件なので，正解はイである。アは連合国との戦争状態の終結，ウとエは日本の領土の縮減についての条文である。
(2) 1950 年，朝鮮戦争が始まると，GHQ の要請で警察予備隊が結成された。この警察予備隊は，1952 年に保安隊と改められ，1954 年に自衛隊となった。

189 (1) 日ソ共同宣言
(2) 例 冷戦という状況の中で，独立を回復した日本が西側陣営に入ったので，東側陣営のソ連が日本の国際連合への加盟に反対したため。

解説 (2) 日米安全保障条約によって，日本はアメリカと軍事的な同盟関係を結び，アメリカを含む西側陣営に入った。そのため，東側陣営の盟主だったソ連が大きく反発し，またソ連は国際連合の常任理事国であったために，日本の国際連合への加盟はなかなか実現しなかった。

190 (1) ウ
(2) ① 高度経済成長 ② イ

解説 (1) 1960 年代後半からカラーテレビが普及し始めると，白黒テレビの需要が急に減っていった。
(2) ② アは 1991 年，イは 1965 ～ 73 年，ウは 1950 ～ 53 年，エは 1993 年。

191 エ

解説 a は 1965 年，b は 1951 年，c は 1956 年，d は 1978 年。

192 例 アメリカから日本に沖縄が返還された。

解説 沖縄がアメリカの統治下にあった時，ドルが通貨として用いられていた。沖縄の本土復帰が実現すると，当然ながら通貨は円に切り替わるので，この資料のように多くの住民が手持ちのドルを円に両替するため，銀行に押し寄せた。

193 石油危機［オイル＝ショック］

解説 1973 年に第 4 次中東戦争が勃発すると，アラブの産油国が石油戦略を実施したため，原油の価格が急騰して，各国の経済に大きな影響を及ぼした。これを石油危機（オイル＝ショック）という。

194 (1) 例 民衆によってベルリンの壁が壊された。
(2) 例 アメリカとソ連の首脳が冷戦の終結を宣言した。

解説 この地図の変化は，東西ドイツが統一されたことを示している。

195 (1) ア
(2) ウ→イ→ア
(3) エ
(4) エ→ウ→イ→ア

解説 (1) アは 1965 年，イは 1973 年，ウは 1993 年，エは 1949 年。
(2) アは 1975 年，イは 1956 年，ウは 1950 年。
(3) バブル経済の崩壊によって，日本経済は不景気になり，企業の利益や労働者の所得が減少し，土地や株が手放されることが多くなった。
(4) アは 1995 年，イは 1987 年，ウは 1970 年，エは 1964 年。

196 (1) A…ク B…オ C…ウ D…ア
E…カ
(2) ア

解説 (1) この文章はいわゆる冷戦のことを述べている。冷戦とは，第二次世界大戦の戦勝国であるアメリカとソ連が大戦後に対立し，それぞれ西側陣営と東側陣営をつくって，互いににらみ合った緊張状態のことをいう。およそ半世紀にわたって続いた冷戦で，米ソ両国が直接戦火を交えることはなかったが，朝鮮半島やベトナムなどで起こった地域紛争では，東西両陣営の支援が行われて代理戦争の意味をもつこともあった。
(2) オのジュネーヴ（ジュネーブ）には国際連盟の本部が置かれていた。

197 (1) ア・エ　(2) イ
　　　(3) 日ソ共同宣言

解説 (1) イは9年間の義務教育，ウは地主・小作関係の廃止，オは財閥の解体が正しい。
(2) aは1949年，bは1962年，cは1954年。

198 (1) オ

解説 高度経済成長期の1964年，東海道新幹線が開通した(iii)。1973年，石油危機が起こり(i)，高度経済成長は終わった。1991年，1980年代後半から続いていたバブル経済が崩壊した(ii)。

199 (1) A…毛沢東（マオツォトン／もうたくとう）　B…台湾
　　　(2) イ

解説 (2) アメリカは賠償の請求権を放棄した。

200 (1) ①ウ　②イ　③カ　④エ
　　　(2) A…ソビエト社会主義共和国連邦[ソ連]
　　　　　B…大韓民国[韓国]
　　　　　C…朝鮮民主主義人民共和国

解説 (1) アの日中平和友好条約は，1978年に福田赳夫(たけお)内閣が結んだ。
(2) Cの略称は北朝鮮。

201 (1) 岸信介（きしのぶすけ）
　　　(2) エ→ア→ウ→イ
　　　(3) 所得倍増計画

解説 (2) アは1955年，イは1989年，ウは1962年，エは1950年。

202 (1) オ　(2) イ

解説 (1) 1973年に起こったオの石油危機と，それを受けた各国の不景気を背景に，おもに経済について主要国の首脳が直接話し合うために開かれたのがサミットである。第1回のサミットはフランスのランブイエが会場になった。
(2) イは1979年に起こった。アは1989年，ウは1960年，エは1929年，カは2001年で年代的に合わない。

第3回 実力テスト

1 (1) ④
　　(2) 1889(年)
　　(3) ③
　　(4) 例 日本が欧米列強の仲間に入ろうとしていること。
　　(5) ②　(6) ④

解説 (1) 日本による韓国併合は日露戦争後の1910年。三・一独立運動は1919年3月1日に起こった。
(2) ベルツはドイツ人の医学教師で，その日記は明治時代の重要な史料。「憲法発布」とあるので，1889年の大日本帝国憲法発布に関する記述である。
(3) 国際連盟は1932年の満州国建国を認めなかったため，翌年，日本は脱退を通告した。満州国承認に反対した犬養毅首相が暗殺された1932年の五・一五事件と1936年の二・二六事件の間の時期。
(4) ビゴーは日本に滞在していたフランス人風刺漫画家。「1897年の日本」は日清戦争に勝った日本が欧米列強の仲間に入ろうとしている姿を描いている。
(5) 1945年2月，黒海沿岸の保養地ヤルタで米・英・ソの首脳が会談し，ドイツ降伏後3か月以内のソ連の対日参戦などを決定した。
(6) GNP(国民総生産)が西ドイツを抜いて，資本主義国の中で第2位になったのは1968年のこと。

2 (1) ウ
　　(2) イ
　　(3) イ

解説 (1) 日清戦争で得た賠償金などをもとに，欧米(主にドイツ)の技術を取り入れた官営の八幡製鉄所が建設され，1901年に操業を開始した。ア．ドイツではなくフランス。イ．生糸ではなく綿糸。エ．航空母艦の建造は大正時代の第一次世界大戦後から。
(2) ポーツマス条約で日本はロシアが満州に敷設した長春以南の鉄道利権を獲得した。ア．イギリスではなくアメリカの仲介。ウ．1915年の中国に対する二十一か条の要求。エ．清ではなく韓国。

(3) 『蟹工船』は1929年に小林多喜二が発表したプロレタリア文学の代表的作品。アの芥川龍之介は『羅生門』，ウの志賀直哉は『暗夜行路』，エの谷崎潤一郎は『痴人の愛』『細雪』などで知られる。

---

3 (1) エ　(2) イ
　　(3) 教育勅語
　　(4) ポーツマス条約
　　(5) エ
　　(6)(i) 国家総動員法　(ii) 大政翼賛会
　　(7) 学徒出陣
　　(8) エ
　　(9) 教育基本法
　　(10) イ

解説 (1) 1872年に東京の新橋と横浜間，1874年に大阪・神戸間で鉄道が開業した。

(2) 大日本帝国憲法は第1条で天皇主権，第11条天皇の統帥権を定めていた。

(3) 1890年，明治天皇が国民に諭す形で教育勅語が発布され，「忠君愛国」などの道徳が説かれた。

(4) 1905年の日露戦争の講和会議は，アメリカ大統領セオドア・ルーズベルトの仲介によりアメリカ東海岸の軍港都市ポーツマスで開かれたため，講和条約はポーツマス条約と呼ばれる。

(5) 男子普通選挙の実施を定めた普通選挙法成立は，原敬内閣よりあとの1925年に加藤高明内閣の時代。

(6)(i) 1938年，前年に始まった日中戦争が長期化の様相を呈する中で，戦争遂行のために国民生活を全面的に統制する国家総動員法が制定された。
　(ii) 国家総動員法に基づき，1940年にほとんどの政党が解散して戦時体制を推進するための大政翼賛会が結成された。当初構想されていた一党独裁の政党組織ではなく上意下達のための機関として機能した。

(7) 戦局が悪化した1943年10月，兵員の不足に苦慮する政府は理・工・医・教員養成以外の大学・高等専門学校在学生の徴集延期を廃止した(学徒出陣)。

(8) 1951年，吉田茂首相を全権とする日本と連合国48か国との間でサンフランシスコ平和条約が調印されて翌年に発効，日本は主権を回復した。

(9) 1947年，戦後の民主主義教育の基本を示した教育基本法が制定され，六・三・三・四制に基づく新しい教育が始まった。

(10) 1950年代後半から1973年までの高度経済成長期には経済成長を最優先して国民所得は増大したが，過密・過疎の問題や公害問題が各地で発生した。

第4回　実力テスト

1 (1) ウ　(2) ウ　(3) ウ
　　(4) イ　(5) イ

解説 (1) Cは1918年の米騒動の様子を伝える新聞記事。当時の内閣は長州藩閥の寺内正毅内閣だった。

(2) 1916年，東京帝国大学教授の政治学者吉野作造は『中央公論』に発表した論文でdemocracyの訳語として民本主義を提唱した。天皇主権は否定しないので，民主主義とは訳さなかったのである。

(3) Dは岸信介内閣が調印した日米新安保条約に反対する60年安保闘争を伝える新聞記事である。

(4) Ⅰのキューバ危機は1962年，Ⅱのソ連によるアフガニスタン侵攻は1979年，Ⅲのベトナム戦争はアメリカの北爆開始を始まりと見なせば1965年からなので，Ⅰ→Ⅲ→Ⅱの順となる。

(5) 法案の議決で衆参両院が異なる決議をした場合は，衆議院で出席議員の3分の2以上の多数で再議決すれば，衆議院の議決が国会の議決となる。

---

2 (1) A…キ　B…コ　C…エ　D…イ
　　E…カ
　　(2) 1972(年)
　　(3) 連合国軍最高司令官総司令部
　　　　[連合国軍総司令部]
　　(4) ① 労働基準法　② 教育基本法
　　(5) 冷戦
　　(6) PKO協力法[国連平和維持活動協力法]

解説 (5) 「漢字で答えよ」とあるので冷戦。東西の両陣営が直接戦う全面戦争に至らず，互いににらみ合った緊張状態を「冷たい戦争(冷戦)」という。

(6) 国連が行う平和維持活動の略称をPKOという。

3 (1) a…サンフランシスコ平和
　　　b…(フランクリン=)ルーズベルト
　　　c…長崎　d…イギリス
　　　e…スペイン　f…ウィルソン
(2) ア
(3) X…A　Y…C
(4) 前…H　後…B

解説 (3)　Xは1951年，Yは1945年。Aは1951年，Bは1933年，Cは1945年，Dは1776年，Eは1492年，Fは1905年，Gは2001年，Hは1920年。
(4)　Zは1921～22年のワシントン会議の説明。

第5回 実力テスト

1 (1) ウ→ア→エ→イ
(2) 陸奥宗光
(3) シベリア出兵を見こした米の買いしめにより，米の価格が上がったから。
(4) ア
(5) イ

解説 (1)　アの岩倉使節団は1871～73年，イの西南戦争は1877年，ウの薩英戦争は1863年，エの日朝修好条規は1876年。年代の古い順に並びかえるとウ→ア→エ→イとなる。
(2)　日清戦争直前の1894年，陸奥宗光外相は日英通商航海条約に調印し，領事裁判権撤廃に成功した。
(3)　1918年，ロシア革命に干渉するシベリア出兵を見こした商人たちの米の買いしめにより米の価格が表のようにはね上がったため，富山県の漁村で始まった米の安売りを求める米騒動が全国に広がった。
(4)　1937年，北京郊外の盧溝橋付近(地図中のa)で日中両軍が全面衝突して，日中戦争が始まった。
(5)　1980年代後半，株価や地価が急激に上がるバブル経済と呼ばれる好景気となったが，1991年春に崩壊した。ソ連の解体は同年の年末である。

2 (1) 冷戦
(2) 湾岸(戦争)
(3) ゴルバチョフ
(4) リージョナリズム
(5) アフガニスタン
(6) IAEA
(7) エジプト
(8) 板門店
(9) ア　(10) エ　(11) ウ
(12) エ　(13) ア　(14) ア
(15) ア

解説 (1)　第二次世界大戦後，アメリカ合衆国を中心とする資本主義陣営(西側)と，ソ連を中心とする社会主義陣営(東側)による対立が深まっていった。この直接戦火を交えない対立は冷戦と呼ばれた。
(2)　1990年，イラクがクウェートに侵攻し，併合を宣言した。国連安全保障理事会はイラク軍の即時撤退などを決議したが，従わなかったため，翌年，アメリカ，イギリスなどの多国籍軍がイラクを攻撃し，1か月余りでクウェートを解放した(湾岸戦争)。
(3)　1985年にソ連共産党最後の書記長に就任したゴルバチョフはペレストロイカ(改革)を推進し，1990年にはソ連初にして最後の大統領に就任した。
(4)　地理的に近い国家が関係を強化して相互の利益を追求し，発展して以降とする考えをリージョナリズムといい，地域主義と訳される。
(5)　2001年9月11日，アメリカ同時多発テロが起こり，翌10月，アメリカとイギリスなどの有志連合国がテロ組織アルカイダをかくまうアフガニスタンのタリバン政権を倒すため，空爆を開始した。
(6)　1957年に設立されたIAEAはInternational Atomic Energy Agency の略称で，国際原子力機関と訳される。原子力の平和利用のため核査察などを実施している，国連傘下の自治機関である。
(7)　2011年，エジプト革命が起こり，30年間独裁的な政治を行ってきたムバーラク大統領が退陣した。
(8)　2018年4月27日,南北軍事境界線上の板門店で，韓国の文在寅大統領と北朝鮮の金正恩委員長による南北首脳会談が行われた。

分野別の問題

10 政治・外交関係の問題

203 ① 13　② アジア　③ モンゴル
④ 元寇　⑤ 御家人　⑥ 後醍醐
⑦ 足利尊氏　⑧ 南北朝　⑨ 1392
⑩ 室町　⑪ 足利義満　⑫ 高麗
⑬ 朝鮮　⑭ 日露　⑮ 1910
⑯ 植民地　⑰ 大和[ヤマト]　⑱ 663
⑲ 12　⑳ 自治　㉑ 応仁の乱　㉒ 一揆
㉓ 織田信長　㉔ 関ヶ原の戦い
㉕ 江戸　㉖ 大阪(城)　㉗ 朱印船
㉘ 東南アジア　㉙ オランダ
㉚ 長崎　㉛ 琉球(王国)　㉜ アイヌ
㉝ 1853

解説 ③ 2 度の元軍による日本への侵攻は，文永の役(1274 年)，弘安の役(1281 年)といわれる。
⑲ 源平の争いが行われた 1180 ～ 85 年を指す。文中の「治承・寿永」はその当時の年号。
㉘ ルソンはフィリピンの島の名，シャムは現在のタイである。

204 (1) A…徳川綱吉　B…北条泰時
C…聖徳太子
(2) 4 番目…う　6 番目…き
(3) イ
(4) 口分田
(5) イ
(6) イ
(7) 憲政の常道

解説 あは 1938 年の国家総動員法，いは 743 年の墾田永年私財法，うは 1685 年から出された生類憐みの令，えは 1742 年の公事方御定書，おは 1232 年の御成敗式目，かは 604 年の憲法十七条，きは 1925 年の治安維持法。
(3) 1937 年に始まった日中戦争のことである。
(5) イは松平定信が行った寛政の改革で出された棄捐令の説明。
(6) 鎌倉時代の社会の様子が問われているので，イが正解。アは江戸時代の説明。ウは二期作ではな

く二毛作，エは問丸ではなく座。
(7) 加藤高明の時，政党政治が復活し，以降，1932 年の五・一五事件で犬養内閣が倒れるまで 8 年間続いた。

205 (1) ⓐ…対馬　ⓑ…通信使　ⓒ…中継
ⓓ…薩摩
(2) 須恵器
(3) 江華島事件
(4) 琉球処分
(5) 女子学徒隊
(6) イ
(7) レーニン
(8) ウ
(9) 島原・天草一揆

解説 (3) 1875 年に起こった事件で，その翌年に日朝修好条規が結ばれた。
(5) ひめゆり部隊が特に有名である
(6) この条約は 1875 年に結ばれた樺太・千島交換条約。樺太をロシア領，千島全島を日本領としたため，両国国境線はイの宗谷海峡に引かれた。
(7) 「その後の革命」とはロシア革命を指している。この革命で世界で初めての社会主義政府ができた。

206 (1) 4
(2) イ
(3) 2
(4) 例 農村に貨幣経済が広がり，生活水準が高まる中で，寺子屋で読み・書き・そろばんを学ぶようになった。
(5) 大正デモクラシー
(6) 1

解説 (1) 摂関政治は 11 世紀前半の藤原道長・頼通父子の時に最盛期を迎えた。
(2) 将軍と御家人が土地を仲立ちとした御恩と奉公の主従関係を結ばれていたのは中世の鎌倉時代。
(3) 荘園領主の支配権が否定されたのは豊臣秀吉の太閤検地によってなので，中世から近世への移行期。
(4) 資料 I を読むと，17 世紀末から 18 世紀初めの「元禄の頃より田舎へも銭が普及し」と，農村に

貨幣経済が広がり，生活水準が高まったことがわかり，子どもたちは**資料Ⅱ**のような寺子屋で読み・書き・そろばんを学ぶようになったと考えられる。

(5) 大正時代(1912 ～ 26 年)には吉野作造が唱えた民本主義を思想的な柱として，護憲運動・普通選挙運動などが行われ，自由主義的・民主主義的風潮が高まった。これを大正デモクラシーという。

(6) 戦後，連合国軍最高司令官総司令部(GHQ)の指令により，軍国主義を支えたとみなされた財閥が解体され，地主と小作人の封建的な関係を解消して農村の民主化を図るために農地改革が行われた。

11 社会・経済の問題

207 (1) a…五人組　b…口分田
　　　c…惣(惣村)　d…地頭
(2) D→B→F→E→C
(3) 『魏志』倭人伝　(4) ぞうよう
(5) イ　(6) イ
(7) 備中ぐわ　(8) 地券

解説 (2) Bは平安時代，Cは江戸時代，Dは奈良時代，Eは室町時代，Fは鎌倉時代である。
(4) 漢字では雑徭と書く。
(5) この**資料**は，1428 年に起きた正長の土一揆についてのものである。
(6) イは江戸時代あたりの農業の説明。
(7) 備中ぐわは，土を深く耕せるように，刃の部分が数本に分かれているという特徴をもつ農具。

208 (1) ウ・オ(順不同)
(2) 参勤交代
(3) イ
(4) 例 天皇が幼いときは摂政，成人したあとは関白として，藤原氏が実権をにぎった政治である。
(5) ウ　(6) イ・キ(順不同)
(7) 奥州街道[奥州道中]
(8) 西廻り航路

解説 (1) 豊臣秀吉が行った太閤検地と刀狩の2つの政策の結果，兵農分離が進んだことは必ず覚えておきたい。

(3) ア．松尾芭蕉ではなく，井原西鶴。松尾芭蕉は俳人である。ウは京都の説明。エ「天下の台所」は各地の産物が集まり，商業や経済の中心地になったことから名づけられた。
(5) ウの千利休は桃山文化を代表する茶人であり，わび茶の作法を大成した。
(6) イの山口は大内氏，キの小田原は北条氏というように，戦国大名の城下町として発達した。

得点アップ
▶江戸時代の陸上交通
●五街道…起点は江戸の日本橋。
　①東海道…江戸～京都。海岸線に沿って通る。
　②中山道…江戸～近江。内陸部を通り，草津(滋賀県)で東海道に合流。
　③甲州道中…江戸～信濃。甲府を通り，下諏訪(長野県)で中山道に合流。
　④日光道中…江戸～日光。日光(栃木県)には徳川家康をまつる日光東照宮。
　⑤奥州道中…江戸～陸奥。宇都宮(栃木県)までは日光道中と同じ。
・関所…通行人を調べるために置かれる。最も厳重に取りしまったのは「入り鉄砲に出女」。東海道の箱根の関所が有名。
・飛脚…街道を走って手紙や荷物を運ぶ。公用や民間の業者があり，最速で東海道を約3日間で結んだ。

得点アップ
▶江戸時代の海上交通
・海運…河村瑞賢が西廻り・東廻りの両航路を開く。
　①西廻り航路…東北地方の日本海側から西に向かって，下関に行き，そこから瀬戸内海を通って大阪にいたる。
　②東廻り航路…東北地方の日本海側から東に向かって，津軽海峡を通り，太平洋を南下して江戸にいたる。
・廻船…江戸～大阪を結んだ定期船。菱垣廻船や樽廻船など。
●町の種類…街道に沿って宿場町，船の出入りが多い場所に港町が発展。大きな寺社の近くでは門前町がにぎわった。

209 (1) (A)カ (B)ア (C)ウ (D)イ (E)エ
(2) 環境庁
(3) 文明開化
(4) ドイツ
(5) イ
(6) 例 公共事業を起こして失業者を救済したり，政府が積極的に経済活動に介入したりした。(39字)

解説 (4) 第一次世界大戦で，日本は日英同盟を理由に，連合国側に立って参戦した。そのため，ドイツは敵国となり，薬品や化学肥料などの輸入が途絶えた。
(6) ローズベルト大統領が行った政策は，ニューディールである。

210 ウ

解説 この図は，群馬県につくられた富岡製糸場を描いたものである。ウ. 富岡製糸場で工女として働いたのは，おもに士族の娘である。

211 第一次世界大戦

解説 ア〜エの中で，誤りが含まれる文章はウ。ウは大正時代の大戦景気について述べた内容なので，冒頭の「第二次世界大戦」は「第一次世界大戦」でないと辻褄が合わない。

12 文化の問題

212 (1) 埴輪（はにわ）
(2) ウ
(3) イ

解説 (2) アは群馬県にある旧石器時代の遺跡，イは青森県にある縄文時代の遺跡，エは静岡県にある弥生時代の遺跡。
(3) Aは紀元前16〜紀元前11世紀。Bは日本の古墳時代，Cは弥生時代。

213 (1) A…キ B…エ C…ク D…カ E…ア F…ウ G…オ
(2) エ
(3) 道元
(4) 錦絵（にしきえ）
(5) 姫路城
(6) エ
(7) エ
(8) ウ
(9) G

解説 (6) 下線部の「世界最古の木造建築」は法隆寺を指している。エは東大寺に建てられた。
(7) 浄土教がおこったのは平安時代の後期。アは平安時代の前期，イは鎌倉時代，ウは江戸時代。
(8) この「8代将軍」とは，室町幕府の足利義政のことである。
(9) 古い順に並べると，E→F→B→G→D→A→Cとなる。

214 (1) 万葉集
(2) 白村江の戦い（はくすきのえ）
(3) ア
(4) 平家物語
(5) 琵琶法師（びわ）
(6) エ
(7) 奥の細道
(8) ウ
(9) エ

解説 (6) ア. 平清盛が信任を得たのは後白河上皇（法皇）。イ. 頼朝は京都に攻めのぼらなかった。ウ. 御成敗式目（ごせいばい）を制定したのは北条泰時（やすとき）。
(8) ウの鑑真は奈良時代に来日した唐僧であり，詩人ではない。アの西行（さいぎょう）は平安時代末期に各地をめぐって歌をよみ，イの宗祇（そうぎ）は室町時代に連歌を確立し，諸国を回って連歌を広めた。エの杜甫は唐の時代に活躍した中国の詩人で，生涯を通じて旅をすることが多かった。
(9) エ.「東海道五十三次」を描いたのは歌川（安藤）広重。葛飾北斎は「富嶽三十六景（ふがく）」などを描いた。他に美人画の喜多川歌麿（きたがわうたまろ），役者絵の東洲斎写楽（とうしゅうさいしゃらく）が有名である。

215 ウ

解説 ア．平安時代後期から広まった浄土信仰（浄土教）は，「市聖（いちのひじり）」とよばれた空也や源信，慶滋保胤（よししげのやすたね）らが広めた。平等院鳳凰堂（ほうおうどう）は道長の子の藤原頼通が建てた。イ．金閣は，室町幕府の将軍足利義満が，京都の北山に建てた。エ．延暦寺→平等院鳳凰堂→鹿苑寺金閣の順である。

216 (1) ア
(2) オ

解説 (1) アは曹洞宗の道元，または臨済宗の栄西。
(2) オは菱川師宣（ひしかわもろのぶ）。

⑦ 得点アップ

▶ **日本での仏教の展開**

● 仏教の伝来…古墳時代に中国や朝鮮半島から伝来したと考えられる。6世紀には百済から仏教が正式に伝えられた。

● 仏教の定着…豪族の蘇我氏が仏教を信仰し，仏教を排斥しようとする物部（もののべ）氏を破る。聖徳太子の時に，日本で最初の仏教文化である飛鳥文化が栄えた。

● 鎮護（ちんご）国家…奈良時代，聖武天皇は仏教の力によって国を守るため，各地に国分寺・国分尼寺，平城京に総国分寺として東大寺を建て，大仏を造らせる。また，中国から鑑真（がんじん）が来日し戒律（かいりつ）（仏教のきまり）などを伝えた。

● 最澄と空海…平安時代の初期，中国に留学した最澄が天台宗を開き，比叡山に延暦寺を建てた。同じく空海も真言宗を開き，高野山に金剛峯寺（こんごうぶじ）を建てた。

● 浄土信仰…平安時代のなかばに社会が乱れると，人々が不安になり，念仏を唱えて阿弥陀如来にすがり，極楽浄土への生まれ変わりを願う浄土信仰が広まった。宇治（京都府）に平等院鳳凰堂，奥州の平泉に中尊寺金色堂（こんじきどう）などの阿弥陀堂が建てられた。

● 鎌倉新仏教…鎌倉時代に入ると，教えが分かりやすく自分で修行ができる宗派が生まれ，武士や民衆に受け入れられた。浄土信仰から発展した浄土宗・浄土真宗（一向宗）・時宗，法華経を尊ぶ日蓮宗，中国から伝わった禅宗である臨済宗・曹洞宗がある。

● 活発な動き…室町時代，仏教の各宗派は政治や社会へ積極的に関わった。禅宗の一派である臨済宗は幕府の保護を受け，僧が政治や外交にたずさわった。また，浄土真宗の信者は各地で一向一揆を起こした。特に1488年の加賀の一向一揆（石川県）は，守護大名の富樫（とがし）氏を破り，およそ100年間にわたる自治を行った。

● 政治への従属…安土桃山時代，織田信長が比叡山延暦寺の焼き打ちを行い，一向一揆の本拠地だった石山本願寺（大阪府）を屈服させ，仏教勢力をおさえた。豊臣秀吉，徳川家康も仏教を保護しながら，強い力を持たせないように努めた。江戸時代になると，幕府は寺院法度（はっと）を出して仏教を統制し，またキリシタンの取りしまりのために民衆をいずれかの寺院に所属させ（寺請（てらうけ）制度），葬式も寺院で行わせるようにした。

13 年表を中心とした問題

217 (1) ウ
(2) ① 摂関政治　② 藤原基経（もとつね）
(3) 例 征夷大将軍にならず，幕府を開いていない。（20字）
(4) 承久の乱　　(5) エ
(6) 記号…エ　訂正…吉野
(7) 勘合（かんごう）[勘合符]
(8) イ　　(9) イ
(10) 出島
(11) 徳川吉宗（いえよし）　(12) ウ
(13) 徳川家慶
(14) プロテスタント[新教]
(15) 資本家
(16) イエズス会
(17) 李舜臣
(18) オ…ア・ウ（順不同）
　　カ…イ・エ（順不同）
(19) ① ア…茶　イ…アヘン
　　② 南京条約

解説 (1) ウは漢字の音を借りて日本語を書き表す方法であり，奈良時代の『万葉集』に用いられた。
(5) ア．元寇によって日本の土地が占領されることはなかった。イ．御家人の多くは恩賞を受けられなかった。ウ．元軍の撃退には成功したが，恩賞を与えられなかったり，その後も九州などの防備を行わせたりしたことで，御家人の不満が大きくなったので，「威信を高めた」とはいいがたい。
(6) 後醍醐天皇は吉野に南朝を設けて抵抗した。
(8) 三管領の1つが細川氏，四職の1つが山名氏である。四職は侍所の長官を務めた4つの家柄のこと。
(9) ア．刀狩で没収された武器は，京都の方広寺の大仏の造営に使われた。ウ．秀吉の家臣ではなく，武士だけが武器の所有を許された。エ．刀狩の最大の目的は，農民に一揆を起こさせないことであった。
(12) ウは(11)の徳川吉宗が行った享保の改革の内容。
(18) 矢印オは日清戦争，矢印カは日露戦争である。日清戦争では，下関条約によって中国本土の遼東半島を獲得したが，三国干渉によって返還した。
(19) ①，②はアヘン戦争のことである。

---

218 (1) あ…間宮林蔵　う…遼東半島
(2) F　(3) A
(4) X…例 樺太はロシアの領土，千島全島は日本の領土
Y…例 北緯50度以南の樺太は日本の領土
(5) イ　(6) エ　(7) ア
(8) イ(と)ウ(との間)
(9) エ
(10) C
(11) ア…n　イ…h　ウ…l　エ…f

解説 (1) あ．この発見により，樺太が島であることが分かった。また，この海峡は間宮海峡と名づけられた。
(2) ラクスマンが訪れたのは根室。
(3) この都市は函館。
(4) いは樺太・千島交換条約，えはポーツマス条約。
(5) イ．この2人のうち，幸徳秋水は社会主義，内村鑑三はキリスト教徒の立場から日露戦争に反対した。
(6) エ．普通選挙制を実現させたのは，第二次護憲

運動で成立した加藤高明内閣である。
(7) イ．日ソ中立条約(1941年)は独ソ不可侵条約(1939年)よりも後である。ウ．この条約の締結後に，日本はハワイの真珠湾を奇襲攻撃して太平洋戦争を始めた。エ．1925年に結ばれた日ソ基本条約によって，日本はソ連を承認して国交を開いた。
(8) ア～オはすべて1945年に起こったできごとだが，古い順に並べると，エ(3月10日)→ア(3月26日)→オ(8月8日)→イ(8月14日)→ウ(9月2日)となる。
(9) ア．国際連盟ではなく，国際連合。イ．ソ連との間に平和友好条約は結ばれなかった。ウ．中華人民共和国との国交を正常化した日中共同声明は1972年に出された。
(10) 2008年に開かれたのは北海道洞爺湖サミット。
(11) アは1989年，イは1940年，ウは1960年，エは1911年。

---

14 資料(地図・写真・史料)の問題

219 ア…C　イ…E　ウ…D　エ…A
オ…B
(1) 坂上田村麻呂
(2) 道元
(3) 日米修好通商条約

解説 説明文のアは京都(平安京)，イは鎌倉，ウは愛知県(尾張国)，エは長崎，オは福岡県のこと。
(1) 蝦夷とよばれた人々を平定し，現在の岩手県に胆沢城を築いた。

---

220 A…⑥　B…②　C…⑧　D…⑤

解説 Aは日中戦争が起こった後，戦時体制が強められた時期に見られた看板。パーマネントは1939年に禁止された。Bは自由民権運動が盛んになった時期に，川上音二郎が広めたオッペケペー節である。「権利幸福嫌いな人に，自由湯(＝自由党)をば飲ましたい，オッペケペー」などとおもしろおかしく歌いながら，運動を盛り上げた。Cは1978年の日中平和友好条約の調印式の写真。Dは普選(普通選挙)への参加を呼びかけたポスター。年表中の西南戦争は1877年，大日本帝国

憲法制定は 1889 年，三国干渉は 1895 年，米騒動は 1918 年，満州事変は 1931 ～ 33 年，国際連合加盟は 1956 年，東京オリンピックは 1964 年。

---

221 (1) ① (a) 邪馬台（やまたい）　(b) 卑弥呼（ひみこ）
　　② イ
(2) ① 聖徳太子　② 冠位十二階（かんい）
(3) 承久の乱（じょうきゅう）
(4) ① ウ　② 五人組
(5) 与謝野晶子（よさのあきこ）
(6) 雄略天皇（ゆうりゃく）
(7) ① 藤原道長　② 源氏物語
(8) ① 法律…御成敗式目[貞永式目]（ごせいばいしきもく じょうえい）
　　執権…北条泰時（やすとき）
　　② 市[定期市]
(9) ウ
(10) 太閤検地（たいこう）
(11) 日米和親条約
(12) 井伊直弼（なおすけ）
(13) ① 青鞜社（せいとう）　② 平塚らいてう
　　③ 例 民衆によって選ばれた政党や議会を中心とする政治を行うため，普通選挙制や政党内閣の実現をめざす考え。(49 字)
(14) ア

解説 (2)　B は憲法十七条。
(3)　C は北条政子の演説。
(4)　① 唐箕は風力を利用して，もみがらやごみを吹き飛ばす農具でウ。アは備中ぐわ，イは千歯こき，エは踏車。
(9)　I は正長の土一揆の成果を刻んだ碑文。アは一向一揆，エは山城国一揆の説明。イは起こっていない。
(10)　J は豊臣秀吉が出した刀狩令。
(12)　L は日米修好通商条約。
(14)　A は弥生時代，B は飛鳥時代，C は鎌倉時代，D は江戸時代，E は明治時代，F は古墳時代，G は平安時代，H は鎌倉時代だが C より後，I は室町時代，J は安土桃山時代，K と L は江戸時代の幕末であり，K が先，M は明治時代末期である。

---

15 総合問題（世界史を含む）

222 (1) 1…1615
　　　3…王政復古の大号令
　　　4…徳川慶喜（よしのぶ）
(2) ウ　　(3) エ　　(4) イ　　(5) ウ
(6) ① エ　② カ　③ オ
(7) イ
(8) ア
(9) ① エ　② 国会期成同盟

解説 (1)　1．大阪夏の陣が行われた年。
(2)　西廻り航路は，酒田（山形県）を起点とし，日本海沿岸を経て，下関（山口県）に行き，そこから瀬戸内海を通って大阪に到る航路。
(3)　ア．織田信長はキリスト教を保護し，イ．流通の促進のために関所を廃止し，ウ．商工業の活発化のために座の特権をなくした。
(4)　アは東北地方，ウは九州地方，オは北陸地方の戦国大名。エは織田信長の家臣で，信長の死後に豊臣秀吉と争って敗れた。
(5)　ウのシャクシャインの戦いは 1669 年に起こった。ア．与謝蕪村は 18 世紀の人物。イ．狩野永徳と山楽の活動は 16 ～ 17 世紀前半。エ．8 代将軍徳川吉宗が漢訳洋書の輸入禁止を緩めたのは 1720 年。
(6)　① A の「大阪南部で盛んであった商品作物」とは綿花。その栽培に，千葉県の九十九里浜などで捕れたいわしを加工した干鰯（ほしか）が用いられた。B の別子（べっし）には大きな銅山があった。C は菜種（アブラナの種子）からとれる菜種油のことであり，主に行灯（あんどん）などの照明に用いられた。② X．表下の ※ の数値を加えると約 74% になるが，80% は超えていない。Y．移入品に紙・煙草・塩魚などがあるように，消費市場としての性格がみられる。Z．開港によって，外国産の織物が安く大量に輸入されたため，国内の織物業は大きな打撃を受けた。③ X．「現金掛値（かけね）なし」の商法を行ったのは，三井家の呉服店である越後屋。Y．大塩平八郎（おおしおへいはちろう）のことであり，正しい。Z．アヘン戦争が起こると，幕府は異国船打払令を緩和した。また，天保の改革で，老中水野忠邦は大阪周辺の大名・旗本領を幕府の直轄地にしようとしたが，大きな反発にあって失敗し自身も失脚した。

(8) 戊辰戦争は，1868 年初めの鳥羽・伏見の戦い
から 1869 年の五稜郭の戦いまで続いた。アは
1868 年，イの大政奉還は 1867 年，エの徴兵令は
1873 年。ウは大名が華族，武士が士族となった。

(9) ① X．地租を負担したのは，その土地の所有者。
Y．当初，地租は地価の 3％とされたが，各地で
反対一揆が起こったために，1877(明治 10)年に
2.5％に引き下げられた。従って，[A] は
14 円 94 銭 6 厘よりも金額が低くならなければな
らないので誤りである。ちなみに [A] は 12
円 45 銭 5 厘となる。

---

223 (1) エルサレム
(2) マグナ=カルタ[大憲章]
(3) イ
(4) バスコ=ダ=ガマ
(5) インカ帝国
(6) エ
(7) マニュファクチュア
(8) リンカン[リンカーン]

解説 (3)　アはレオナルド=ダ=ビンチ，ウはボッテ
ィチェリが描いた絵で，ともにルネサンス期の作
品。イは 19 世紀のドラクロワの作品。

(6)　アはイギリスの清教徒革命の中心人物，イは
『社会契約論』などを書いたフランスの思想家，
ウは三権分立を唱えたフランスの思想家。

⑦ 得点アップ

▶欧米の重要な法律・宣言
① 『マグナ=カルタ(大憲章)』(1215 年)
イギリスの貴族が専制を行う国王に対して，
法による支配を認めさせた。
② 『権利(の)章典』(1689 年)
イギリスで名誉革命が起こった翌年，議会は
国王の権力よりも上であることを，新しい国
王に認めさせた。
③ 『独立宣言』(1776 年)
イギリスからの独立をめざす北アメリカの
13 の植民地の人々が発表。民主主義の基本
原則を明らかにした。
④ 『人権宣言』(1789 年)
フランス革命が起こった後，革命派が発表。
自由や平等などの理念をうたった。

⑤ 『奴隷解放宣言』(1863 年)
南北戦争(1861 ～ 65 年)が行われている間に
アメリカ合衆国の大統領リンカンが，黒人奴
隷の解放を宣言
⑥ 『十四か条の平和原則』(1918 年)
第一次世界大戦(1914 ～ 18 年)中に，アメリ
カ合衆国の大統領ウィルソンが発表。大戦後
の新しい国際社会のしくみの提案であり，こ
れにもとづいて 1920 年に国際連盟が設立さ
れた。
⑦ 『ワイマール憲法』(1919 年)
第一次世界大戦後，ドイツで成立。国民主権
や男女普通選挙，社会権の保障などが定めら
れた民主的な内容の憲法。ワイマールはドイ
ツの地名で，憲法制定の議会が開かれた場所。

第6回 実力テスト

1 (1) ① 大宰府　② 北条泰時
③ 足利義満　④ 勘合　⑤ 社会契約
⑥ 異国船[外国船]打払
(2) エ
(3) 稲荷山古墳
(4) 長安
(5) 宮城県
(6) 六波羅探題
(7) エ
(8) ピューリタン[清教徒]革命
(9) ワシントン
(10) 株仲間
(11) 太平天国の乱

解説 (1)　① 律令国家で九州に設置された外交・
軍事機関は大宰府。② 1232 年，御成敗式目(貞永
式目)を定めたのは 3 代執権北条泰時。③④ 15 世
紀初め，足利義満は明に朝貢する形式で国交を開
き，貿易を始めた。日明貿易は海賊の倭寇と区別
するため正式な貿易船に勘合という合い札を持た
せたため，勘合貿易とも呼ばれる。⑤ 17 世紀後
半のイギリスの政治思想家ロックは社会契約説を
唱え，名誉革命を擁護した。⑥ 1825 年，幕府は清・

朝鮮・琉球以外の外国船（長崎以外でのオランダ船も含む）を撃退するよう命じる異国船打払令を出した。

(2) エは中国の北朝ではなく南朝が正しい。

(3) 埼玉県行田市の稲荷山古墳で出土した鉄剣は，雄略天皇と考えられる「獲加多支鹵大王」，471年とみられる「辛亥年」という文字などが刻まれており，5世紀後半には大和政権の支配が東国にまで及んでいたことが明らかとなった。

(4) 平城京は唐の都長安にならってつくられた。

(5) 奈良時代初期，東北地方の蝦夷の抵抗に苦しんだ朝廷は，蝦夷を征服するための拠点として，現在の宮城県多賀城市に多賀城を築いた。

(6) 1221年，承久の乱に勝利した鎌倉幕府は朝廷の監視と西日本の御家人の統率のため，京都に六波羅探題を置き，北条泰時がその初代となった。

(7) 銅は日明貿易での輸入品ではなく輸出品である。

(8) イギリスでは1642年に国王がピューリタン（清教徒）の多い議会を圧迫したことなどが原因でピューリタン革命が起こった。

(9) 1775年，アメリカ東部の13植民地はイギリスに対して独立戦争を起こし，翌年に独立宣言を発表した。戦争はアメリカ独立軍が勝利し，1783年，イギリスはアメリカの独立を承認した。総司令官のワシントンは1789年に初代大統領となった。

(10) 1841年からの天保の改革で，老中水野忠邦は株仲間を物価上昇の原因とみなして解散を命じたが，商品の流通が混乱して江戸で物不足となるなど，むしろ逆効果となった。

(11) アヘン戦争後，清は農民に重税を課したため，1851年に洪秀全は広西で挙兵して太平天国をたてたが，1864年に滅ぼされた（太平天国の乱）。

2 (1) ウ
(2) ア
(3) エ
(4) 例 宣教師がアジアでキリスト教を布教した。
(5) 朱印船（貿易）

解説 (1) 奈良時代，人口が増加して口分田が不足したため，朝廷は743年に開墾した土地の永久私有を認める墾田永年私財法を出した。

(2) 遣唐使の停止は894年。藤原頼通が平等院鳳凰堂を建てたのは，末法の世に入ったと考えられた

翌年の1053年である。

(3) 鎌倉時代初期，鴨長明は随筆の『方丈記』を著した。なお，アは室町時代，イは平安時代，ウは安土桃山時代の文化である。

(4) 16世紀前半，宗教改革によりカトリック教会の勢力が衰えたため，カトリック教会の立て直しとアジアなどへの布教のためにイエズス会が結成された。

(5) 17世紀前半の1635年まで，江戸幕府は西国の大名や大商人の船に海外渡航を許可する朱印状（資料Ⅱ）を与えたので，その船を朱印船，朱印船が東南アジアや中国と行った貿易を朱印船貿易という。

3 (1) イ
(2) エ
(3) ウ
(4) B→A→C

解説 (1) Aのカードは「和宮」「孝明天皇」「公武合体」「家茂」「慶喜」から江戸時代末。江戸時代には武家諸法度により，大名の結婚には幕府の許可が必要だった。

(2) 歌舞伎は1603年に出雲の阿国が京都五条河原で演じて人気を集めたかぶき踊りが起源といわれる。

(3) 護憲運動は第一次が1912〜13年，第二次が1924年。初の本格的な政党内閣の原敬内閣が成立したのは1918年で，いずれも大正時代のことである。

(4) B（出雲の阿国＝安土桃山時代〜江戸時代初期）→A（和宮＝江戸時代末）→C（津田梅子＝明治〜大正時代）の順である。